本书出版得到国家社科基金"国家—社会关系视角下网络公共事件的舆论引导与治理研究"（13CXW038）和"惠州学院学术专著出版基金"资助

国家社科基金丛书
GUOJIA SHEKE JIJIN CONGSHU

网络公共事件研究

Research on the Network Public Events

许 鑫 著

人民出版社

目　　录

导　　论

一、研究缘起

截至 2019 年 5 月,中国互联网已对公众开放 24 周年。这二十多年来,中国互联网事业在国家大力推动下取得了跨越式发展。截至 2018 年 12 月,中国网民规模达 8.29 亿,互联网普及率达 59.6%,其中手机网民人数达到 8.17亿,使用手机上网的网民占 98.6%。① 互联网应用技术也从最初的门户网站发展到如今的"两微一端"(微博、微信、新闻客户端)等,上网设备也由最初的台式电脑、笔记本电脑延伸至今天的移动终端。网络技术的更新换代令人眼花缭乱,网络媒介的内涵和外延也在不断变化。互联网的应用对当代中国人的生产方式、生活方式、价值观念都产生了潜移默化的影响,成为社会转型和社会变迁的助推器。

2003 年以来,由于中国网民数量的大幅增加,以及博客等"自媒体"形态的广泛应用,互联网逐渐成为社会舆论的发源地,网络媒介开始跻身主流媒体。而 21 世纪以来,我国社会转型期积累的一些社会矛盾和利益纠纷也日益凸显。由于中国传统媒体的近用权仍然存在一定限制,网络媒介尤其是自媒体、社交媒体成为社会公众尤其是"草根"发声的主渠道。一些网民开始利用

---

① 中国互联网络信息中心(CNNIC):《第 43 次中国互联网络发展状况统计报告》,http://www.cnnic.cn/。

网络媒介表达自身诉求,维护自身权益。由于网络媒介相对开放,加上其匿名性、低门槛、互动性等技术优势,网络公众越来越倾向于使用网络来发布信息、讨论公共事务。互联网逐渐成为中国民意表达、公众参与和社会监督的重要渠道。

关于互联网在我国公众参与中的重要性,突出表现之一就是近年来网络公共事件日益频发,成为中国互联网空间一种独特的现象。所谓网络公共事件,简单说就是主要由网民推动的、主要在网络公共空间讨论的、对虚拟和现实社会都产生较大影响力的涉及公共利益的事件。它既有可能源于社会现实矛盾,也有可能来自网络空间的议题,其矛头大都指向公共权力机关及其决策者,深层次上涉及国家—社会关系及政民冲突。其日益频发的趋势及越来越大的社会影响力已引起我国政界和学术界的共同关注。

对于网络公共事件,我国一些地方政府部门的观念仍旧比较陈旧,看待网络公共事件的态度仍存在偏差。有的视其为危害社会稳定的洪水猛兽,习惯采用信息封堵和压制舆论的做法予以应对,因此常常陷入被动局面。由于相关部门的不当应对,一些本属鸡毛蒜皮的小事演变成影响重大的社会公共事件;一些事件由网络舆论发展为线下行动,影响社会稳定;一些事件虽由于地方政府采取了息事宁人的举措得以暂时解决,但未能实现标本兼治,某一事件解决了,类似事件又不断发生。网络公共事件伴随的往往是政府公信力的受损,由于事件的解决大都依赖舆论压力及高层决策者的开明,而非政民之间真诚对话和协商的结果,双方的不信任和对立情绪依然存在,潜在的矛盾冲突的根源并未消除,网络公共事件发生的概率也因此居高不下。

另一方面,近年来学术界有关网络公共事件的研究成果不断涌现,但目前的研究多数是从单一立场、单一视角、单一理论框架出发,针对某些案例去总结对策,忽视案例本身的特殊性和局限性,加上对事件本身的复杂性认识不够,提出的对策建议往往缺乏科学性和普遍适用性。由于研究者不同的学科背景、学术立场和价值取向,有关网络公共事件的一些基本概念和命题至今仍存争议。比如对于事件的命名,就存在网络群体性事件、网络舆论事件、新媒体事件等多种。此外,有关网络公共事件的研究文献数量虽相当可观,但其中描述性、对策性研究成果占了相当比例,学理性和系统性的研究成果相对较少,尚有较大的研究空间。

　　基于以上理由,有必要采取更为客观中性的学术立场,从新的研究视角,结合多学科理论,对近年来日益频发的网络公共事件开展更为系统、深入和全面的研究。如何在国家—社会关系视角下、从多维学术视野全面审视网络公共事件,并且在政民对话与协商基础上实现网络公共事件的标本兼治? 这是本书要解决的中心问题。

二、研究现状和文献综述

(一)国内外网络公共事件相关研究的比较

　　近年来随着网络公共事件的研究成果不断增加,有的学者开始结合相关文献对研究本身进行总结反思,发表了十多篇综述性论文①。不过,这些研究综述主要针对国内学者的研究,而且采用的研究方法也以质化分析为主。苗伟山、隋岩则采用了比较的、量化的方法对国内外的相关研究进行了统计分析,通过对 2003—2014 年来自 CSSCI、TSSCI 和 SSCI 的 53 本新闻传播类核心期刊的检索,筛选出 329 篇有关中国网络群体性事件的研究文献,以此为对象,分析了中国大陆、港台和国外相关研究在论文数量、研究类型、研究话题、理论应用、研究方法等方面的共性和差异。② 论文还探讨了三个学术区域开展学术对话的可能性,并为未来的研究指明了方向。不过,该文的文献来源主要来源于新闻传播类的核心刊物,而互联网事件的研究是跨学科的,政治学、

---

　　① 如董天策、王君玲:《网络群体性事件研究的进路、议题与视角》,《现代传播》2011 年第 8 期;许敏:《网络群体性事件研究:路径、视角与方法》,《甘肃社会科学》2013 年第 7 期。

　　② 苗伟山、隋岩:《中国网络群体事件研究的全球学术地图》,《国际新闻界》2015 年第 1 期。

社会学、管理学、法学、社会心理学、信息科学等学科也有大量相关研究。因此，仍有必要对国内外有关中国网络公共事件的研究进行多学科比较分析。

1.研究问题与方法

本书主要采用定量统计和比较研究相结合的方法，以关键词搜索为主要检索方法，对中国大陆 CSSCI 来源期刊及港台中文期刊、国外英文期刊上有关中国"网络群体性事件""新媒体事件""网络事件""网络集体行动""网络社会运动"及相近概念的文献进行检索。截至 2015 年 12 月 30 日，共检索到相关研究论文 286 篇，其中中国大陆 CSSCI 论文 214 篇，中国港台地中文论文 33 篇，国外英文论文 39 篇。以此为分析数据，本书对中国大陆、港台和国外网络公共事件及相关研究的论文发表数量及变化趋势、研究议题、学科分布及理论视角、研究范式与方法等问题展开比较分析，试图勾画出中外各学科网络公共事件研究的总体面貌。

本书拟分析的主要问题如下：

问题 1：国内外有关中国网络公共事件研究的总体情况如何，各自对事件的命名方式和案例选择有何不同？

问题 2：中国大陆、港台和国外学者各自侧重研究什么议题？

问题 3：国内外有关网络公共事件研究的学科路径主要有哪些，各学科研究的理论视角有何不同？

问题 4：中国大陆、港台及国外学者的研究范式和方法有何差异？

具体来说，研究过程主要包括以下几个步骤：

首先通过论文检索获取研究数据。中国大陆方面，本研究以中国知网 CSSCI 期刊为数据来源，以"篇名"作为检索条件，分别输入"网络群体性事件""网络群体事件""新媒体事件""网络事件""网络媒介事件""网络集体行动""网络集群行为""网络舆论事件""网络舆情事件""网络公共事件""网络突发事件""网络危机事件""话语事件"等检索词，并采用精确匹配的方式，得到相关研究论文 214 篇。

对于中国港台方面的相关文献,本研究的一部分论文来源于香港中文大学出版的《新媒体事件研究》一书以及《新闻学研究》《传播与社会学刊》等港台期刊网站;一部分论文则从"台湾学术文献数据库"检索,最终获得符合要求的论文共 33 篇。

本书有关国外相关研究的论文主要通过外文期刊网以及一些学术文献搜索工具获得,以"篇名""主题"等检索方式,分别输入 online/internet+activism、collective action + network/internet、social movement + network/internet、social unrest+network/internet、collective behavior+network/internet、online protest、internet events 等与网络公共事件相关的检索词,并将检索结果分别输入"China"和"chinese"进行二次筛选,共检索到有关中国网络公共事件的相关研究文献 39 篇。

由于研究条件和数据采集方法所限,中国港台和国外方面的数据无法囊括所有的研究文献,这可能在一定程度上影响本研究结论的准确性,但应能大致反映中国港台及国外研究的总体面貌。

其次,对研究问题进行编码分类,分类标准如下:

(1)事件命名方式和研究案例的选择:为分析不同学科研究者对相同研究对象的不同命名方式,本研究将对每篇论文的事件命名方式进行记录,并与所属学科进行相关度分析。为此,本研究将网络公共事件相关概念分为以下九种:网络群体性事件或网络群体事件、网络事件或网络媒介事件、网络公共事件、网络集体行动或网络集群行为、新媒体事件、网络热点事件、网络舆情事件或网络舆论事件、网络危机事件或网络突发事件、话语事件。此外,为了比较国内外相关研究的案例选择,本研究将研究案例分为民族主义事件、政民冲突事件、公共安全事件、道德隐私事件和其他①。

---

① 　分类标准参见许鑫:《网络时代的媒介公共性研究》,人民出版社 2015 年版,第 117 页。

（2）研究议题：借鉴现有综述性文献的研究结论①，本研究将网络公共事件的研究议题分为以下七类：管理应对：指着重从群体性事件和危机管理角度研究事件的应对策略；传播机制：指着重从舆情分析和媒体传播角度分析事件的信息传播机制和舆情演变规律，包括事件的舆论引导研究；抗争动员：指着重从社会抗争和集体行动动员机制方面分析网络公共事件；网络民主：指从协商民主、公共领域、公民社会、政治参与等角度开展的研究，立足于探讨网络公共事件的民主政治意义；心理分析：着重分析网络公共事件参与主体的心理特征和社会心理机制；概述研究：指对网络公共事件的概念、特征、性质、类型等进行界定；其他：指无法归入上述议题或无从判断其议题的论文。对于一篇论文涉及多个研究议题的情况，本研究原则上根据其核心议题归类，无法判断核心议题的则一并计入。

（3）研究的学科路径和理论视角：综合相关综述性文献的研究结论，网络公共事件的研究主要有管理学、传播学、社会学、政治学、心理学、法学、计算机科学或信息科学等学科路径。本书主要依据论文作者和期刊的学科背景来判断其所属学科，对于多学科交叉研究或无法判定所属学科的论文则归入"其他"。研究的理论视角主要包括危机管理理论、传播和舆情理论、社会运动、集体行动和抗争政治理论、社会冲突理论、公共领域、公民社会和协商民主理论、政治参与理论、话语和对话理论、文化和认同理论、社会心理理论等。

（4）研究范式和方法：范式（paradigm）的概念和理论是美国著名科学哲学家托马斯·库恩（Thomas，Kuhn）在《科学革命的结构》一书中提出的，范式实际上是一系列科学研究的理论基础和实践规范的总和，也是该领域研究群体所共同认可的价值观念和行为方式②。研究范式受制于研究立场，影响着研

---

① 分类标准参考了苗伟山、隋岩：《中国网络群体事件研究的全球学术地图》，《国际新闻界》2015年第1期。

② ［美］托马斯·库恩：《科学革命的结构》，金吾伦、胡新和译，北京大学出版社2003年版。

究的问题和采用的方法。为总结国内外网络公共事件的主要研究范式,本研究将综合分析相关论文的研究目的、研究议题和理论视角,在此基础上总结网络公共事件的主要研究范式。

研究方法方面,本研究将网络公共事件的研究方法分为思辨研究、实证研究两大类,实证研究又分为质化研究、量化研究和综合研究三大类。其中质化研究主要包括案例分析、框架分析、文本分析、深度访谈等,量化研究主要包括问卷调查、统计分析、内容分析、定量实验等,采用多种研究方法的一并计入。

最后,成立研究团队①,依据上述编码分类标准对收集的论文数据分组进行统计分析。在具体研究过程中,一部分论文通过阅读标题、摘要和关键词即可判断其议题、理论视角和研究范式、方法,但为了确保研究结论的可靠性,本研究要求研究小组成员通读全文。将数据输入电脑后,本研究对中国大陆、港台和国外研究各自的论文发表数量、主要议题、学科路径和理论视角、研究范式和方法进行统计分析。在此基础上,本研究采用比较研究的方法,进一步分析不同学科在研究议题、理论视角、事件命名等方面的偏好,以及中国大陆、港台和国外相关研究的异同及其原因。

2.研究发现

（1）论文发表数量与趋势

首先,从中国大陆期刊论文发表数量来看(见表0-1),网络公共事件及其相关研究是近10年来的新兴议题,稍稍滞后于中国网络公共事件的产生、发展历程②。2007年首次在CSSCI来源期刊上出现相关论文,2009年以后研

---

① 惠州学院中文系的陈雅玲、林冬喜和程章玲三位同学参与了本研究部分数据的统计和分析工作。

② 1994年11月发生的朱令铊中毒事件是国内最早有影响的网络公共事件。随着强国论坛等言论平台的开放,1998年的抗议印尼排华和1999年的反对美国轰炸中国大使馆等事件成为席卷全国的网络公共事件。但直到2003年以后,随着博客等自媒体的诞生,中国网民数量首次突破5000万,网络公共事件才出现井喷之势,出现了孙志刚事件等一系列影响重大的网络公共事件,并一直保持高发态势。

究热度显著提升,论文发表呈逐年上升趋势,不到 10 年时间已累计发表 214 篇(检索时间:2015 年 12 月 30 日)。

表 0-1　中国知网 CSSCI 期刊有关网络公共事件及相关概念论文发表情况

(单位:篇)

命名方式 ＼ 发表年份	2007	2008	2009	2010	2011	2012	2013	2014	2015	合计
网络群体性事件	1	—	2	10	14	18	15	14	5	79
网络事件	—	—	3	5	4	6	4	2	1	25
网络公共事件	—	—	3	0	3	2	5	2	3	18
网络群体事件	—	—	1	3	2	—	3	4	3	18
网络集群行为	—	—	1	4	1	—	3	4	1	14
网络热点事件	—	—	—	1	1	2	3	2	3	12
新媒体事件	—	—	1	2	2	1	2	2	1	11
网络舆情事件	—	—	—	—	2	2	2	1	4	11
网络突发事件	—	—	—	—	2	1	2	2	3	10
网络集体行动	—	—	—	—	1	—	1	3	2	7
网络媒介事件	—	—	—	1	—	2	—	—	—	3
网络舆论事件	—	—	—	1	—	—	1	—	1	3
网络危机事件	—	—	—	—	—	—	2	—	—	2
话语事件	—	—	—	1	—	—	—	—	—	1
合计	1	0	11	27	33	36	43	36	27	214

从相关文献来看,中国港台和国外学者对我国网络公共事件的研究与中国大陆学者大致同步。中国港台研究中尤以香港中文大学发起的新媒体事件研究最有代表性。2009 年 1 月,香港中文大学新闻与传播学院举办了"新媒体事件:网络、公民与社会权力的重构"工作坊,并在其主办的《传播与社会学刊》2009 年(总)第 9 期上专题刊登了一系列研究论文。中国港台方面的论文大部分来自《传播与社会学刊》和《新闻学研究》,并且其中有部分论文作者来自中国大陆。

从表 0-2 可以看出,近 10 年来国外开始出现有关中国网络公共事件的研究文献。但总体而言,中国的网络公共事件尚未引起国外学者的足够重视,相关的研究论文数量少,且比较分散。本研究的文献分散在 *Information*、*Communication & Society*、*Political Communication* 等刊物上。国外相关研究以杨国斌、赵鼎新等华人学者,以及少数从事中国问题研究的西方学者如裴宜理(Elizabeth J Perry)为代表,总体影响不大。

表 0-2　本研究有关中国网络公共事件研究的英文文献　　（单位:篇）

命名方式 ＼ 发表年份	2006	2007	2008	2009	2010	2011	2012	2013	2014	2015	合计
collective action+ network/internet	2	—	—	1	—	—	—	4	1	3	11
online /internet+ activism	—	—	—	2	—	1	2	—	3	2	10
Media/internet+ event	—	—	2	—	1	—	—	—	2	—	5
Social unrest + internet	—	—	—	—	1	3	—	—	1	—	5
collective behavior+ network	—	—	—	—	—	2	—	1	—	—	3
social movement+ internet	—	—	—	—	—	2	—	—	1	—	3
online protest	—	—	—	—	—	—	—	—	—	2	2
合计	2	—	2	3	2	8	2	5	8	7	39

　　从命名方式来看,中国港台学者主要采用新媒体事件或网络事件来命名,在 33 篇论文中,采用"新媒体事件"或"网络事件"命名的有 7 篇。国外学者则多使用"集体行动"(collective action)、"网络行动"(online activism)、"社会运动"(social movement)、"社会动乱"(social unrest)、"社会抗议"(social protest)等来命名(见表 0-2)。中国大陆学者最常使用的概念是"网络群体性事件"或"网络群体事件",同时也存在多种命名方式(见图 0-1)。

网络舆情事件或
网络舆论事件
6.5%
　　　网络突发事件　　话语事件
　　　5.6%　　　0.5%
网络热点事件
5.6%
新媒体事件
5.1%
网络集体行动或
网络集群行为
9.8%
网络群体性事件
或网络群体事件
45.3%
网络公共事件
8.4%
网络事件或网络媒介事件
13.1%

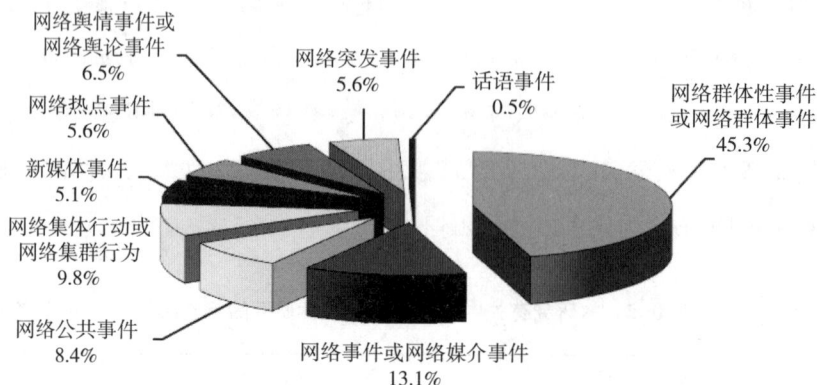

图 0-1　中国大陆网络公共事件及其相关概念的使用情况

　　概念是对事物特征的高度概括,研究者使用什么概念(命名方式)往往反映其研究立场和价值取向。从相关文献看,使用"网络群体性事件""网络危机事件"和"网络突发事件"概念的研究者多采用对策研究的取向,应用群体性事件、危机管理等理论,关注事件的负面影响和预防控制;使用"新媒体事件""网络事件"概念的研究者多聚焦于新媒体语境下媒介事件的新特征,或者将新媒体事件作为研究新媒体与社会变迁的突破口,聚焦于事件的社会影响和民主政治意义;使用"网络公共事件"的研究者多从公共领域、公民社会的角度去观照;"网络集体行动"或"网络集群行为"的研究者将事件视为一种集体行动或集体行为,应用西方的社会运动和集体行动理论来分析事件的动因和发展规律;"网络舆论事件""网络舆情事件"或"网络热点事件"的研究者认为事件本质上是一个舆论过程,关注事件的舆情演变规律、传播机制和舆论引导;"话语事件"的研究者强调事件的核心是话语,主张采用话语分析的研究策略,关注话语背后的权力关系。同时,随着研究的深入,使用"网络群体性事件""网络事件"和"网络热点事件"概念的研究者的研究立场、主题、角度日益多元化,概念的使用也呈现客观、中性化的趋势。

　　研究发现,中国大陆和中国港台的网络公共事件研究较多采用案例分析法,案例选择方面,中国大陆学者的研究案例基本来自中国大陆;中国港台方面的研究案例涉及两岸三地,视野较为开阔;国外研究除了涉及温州动车事件、反日游行等少数事件外,较少采用案例分析法,因此缺乏可比性。中国大陆和港台研究的案例类型比较见图 0-2(个别论文分析的案例不止 1 个)。从该图可以看出,大陆和港台学者关注最多的都是政民冲突事件,此类事件也是网络公共事件的主体。

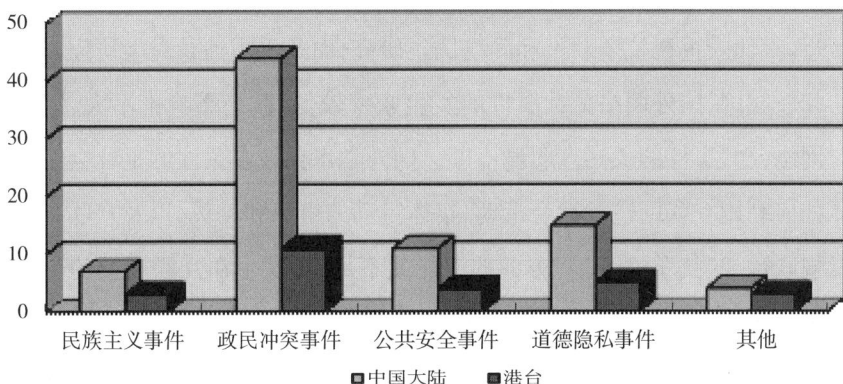

图 0-2　大陆和港台论文案例分析的事件类型

(2)国内外相关研究的主要议题

表 0-3　中国大陆、港台和国外的研究议题比较

研究议题 文献来源	管理 应对	传播 机制	抗争 动员	网络 民主	心理 分析	概述 研究	其他	合计
中国大陆	75	57	11	13	9	38	19	214
中国港台	0	5	9	7	0	2	10	33
国外	1	1	10	8	0	16	3	39

说明:表中数据是指各种研究议题的论文篇数。

由于研究立场、范式和学术传统的差异,国内外网络公共事件的研究议题有较大差异(见表 0-3)。中国大陆方面,在总共 214 篇论文中,排前三位的研究议题包括管理应对 75 篇(占比 35.0%)、传播机制 57 篇(占比 26.7%)和概述研究 38 篇(占比 17.8%),尤其是管理应对即对策研究,是中国大陆学者的中心议题,并且在传播机制研究和概述研究中也往往涉及对策分析。相比之下,中国港台方面以抗争动员研究(9 篇,占比 27.3%)最多,其次是网络民主研究(7 篇,占比 21.2%)和传播机制研究(5 篇,占比 15.2%)。国外则以概述研究最多(16 篇,占比 41.0%),其次是抗争动员研究(10 篇,占比 25.6%)和网络民主研究(8 篇,占比 20.5%)。总体而言,中国港台和国外的研究议题较为接近,都比较重视抗争动员和网络民主研究,而几乎不涉及对策研究。

相较我国,国外网络公共事件的发生频率较低,社会影响也不大,因此国外对网络公共事件的关注度明显不够。国外学术界较多关注的是社会组织和团体如何利用互联网进行社会运动、集体行动的组织和动员,以及互联网在推动常规政治或"抗争性政治"方面的潜能或不足,对发生在互联网上的事件或议题本身较少关注。国外有关网络公共事件的研究多涉及集体行动、社会运动、社会抗议、网络行动、抗争政治、社会冲突、社会动乱等。近年来国外也开始出现涉及中国网络公共事件的研究成果,如《政治传播》(Political Communication)杂志 2011 年第 28 卷第 3 期刊发的中国政治传播专题,《信息、传播与社会》(Information, Communication & Society)杂志 2014 年刊发的有关中国互联网、社交网络与公民参与的专栏等。这些研究的视角多数是从政治参与或网络民主的角度分析互联网对社会群体的作用与功能,几乎不提网络公共事件的管理与应对。研究的热点议题之一是社会运动或集体行动在新媒体环境下的组织方式和面临的挑战,很少将网络公共事件本身作为研究课题。在国外学者那里,网络公共事件一般只是作为集体行动/社会运动的一种形态,其本身并未成为一个独立的研究议题。

近年来,我国港台地区的一些学者也开始借鉴国外较为成熟的研究范式来研究中国大陆的网络公共事件,如台湾的《新闻学研究》就刊登过不少这方面的论文,还有香港的《传播与社会学刊》2009 年(总)第 9 期刊出的"媒介事件研究"专辑和 2013 年(总)第 26 期的"媒体与社会抗争"专题,等等。港台

学者的研究多从抗争政治、集体行动和网络民主的角度切入,较多关注网络的
"赋权"与"动员"作用。

中国大陆方面,大致从2003年开始,网络公共事件发生频率越来越高,影响越来越大,2009年以后逐渐引起中国大陆学者的关注,相关研究文献尤其是论文数量相当可观。有关网络公共事件的研究,在网络管理、网络舆论、网络民主、网络社会等研究领域内常见,在有关群体性事件、突发事件、危机事件和公共事件的研究文献中也常常涉及。近年来网络公共事件逐渐成为内地学术界一个独立的研究课题,研究文献呈井喷之势。

(3)学科路径和理论视角

从研究者的学科背景来看,中国大陆网络公共事件的研究者以传播学、管理学、社会学和政治学等学科的学者为主,并逐渐向多学科方向发展(见图0-3)。从本研究掌握的文献来看,中国港台研究者以新闻传播学者为主,国外则以政治学、社会学和传播学者为主。

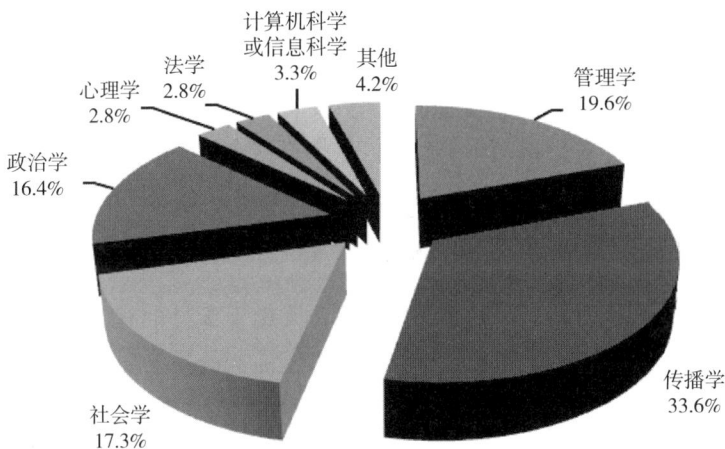

图0-3　中国大陆网络公共事件研究的学科分布

关于网络公共事件研究的理论视角,在214篇中国大陆论文中,严格说来,只有87篇(占比40.7%)有较为明确的理论视角。大陆论文中采用较多

的理论视角有传播与舆情理论和危机管理理论,同时研究视角呈现多元化发展趋势。中国港台方面理论视角主要有社会运动(集体行动和抗争政治)理论、公共领域(公民社会和协商民主)理论,以及传播与舆情理论,国外除了社会运动理论外,较多应用话语和对话理论。总体来看,中国港台和国外的理论视角较为接近(见表0-4)。

表0-4 中国大陆、港台和国外研究的理论视角比较

文献来源＼理论视角	危机管理理论	传播与舆情理论	社会运动理论	社会冲突理论	公共领域理论	政治参与理论	话语和对话理论	文化和认同理论	社会心理理论	其他
中国大陆	19.6	27.6	8.6	2.3	7.7	4.2	9.4	3.7	5.2	11.7
中国港台	0	15.2	24.2	0	18.2	9.1	9.1	6.1	0	18.2
国外	2.7	7.7	15.4	2.7	10.3	10.3	15.4	2.7	0	41.0

说明:表中数据是指应用各种理论视角的论文所占百分比。

另外,本研究将研究者的学科路径与其研究的主要议题和理论视角进行对照分析,研究发现:新闻传播学者关注事件的传播机制和舆论引导,较多从传播与舆情的理论视角切入;管理学科侧重从公共管理、危机管理等角度为网络公共事件建构模型并寻求对策;社会学者借鉴社会转型、社会冲突、集体行动等理论资源分析网络公共事件,着重分析事件的社会根源、动员模式和行动机制;政治学学者一般从网络民主、政治参与和"抗争性政治"等角度研究,以网络公共事件为案例分析互联网的政治功能,聚焦于事件的社会影响和政治意义;心理学者重视网络公共事件产生的社会心理根源以及参与者的心理分析;计算机和信息科学学者多采用信息科技对网络事件进行数据分析和建模;等等。

(4)研究范式和方法

综合分析中国大陆、港台和国外相关论文的研究目的、研究议题和理论视角,可以发现,中国大陆研究者较多站在政府管理的立场,重视网络公共事件

的管理应对和传播机制研究,并且主要从危机管理和舆论引导角度寻求对策,因此可以将中国大陆网络公共事件研究的主导范式归纳为自上而下的对策研究范式。中国港台和国外学者则主要站在社会公众的立场,应用社会运动(集体行动和抗争政治)理论、公共领域(公民社会和协商民主)理论,以网络公共事件为切入点讨论互联网的抗争性动员和民主政治意义,主要采用自下而上的抗争研究范式。

　　对策研究范式是中国大陆研究者的主流范式。早期的研究者多数来源于公安政法等政府部门或相关院校,例如,最早发表有关网络群体性事件研究论文的郑大兵等三人来源于山东省日照市人民政府①,随后的研究者揭萍等二人则来源于江西公安专科学校②。研究者的身份背景决定其研究具有明显的功利色彩和工具主义取向,探寻对策成为其研究的目标指向。针对网络公共事件这种新出现的社会现象,早期的研究者对其的认识比较肤浅,看待事件也带有负面倾向,因此常用"网络群体性事件""网络危机事件""网络突发事件"等来命名,将原先社会科学领域的"群体性事件""突发事件""危机事件"等相关理论资源应用于网络公共事件的研究,聚焦于事件的"预防""管理""引导"或"应对",研究的方法也以现象描述和经验总结为主。

　　随着网络公共事件影响日益扩大,越来越多的社会学、政治学、公共管理学、传播学、心理学等学者投入研究者队伍中来,使得研究的立场、角度和方法日益多元。不同学科研究者分别从各自学科视角出发,围绕网络公共事件的诱因、特性、传播机制、社会影响、应对策略、政治意义等,展开分析。随着研究的深入,研究者对网络公共事件的认识更为客观理性,越来越多的研究者将事件界定为"民意表达"或"舆论过程"。对策研究的视野也更为开阔,呈现由危机"管理"向社会"治理"的转向,由舆情防控向信息公开转向。尽管近年来学

---

　　① 郑大兵、封海东、封飞虎:《网络群体性事件的政府应对策略》,《信息化建设》2006 年第11 期。

　　② 揭萍、熊美保:《网络群体性事件及其防范》,《江西社会科学》2007 年第 9 期。

术界的研究心态越来越趋向客观,但大部分研究者的研究出发点仍然是网络公共事件的预防与应对,对策研究仍然是中国大陆学者的主流范式。

抗争研究以中国港台和国外学者为主,近年来随着国内外学术交流的加强,一些中国大陆学者也开始采用抗争研究范式。中国港台学者大都具有国外学术背景,在学术传统、价值观念方面深受西方学术界影响,他们一般使用"新媒体事件"或"网络事件"的概念,聚焦于网络公共事件的抗争性。抗争范式的研究较多关注网络公共事件的话语赋权、抗争动员、公众参与等,尤其重视互联网与社会权力结构变迁的关系。

研究方法方面,中国大陆的网络公共事件研究以思辨研究(71.0%)为主,严格意义上的实证研究论文只有 62 篇(29.0%)。在质化研究论文中,采用较多的研究方法是案例研究(21.0%)和框架分析(9.8%),在量化研究论文中,采用较多的研究方法是统计分析(12.1%)和内容分析(11.2%)。中国港台和国外的研究论文多采用实证的研究方法,其中中国港台研究方法多为质化和量化研究方法的结合,案例分析法(占比 39.4%)、深度访谈法(占比 18.2%)是中国港台学者应用较多的研究方法。国外方面,量化、质化和综合研究大致均衡。相比之下,中国大陆的研究由于研究方法的局限,不仅削弱了研究成果的科学性,也导致一些研究结论的偏差甚至相互矛盾,同时又造成大量重复性研究。

3.反思和进一步讨论

总体来看,国内外网络公共事件研究历时十余载,取得了一些成果,研究议题越来越多样化,研究角度、方法趋于多元,研究立场日益客观。但总体来看,研究还有待加强,专门针对网络公共事件的、系统的、有学理性的研究成果不多,多学科之间的对话亟需加强。总体来看,研究还存在一些不足之处。

第一,多学科、多角度结合的、有学理性和系统性的研究成果较少,学科之间、国内外学者之间的学术对话还有待加强。除了国内外研究之间的差异,不同学科之间的研究也差异明显,且呈现各说各话、学科划界的现象。现有成果大部分没有明确的理论视角,或者是基于某个理论视角对个别案例开展的研究,或者是从某一理论框架出发对一定数量的网络公共事件进行的统计分析,从多学科多角度出发开展的综合研究成果较少,将不同时空环境下的网络公共事件进行纵横比较的研究成果更少。网络公共事件的产生,有着深刻的政治、经济、技术、心理根源,不仅仅是一个传播问题,也是社会问题乃至政治问题,因此必须采取多学科交叉的研究路径,综合采用社会学、政治学、管理学、社会心理学和新闻传播学等学科理论作为分析工具,得出更为科学和全面的研究结论。

另外,从中国大陆文献来看,鲜有研究者对网络公共事件本身开展学理反思,尤其缺少文化和政治层面的深入分析。多数研究成果为简单的个案分析或经验总结,或者简单照搬西方的理论资源来分析中国的网络公共事件,忽视我国网络公共事件产生的特殊环境及西方理论的适用性问题,缺少学理性和学术创新。

第二,提出的对策建议缺乏科学性和可操作性。对策研究作为国内网络公共事件研究的主流范式,体现了大陆学者对社会现实问题的敏感度,自觉将学术研究与社会实践对接。但多数研究文献从危机管理和舆论引导的单一角度切入,未能综合应用政治学、社会学、心理学和公共管理学等多学科理论,深入揭示网络公共事件背后的深层社会根源、制度缺陷和群体心理,提出的对策建议大都建立在个案分析基础上,忽视个案的特殊性及不同类型网络公共事件之间的异质性,因而往往缺乏科学性和可操作性。提出的对策建议不外乎"建立预警机制""实行信息公开""加强舆论引导"等,视野不够开阔。网络公共事件是当代中国社会现实的网络镜像,是中国在实现现代化过程中产生的现代性危机,反映的是中国的国家—社会关系变迁,只有通过国家、社会双方面的调整及作为中介的公共领域的建构,才能从根本上实现有效治理。

第三,从研究范式上看,对策研究和抗争研究两种研究范式分别站在国家(政府)和社会(公众)的立场上,强调国家与社会的对抗和冲突,忽视国家和社会协商对话解决问题的可能性。柯理希（Kriesi）认为：社会运动按其目标可以分为工具性的和价值或情感性的，前者都有一个具体的理性的利益型目标，因此比较容易和政府达成妥协，容易被制度化；后者则很难找到妥协点。①当代中国的网络公共事件大都是工具性的权益之争，极少涉及体制、意识形态等价值层面，因此有机会通过国家—社会之间的协商对话达成共识，化解矛盾。单向度的国家管理或社会对抗不足以解决分歧，反而可能激化矛盾，加大国家—社会之间的对立，这是对策范式和抗争范式内在的缺陷。

因此，网络公共事件研究更宜采用第三种范式——对话协商范式。师曾志较早提出，"沟通与对话"是网络群体性事件形成机制的理论基础。②本书倡导网络公共事件研究的对话协商范式，是建立在我国的国家—社会关系和网络公共事件特点基础上的，中国的国家—社会关系极其复杂。中国的网络公共事件并非针对中央的大规模价值型抗争，而是针对地方政府的具体权益的抗争。因此，中国的网络公共事件只能在对话协商中化解，通过探讨国家—社会之间协商对话的可能性和有效途径，化解分歧，重建信任和认同，逐步建构国家—社会良性互动和协同治理体系，最终实现网络公共事件的标本兼治。

（二）网络公共事件研究的相关专著

国内外有关网络公共事件的研究专著，近年来也开始出现。其中较有学理性的研究成果有：赵鼎新从国家—社会关系视角，从变迁、结构、话语三个方面对西方社会运动和中国集体行动进行的研究③；杨国斌以国家、市场、公民社会、抗争文化和跨国行动的"多元互动模型"为分析框架，对当代中国网络行动的研究④；许敏从协商民主理论视角出发对网络群体性事件

---

① 转引自赵鼎新：《社会与政治运动讲义》，社会科学文献出版社 2012 年版，第 202 页。
② 师曾志：《沟通与对话：公民社会与媒体公共空间》，《国际新闻界》2009 年第 12 期。
③ 赵鼎新：《社会与政治运动讲义》，社会科学文献出版社 2012 年版，第 303 页。
④ 杨国斌：《连线力：中国网民在行动》，邓燕华译，广西师范大学出版社 2013 年版。

治理问题展开的专门研究①；肖唐镖等学者从抗争政治的视角对群体性事件展开的研究②；王国勤以社会网络理论为主要分析框架，对三类不同斗争手法的集体行动的研究③；等等。

新闻传播学方面，较有学理性的专著有香港中文大学邱林川、陈韬文主编的《新媒体事件研究》，该书以戴扬(Dayan)、卡茨(Katz)的"媒介事件"为理论渊源，围绕新媒体事件的传播内容、话语权、媒体系统内部互动等议题，收入了大陆和港台多位学者的研究成果，揭示了新媒体事件频发现象背后的新趋势、新议题。此外，曾庆香、李蔚的《群体性事件：信息传播与政府应对》着重从信息传播角度，探讨了群体性事件包括网络群体性事件的政府应对；郑智斌的《众妙之门：中国互联网事件研究》分析了互联网事件与社会、媒体、技术和观念之间的多重关系，并对如何建设未来网络公民社会进行了探讨；燕道成的《群体性事件中的网络舆情研究》一书从网络舆情研究的视角，对群体性事件中网络舆情的群体怨恨心理、载体、炒作者、领导者等问题进行探讨，同时从网络舆论管理的角度，为群体性事件的预防提供了对策；李红从符号学路径对网络公共事件展开分析，认为网络公共事件的本质在于对话，主张通过对话实现认同④；周海晏以厦门、大连、宁波三地先后发生的 PX 事件为例，从新社会运动的视域对当代中国网络环保行动进行研究⑤；吴世文以"公权滥用诱致型"事件为切入点，研究新媒体事件的框架建构与话语分析⑥；李彪的《舆情：山雨欲来——网络热点事件传播的空间结构和时间结构》一书采用社会网络分析方法，分析网络热点事件传播背后的特有规律和机制，比较了其与一般的网络

---

① 许敏：《基于协商民主的网络群体性事件治理研究》，上海交通大学出版社 2015 年版。

② 肖唐镖：《群体性事件研究》，学林出版社 2011 年版。

③ 王国勤：《社会网络与集体行动：林镇案例》，中国社会科学出版社 2013 年版。

④ 李红：《网络公共事件：符号、对话与社会认同》，中国社会科学出版社 2015 年版。

⑤ 周海晏：《新社会运动视域下的中国网络环保行动研究》，华东理工大学出版社 2014 年版。

⑥ 吴世文：《新媒体事件的框架建构和话语分析》，山东教育出版社 2014 年版。

信息传播在时空结构上的差异性;等等。

除了上述专著,目前出版的有关网络公共事件的书籍多为针对一些案例开展的舆情分析或经验总结,供相关部门作为决策参考。如丁俊杰、张树庭主编的《网络舆情及突发公共事件危机管理经典案例》、杜骏飞主编的《沸腾的冰点:2009中国网络舆情报告》、谢新洲主编的《舆论引擎:网络事件透视》、叶皓等著的《正确应对网络事件》等,这类书籍大都从危机管理或网络舆情角度分析近年来的一些网络公共事件案例,总结其舆情演变规律,提出危机管理对策。虽然紧密联系实践,也不乏真知灼见,但学理性不强。

在对策研究方面,相关专著也存在科学性、可操作性不强的问题。有些研究成果虽然建立在一定数量的案例分析基础上,但提出的对策、建议较为笼统。比如有研究者分析了大量案例后,总结出政府媒体危机公关的七大原则①,但该书并未深入阐释这些原则的理论依据,也未提出具体的实施细则,可操作性依然有限。因此,对一定数量的网络公共事件案例进行系统的分类比较,揭示其共性和特殊性,才能找到有效的治理之道。

(三)网络公共事件研究的主要理论视角

有学者研究发现,国内方面超过70%的研究没有理论的框架②。在有理论框架的研究文献中,采用较多的理论视角有危机管理理论、传播与舆情理论、社会运动理论、社会冲突理论、公共领域与公民社会理论、政治参与理论、话语理论、社会认同理论、社会心理理论等等。限于篇幅,本书不可能对上述各种理论作深入解析,只能从网络公共事件研究的角度作简要梳理。

(1)管理学的危机管理研究:危机管理是中国大陆学者在研究网络公共事件时最常应用的理论视角,核心议题是网络公共事件的管理和应对。危机管理理论主要有管理流派和传播流派两大流派,前者即一般意义上的危机管

---

① 邹建华:《突发事件舆论引导策略》,中共中央党校出版社2009年版,第13—59页。
② 隋岩、苗伟山:《全球理论、本土实践与现实情怀》,《新闻大学》2015年第1期。

理(Crisis Management),强调秩序的恢复,降低危机损害,后者即危机传播管理(Crisis Communication Management),强调通过信息公开、沟通对话,修复组织形象,重建共识和信任①。中国大陆学术界将危机管理理论应用于网络公共事件的对策研究,结合风险社会等理论,将网络公共事件视为一种影响社会稳定、挑战政府权威的公共危机,强调事件的突发性和危险性,注重研究事件的预警机制、预防举措、应急处理、传播控制和谣言应对等,多数学者仍停留在管理流派的观点,对危机管理中的对话沟通的重要性尚缺乏足够重视。有学者认为,危机传播管理即通过对话以在事实层面还原真相,补偿利益,在价值层面成就信任、重构意义的过程,危机传播管理的核心价值在于对话以重构共同体。② 本书的研究旨趣即在于通过国家—社会之间的协商对话机制的建构,重建互信,形成国家—社会良性互动和协同治理体系,化危机为契机。

(2)传播学的网络舆情研究:传播学者较多结合相关传播理论来研究网络公共事件,把网络公共事件视为一种舆论传播的过程,注重分析事件的传播机制、舆情演变规律和舆论引导,最终往往从舆情传播角度去寻求对策。应用较多的传播学理论有网络舆情理论、框架理论、议程设置理论、沉默的螺旋理论等。

从传播学的角度看,网络公共事件本质上是一种舆论传播现象,因此应对的策略关键在于建立一套有效的舆情预警、反应和应对机制,实现有效的舆论引导。不过,这种研究取向缺少多学科的视野,单从传播角度去寻求对策,容易忽视网络公共事件频发的深层社会根源和社会心理机制。

(3)社会学的社会运动和社会冲突研究:社会运动理论和社会冲突理论是社会学视角研究网络公共事件最常应用的理论视角。广义的社会运动理论包括社会运动、集体行动、集体行为、抗争政治的相关理论。根据赵鼎新的概括,西方社会运动研究主要集中在两个问题,一是社会运动为什么发生,二是

① 胡百精:《危机传播管理》,中国人民大学出版社2014年版,第21页。
② 胡百精:《危机传播管理》,中国人民大学出版社2014年版,"前言"第2—3页。

社会运动的发展规律。早期研究往往集中在第一个问题上,晚近的研究则更关注第二个问题。[①] 围绕这两个问题,形成了勒庞(Gustave Le Bon)的"心智归一法则"、布鲁默(Herbert Blumer)的"循环反应理论"、罗伯特·帕克(Robert Ezra Park)为代表的芝加哥学派的集体"情绪冲动""失范"等理论、格尔(Gurr)的"相对剥夺感"理论,以及康豪瑟(Kornhauser)的"大众社会理论"、亨廷顿(Huntington)的"现代涂尔干视角",还有斯梅尔塞(Smelser)的"价值累加理论"、奥尔森(Olson)的"搭便车理论"等理论,而目前西方社会运动理论中占支配地位的理论则是资源动员理论和政治过程理论。

资源动员理论于1973年由美国社会学者麦卡锡(McCarthy)和左尔德(Zald)提出,他们指出了时间和物资等外在资源在社会运动形成中的重要性,强调资源、组织的作用和社会运动参与者的理性选择过程。政治过程理论则由蒂利(Tilly)和麦克亚当(McAdam)等学者提出,强调政治机会、组织以及意识形态和话语在社会运动产生和发展中的作用。资源动员理论和政治过程理论迄今仍是西方社会运动研究的主流范式,两者尽管存在差异,但都强调社会运动是一个政治过程,运动参与者的利益和理性选择、组织和资源以及政治机会在社会运动的发生发展过程中发挥了关键的作用。[②]

有学者将国外社会运动研究划分为三个领域:动力机制、策略技术和动员机制。[③] 国内学者应用这些理论来分析中国的网络公共事件,将网络公共事件视为一种集体行动或抗争行为,也着重研究网络公共事件的动力机制、动员机制和抗争策略等。比如有学者分析了互联网公共事件中的社会动员机制,发现议题合法性、网络舆论一致性和议题传播的广泛性是互联网公共事件成功的保障[④]。

---

① 赵鼎新:《社会与政治运动讲义》,社会科学文献出版社2012年版,第20页。
② 赵鼎新:《社会与政治运动讲义》,社会科学文献出版社2012年版,第184—194页。
③ 刘燕舞:《集体行动的研究传统、类型及其争论》,《周口师范学院学报》2009年第4期。
④ 高恩新:《互联网公共事件的议题建构与共意动员——以几起网络公共事件为例》,《公共管理学报》2009年第10期。

　　不过,由于中西国家—社会关系的差异,中国的网络公共事件与西方的社会运动乃至集体行动仍存在较大差异。西方的网络抗争常伴随实际行动,我国的网络公共事件则主要局限于话语表达;西方的抗争行动组织性较强,并逐渐被西方国家纳入制度化轨道,我国的网络抗争则多为网民自发的抗争,较少社会组织发动;西方的社会抗争往往具有明确的政治诉求,我国的社会抗争主要是利益的诉求,不针对体制。这些差异决定着西方的社会运动理论要应用于我国的网络公共事件研究,必须结合实际案例开展比较分析,不能生搬硬套。西方主流的资源动员理论和政治过程理论都强调社会运动的理性选择过程,近年来一些学者结合中国网络公共事件的特点分析其动员机制,发现"情感"在中国网络公共事件发生中具有特殊意义。如杨国斌提出"悲情"和"戏谑"是我国网络事件"情感动员"的两种模式①;朱力和卢亚楠将互联网的动员能力进行整合,提炼出"网络助燃"理论②;一些学者从"情绪共振"角度分析新媒体事件的社会动员③,等等。有学者认为:西方社会运动经典理论的三个核心概念:政治机会、组织资源和框架建构,均不能完全适用于中国网络事件的分析。④

　　社会冲突理论是研究网络公共事件的又一个常用分析工具。大多数网络公共事件具有社会冲突性质。因此,社会冲突理论被一些学者应用为网络公共事件研究的分析框架。西方的社会冲突理论以科塞、达伦多夫为代表,代表社会学的激进派,与强调社会稳定和谐的保守派——结构功能主义者不同,他们都认识到社会冲突是社会的常态,并强调社会冲突对于保持社会稳定,促进社会整合等方面具有积极功能⑤。以美国社会学家 T. 帕森斯(Talcott Parsons)为代表的结构功能主义理论则认为:社会共识的形成是维系社会稳

---

① 杨国斌:《悲情与戏谑:网络事件的情感动员》,《传播与社会学刊》2009 年第 9 期。
② 朱力、卢亚楠:《现代集体行为中的新结构要素》,《江苏社会科学》2009 年第 6 期。
③ 毛湛文:《新媒体事件研究的理论想象与路径方法》,《新闻记者》2014 年第 11 期。
④ 邱林川、陈韬文:《新媒体事件研究》,中国人民大学出版社 2011 年版,第 43 页。
⑤ [美]科塞:《社会冲突的功能》,孙立平译,华夏出版社 1989 年版。

定的基础,而社会冲突是一种社会病态现象,应该努力去消除它①。科塞在其代表作《社会冲突的功能》一书中,批判了结构功能主义者的片面观点,强调社会冲突是人类社会关系的一种基本形式,并且也是促进和保持社会和谐稳定的基本动力。

西方的社会冲突理论聚焦于社会冲突的起因、功能与影响等。达伦多夫等人将社会冲突的根源归结为社会结构和利益权威等宏观因素,主张开展宏观的结构——制度分析。科塞等人强调社会冲突对于维系社会稳定的重要性,提出著名的"安全阀"理论,即提供一些正当途径,允许社会成员将其对社会的不满、敌对情绪及个人间的怨恨加以宣泄和表达,从而解决社会冲突,维护社会稳定,实现类似安全阀的功能②。这不仅需要转变看待社会冲突的观念,还需要一系列的制度设计。近年来西方国家逐渐将体制外的社会运动制度化、合法化,的确减轻了其对社会的冲击性。中国的一些研究者也认识到制度化在社会冲突治理中的重要性,如肖唐镖等学者主张通过信访制度改革或法治建设等方式来实现有效治理③。

(4)政治学的网络民主研究:网络民主是政治学近年来的研究热点,有关互联网在公共领域、公民社会、政治参与、协商民主发展中的作用,是网络民主研究的重点,这方面的研究常以网络公共事件为分析案例。网络民主研究广义上属于新媒体与社会变迁的研究范畴,大致形成了乐观和悲观两种倾向。乐观者将网络公共事件视为体制外的政治参与行为,是网络公共领域建构和网络公民社会发育的标志,也是协商民主发展的一个表现。悲观者则注意到网络公共事件中网民参与的局限性,如谣言、群体极化等非理性现象的存在,将其视为中国政治民主化的障碍。

---

① [美]T.帕森斯:《现代社会的结构与过程》,梁向阳译,光明日报出版社1988年版。
② [美]科塞:《社会冲突的功能》,孙立平译,华夏出版社1989年版。
③ 肖唐镖:《抗争政治的到来及其治理转型》,载俞可平主编:《推进国家治理与社会治理现代化》,当代中国出版社2014年版,第103页。

概括地说,哈贝马斯所谓的公共领域,指的是介于私人领域与国家权力机构之间的一个领域,由私人组成的公众在此讨论公共事务,形成公众舆论,对抗国家权力,维护公共利益,同时也决定国家权力的合法性,公共领域理论的最终指向就是要实现协商民主①;所谓公民社会,当代的含义是指与政治社会和经济社会相区别的社会文化领域,主要包括非政府组织(NGO)等社会组织和民间公共领域,通过这些中间组织的缓冲形成国家与社会之间相互制衡、相互协调的关系②;所谓政治参与,一般指社会多元化时期公众通过一定方式直接或间接地参与国家决策的政治行为,包括体制内的参与和体制外的参与,比如,参与选举、监督等等;所谓协商民主,是指通过公民与政府之间的协商和对话,就公共决策问题达成共识,协商民主理论倡导公民直接、有序的政治参与,以弥补代议制民主的不足③。可以看出,公共领域理论、公民社会理论、政治参与理论和协商民主理论在价值追求上有着一致性,都主张壮大公民社会,通过公民在公共领域中自主参与公共事务的讨论,形成公众舆论,制约国家权力,保护私人权利,实现协商民主。

国内有关网络民主的研究,常以网络公共事件个案为分析对象,由于个案本身的特殊性,加上技术决定论和社会决定论各自的影响,容易造成研究结论的偏差,导致乐观和悲观两种倾向同时存在。另外,在看待源自西方学术界的公共领域理论、公民社会理论、政治参与理论和协商民主理论方面,又存在简单套用和盲目拒绝两种倾向,在能否、如何应用西方理论的问题上,研究者常各执一词。由于中外制度和环境的差异,一些研究者在应用西方理论来分析中国的网络公共事件时出现水土不服的情况。

(5)社会心理学的网民心理分析:勒庞(Gustave Le Bon)提出的"乌合之

---

① [德]哈贝马斯:《公共领域的结构转型》,曹卫东译,学林出版社1999年版。
② 邓正来主编:《国家与市民社会》中央编译出版社1999年版,第175—202页。
③ [美]约·埃尔斯特主编:《协商民主:挑战与反思》,周艳辉译,中央编译出版社2009年版。

众"概念、詹姆斯·斯托纳(J.Stoner)的"群体极化"理论、布鲁默(Herbert Blu-mer)的"循环反应"理论和格尔(Ted Robert Gurr)的"相对剥夺感"等社会心理理论常被心理学者应用于分析网络公共事件参与者的心理动机。社会心理学创始人勒庞认为理性的个体一旦聚集在一起,随着群体规模的扩大,其思维模式和行为方式就会变得非理性和极端化,从而变成"乌合之众"(the crowd)①;斯托纳(James Stoner)经由实验证实:一个群体中多数人的倾向性意见经由群体间的讨论会变得更为坚定,而原先群体所反对的意见,经由群体讨论会更为反对,最终使意见变得极端化,这就是网络公共事件中反复出现的"群体极化"现象②;布鲁默(Herbert Blumer)的"循环反应"(circular reaction)理论认为集体行动源于社会变迁引起的不确定感和不安全感,人们最初通过传递谣言等方式相互感染,逐渐形成某种共同感觉,并最终引发集体行动③。谣言研究是国内网络公共事件研究的一个热点,不少学者认为谣言具有一定的"真实性"④;格尔认为:当社会变迁造成社会的价值实现能力小于人们的期望值(价值能力<价值期望)时,人们就会产生"相对剥夺感"(relative depriva-tion),相对剥夺感越大,人们造反的可能性就越大⑤。"相对剥夺感"这一概念常被用于解释网络公共事件中网民的参与心理和动机。

此外,话语理论、对话理论、文化和社会认同理论等也是网络公共事件研究的有效解释框架。福柯(Michel Foucault)等人的话语理论常用于分析网络公共事件中相关主体的话语权博弈、话语策略和意识形态对抗,话语分析、框架分析也成为网络公共事件的重要分析方法;巴赫金(Mikhail Bakhtin)、哈贝

---

① [法]勒庞:《乌合之众》,冯克利译,广西师范大学出版社 2007 年版。

② 转引自郭光华:《论网络舆论主体的"群体极化"倾向》,《湖南师范大学社会科学学报》2004 年第 12 期。

③ 转引自赵鼎新:《社会与政治运动讲义》,社会科学文献出版社 2012 年版,第 28 页。

④ 周裕琼:《真实的谎言:抵制家乐福事件中的新媒体谣言分析》,《传播与社会学刊》2009 年第 9 期。

⑤ 转引自赵鼎新:《社会与政治运动讲义》,社会科学文献出版社 2012 年版,第 28 页。

马斯(Jürgen Habermas)等人的对话理论对于网络公共事件有效治理具有重要意义,但国内学者尚未重视对话理论在网络公共事件研究中的重要性;文化认同、身份认同是网民参与网络公共事件的重要心理依据,有关文化、情感等因素在网络公共事件发生中的重要作用日益为研究者所认识,近年来国内网络公共事件研究中也开始出现对社会认同理论的应用。

上文总结了国内外网络公共事件研究的主要学科路径和常用理论视角。本书认为:网络公共事件问题绝非单纯的管理问题或传播问题,也不是单纯的社会问题、政治问题或心理问题,单一学科路径和单一理论视角的研究不足以解释极端复杂的网络公共事件,也不足以确立有效的应对策略。必须采取多学科结合的研究思路,综合应用多种解释框架,才能科学认识和有效应对网络公共事件,避免单一角度、单一学科研究的片面性和局限性。

(四)研究现状总结

综上所述,国内外的网络公共事件研究,研究成果呈现议题多样、立场各异、角度多元等特点。研究议题涉及事件的内涵、类型、特性、诱因、对策、传播机制、舆论引导、抗争动员、网络民主等。既有从政府管理角度开展的对策研究,也有从网络民主政治角度开展的理论分析。案例研究是应用较为普遍的一种研究方法,同时越来越多的研究者开始采用实证的研究方法。如有人对1998—2009年间的160起重大网络舆论事件的时空分布、涉事主体、内容等进行了统计分析,总结其传播规律[1]。但多数研究是从某一理论视角出发针对个别案例展开的,缺少结合多学科理论的、系统全面的研究成果。

尽管随着网络公共事件日益常态化,研究者看待网络公共事件的态度也逐渐由负面转向客观,但究竟应如何看待网络公共事件,如何开展该领域的研究,至今仍存在较多分歧。而且由于国内外及不同学科研究者在学术立场、研

---

[1]　钟瑛、余秀才:《1998—2009重大网络舆论事件及其传播特征探析》,《新闻与传播研究》2010年第4期。

究旨趣等方面的差异,对于网络公共事件的一些基本概念和命题至今仍存在争议,导致相关研究成果之间呈现众声喧哗、各执一词的景象,难以形成学术对话。

三、研究价值和意义

近年来我国网络公共事件日益常态化,但多数地方政府部门应对此类事件的理念、方法越来越成熟,但少数地方领导人仍习惯将网络公共事件视为破坏地方稳定、影响政府形象的潜在威胁,常采取信息封锁、舆论管控等方式加以应对,往往导致矛盾更加激化,问题更加棘手。此外,不少地方政府部门尚未制定针对网络公共事件的常规预警机制,也缺乏有效应对网络公共事件的基本制度。通常在事件发生后,亡羊补牢,单纯从政府立场采取自上而下的对策,缺乏平等沟通和协商对话的精神,导致事件不能得到有效处置。尽管已有越来越多的政府官员认识到信息公开、舆论引导、对话沟通在事件处置中的重要性,但一旦遭遇危机,却又难以摆脱思维惯性,或者被动应对,顾此失彼。目前我国有些地方政府应对网络公共事件基本上是治标不治本,关心的是尽快消除事件影响,而不是从日常工作中加强政民互动,从根源上化解政民矛盾,解决公众诉求,降低网络公共事件发生的概率。

因此,本书的研究,具有重要的现实意义。结合转型社会和网络社会的特点探究网络公共事件的产生根源,从政民对话与协商角度探寻科学的治理模式,可为应对网络公共事件提供具有科学性和可操作性的理念、策略和方法。本书将结合网络公共事件典型案例,总结国内外正反两方面经验,探讨网络公共事件治理的有效路径。在此基础上,本书将进一步探讨社会管理创新和国家—社会良性互动关系建构的可能路径,从根源上消除网络公共事件滋生的社会土壤。

网络公共事件的研究,在表面繁荣的背后,是研究问题的模糊和研究结论的分歧。为何研究、研究什么、该怎么研究?都有待反思。如果仅仅为了"防范"和"应对"而开展研究,虽有应用的价值,学术价值却可能大打折扣,而且没有深厚理论支撑的对策研究也是不可靠的。本书力图超越经验总结式对策研究的局限,提升网络公共事件研究的理论深度。

从学术价值角度看,目前国内有关网络公共事件的研究成果,论文多,专著少;经验总结多,学理分析少;个案研究多,系统深入的研究成果少;从单一学科理论出发的研究成果多,多学科交叉研究的成果少。本书试图从国家—社会关系的视角,采取更为客观中性的学术立场,从新闻传播学、社会学、政治学、公共管理学等多学科视域切入,开展交叉研究,对网络公共事件的概念类型、产生根源、传播规律、治理模式展开深入全面的分析,增强研究的学理性和系统性。将研究结论建构在对各类事件的比较分析基础上,避免个案研究和经验总结的局限性。力求从研究角度、研究路径上实现创新,提升网络公共事件研究的学术品位,拓展与深化对网络公共事件的研究。

网络公共事件是当代中国式集体行动的一部分,网络公共事件研究也是新媒体研究的切入点。有学者指出,新媒体研究在相当程度上被各种事件牵着鼻子走①。近年来,随着互联网尤其是社交媒体的日益普及,有关新媒体与社会权力结构变迁的关系也成为学术界争论的一个焦点。一部分学者认为,新媒体具有"赋权"作用,将挑战甚至重构现存社会权力结构,互联网将推动社会民主政治进程;也有一些学者将网络民主视为乌托邦,强调网络公众参与的无序性与非理性,认为互联网不过是复制了现实的社会权力结构。两种观点的学者都可以从网络公共事件案例中寻找到支持其观点的事实依据。为何会产生如此截然对立的看法?究竟该如何看待网络公共事件及其背后的社会权力结构变迁?仍有深入研究的空间。经由网络公共事件研究,可以进一步探讨新媒体与社会变迁的关系,提升新媒体研究的学术价值。

---

① 邱林川、陈韬文:《新媒体事件研究》,中国人民大学出版社 2011 年版,第 1 页。

四、研究视角与方法

本书力图从国家—社会关系视角客观看待网络公共事件。作为民主政治的核心,国家权力与市民社会的关系历来备受西方学术界重视,先后出现洛克(John Locke)式的"市民社会先于或外于国家"和黑格尔(Georg Wilhelm Friedrich Hegel)式的"国家高于市民社会"两种解释框架。前者强调市民社会权利优先于或者高于国家权力,市民社会对国家权力具有最高裁判权,以防止国家权力过分扩张,保障市民的个人权利不受侵害;后者认为市民社会存在先天不足,主张引入国家权力对市民社会进行干预和救济①。两种解释框架各有不足,但都强调"国家"与"社会"的对立关系。这种将分析范畴界定为"国家"与"社会"两个层面的社会科学分析法就是典型的"二分法",尽管其后哈贝马斯(Jürgen Habermas)等学者提出了"政治—经济—社会"等各种模式的"三分法"以弥补其不足,但"国家—社会关系"的分析框架已经被西方社会科学界所普遍采用。这种分析框架突破了只从国家权力结构转型角度分析民主政治发展的"国家主义"传统,将社会力量的建构置于同样重要的位置。

20 世纪 90 年代后期以来,随着我国学术界兴起一股研究市民社会、公共领域的热潮,国家—社会关系逐渐成为政治学、社会学等学科普遍采用的一个分析框架。但由于我国社会力量尚未壮大,"强国家—弱社会"的基本格局尚未改变,邓正来等人认为:我国不能采取西方式国家—社会对立的模式来解释,中国市民社会与国家的关系绝非洛克的"市民社会高于国家"或黑格尔的"国家高于市民社会"那么简单,毋宁是两者的平衡,也就是两者之间良性的结构性互动关系②。

尽管西方式的国家—社会对立关系模式不能适用于我国社会,但国

---

① 洛克:《政府论》,中国人民大学出版社 2013 年版;黑格尔:《法哲学原理》,商务印书馆 1961 年版。

② 邓正来:《国家与市民社会》,中央编译出版社 1999 年版,第 100 页。

家—社会关系作为一种分析框架,应用于我国社会科学研究领域却有着特别重要的意义。当前我国要实现现代化,不能单纯关注政治权威的转型,也应重视社会结构的变迁和市民社会的成长,相应的学术研究,也应将"社会"置于和"国家"同等重要的位置加以分析,这是近年来国内一些学者反复强调的一点。

需要强调的是,本书所指称的国家(政府)—社会(公众)关系,绝非两个僵化的行为主体之间的单一的、静止的关系,而是处于变动不居中的两个行为主体之间的相互构造关系。"国家与社会都不是单一的、统一的行为者,必须对其进行分解式研究,通过国家与社会在网络公共空间的互动,国家与社会在相互赋权和改造。"①国家、社会内部也不是铁板一块,中央政府与地方政府、中等收入群体与低收入群体在网络公共事件中的立场就经常存在差异。网络公共事件中的国家—社会关系还跟议题性质有关,如在民族主义事件中,国家与社会为了共同的国家利益常能携手合作,而在政民冲突事件中,国家与社会之间存在严重冲突,在公共安全事件中,国家—社会关系往往取决于事件的责任归属,在道德隐私事件和文化娱乐事件中,国家(政府)往往缺席,冲突主要发生在社会内部。

具体到本书研究的问题,网络公共事件的研究,目前主要存在两种学术立场和价值取向:一种采取管理或维稳的思维,聚焦于事件的防控和应对,强调自上而下的舆论引导和信息管理;另一种研究则采取自下而上的抗争立场,关注事件的"赋权"作用和民主政治意义。这两种研究共同之处则是将国家(政府)与社会(公众)对立起来,要么强调政府权威,要么重视社会维权,都未能将网络公共事件研究置于当代中国国家权力结构转型和市民社会发育的背景下,忽视政民之间对话、协商的可能性和必要性,其根源则是缺乏一种国家—社会关系的研究视角。本书将研究置于国家—社会关系视角下,意在强调网

---

① 郑永年:《技术赋权:中国的互联网、国家与社会》,邱道隆译,东方出版社2014年版,第15页。

络公共事件的产生与国家—社会关系变迁的内在关联,网络公共事件的解决也并非单纯的技术问题,而是一个与国家权力转型和市民社会建构息息相关的深层社会问题。

改革开放以前,我国社会被称为"总体性社会",国家权力渗透到社会生活的方方面面,政治上高度集权,经济上实行计划经济体制,社会生活缺乏自主性。改革开放以后,国家与社会关系发生了重要转变。政治上由高度集权体制转变为权威主义体制,政府由全能型政府转变为有限政府;经济上由计划经济体制转变为市场经济体制,私人领域和私有财产逐渐得到承认;社会力量得到壮大,人民社会逐步发育,社会结构发生巨大变化。有人总结为,改革以前重国家、轻社会的模式已经改变,一个相对独立的社会开始形成,社会结构的最根本的变化是由总体性社会向分化性社会转变[①]。

网络公共事件频发是当代中国国家—社会关系变迁的网络镜像。师曾志、杨伯溆认为:网络事件"从根本上反映出社会个体成员与国家的权利义务关系的微妙改变,公民作为最基本社会成员身份开始重新认识和定位"[②]。随着民主政治的发展,经济市场化的推进,社会出现利益分化,社会转型期积累的诸如官员贪腐、环境污染、征地拆迁、食品安全、公共道德等问题凸显,现代性危机开始集中爆发。同时随着人民社会的发育和网络社会的崛起,网民的公民意识和公共精神增强,开始利用网络表达自身诉求,维护自身权益,监督权力部门,维护公共利益,网络公共事件因此成为中国社会生活领域一种引人注目的现象。同时,我国的政治体制和现实国情决定尽管出现了一些社会与国家分离的现象,但社会还不至于挑战国家体制,国家与社会之间也存在同一和合作的趋势,这一点决定着我国的国家—社会之间开展协商对话的可能性和必要性。

---

① 孙立平等:《改革以来中国社会结构的变迁》,《中国社会科学》1994 年第 2 期。
② 师曾志、杨伯溆:《近年来我国网络媒介事件中公民性的体现与意义》,2007 年北京论坛会议论文集。

网络公共事件研究要取得突破,必须将其置于国家—社会关系视角下,具体分析当代中国国家—社会之间既相互分离又相互协作的复杂动态关系,应用转型社会与网络社会理论、公共领域与协商民主理论、对话沟通与公共治理理论等社会科学理论进行整合分析,才能找到较有科学性和可操作性的应对之策。网络公共事件的产生,根源在于当代中国国家—社会关系的变化,网络公共事件的应对,也需从国家和社会两个维度寻求对策。网络公共事件的产生,源于政府—公众之间的冲突和矛盾,而网络公共事件的解决,有待于政府—公众之间开展协商对话,重建互信。

研究方法上,本书将采用案例研究、文献研究、调查研究、比较研究等方法,将思辨研究与实证研究相结合、微观研究与宏观研究相结合、个案研究与比较研究相结合,力图开展较为系统、全面、深入的研究。

案例研究:通过查找有关书籍、报刊和网络资料等方式,了解典型网络公共事件及其产生、发展、平息的过程,分析总结有关部门在处理、应对此类事件中的经验教训,展开深入的案例分析,为本书研究提供现实依据和经验基础。

文献研究:搜集国内外有关网络公共事件及其相近概念的研究成果,包括政治学、社会学、公共管理学等学科的相关理论文献和实证研究成果。通过定量统计分析现有研究的议题、学科路径、理论视角和研究方法,并深入阅读相关文献,在此基础上调整研究思路,确立研究框架,为增强研究的学理性和系统性奠定理论基础。

调查研究:采用实地调查、深度访谈等形式,走访典型网络公共事件的当事人、有关政府管理部门、媒体记者,深入了解网络公共事件及其预防、引导、治理背后的决策机制与过程,分析其中包含的国家—社会关系及政民互动的得失对错。

比较研究:为避免个案研究的特殊性和偶然性,本书将对多个典型网络公共事件及其应对之策进行比较分析,从中总结规律,并对中西方国家—社会关系及网络治理模式进行比较,分析其异同,探讨其原因。

五、研究思路和框架

本书将网络公共事件视为当下社会转型期常态化存在的一个重大现实问题，一个随着国家—社会关系调整必然产生的问题。近年来网络公共事件日益频发，根源于社会转型期的种种矛盾，是社会现实的网络镜像，反映了政治权力和传播权力失衡的现实，是风险社会、网络社会的标志，同时也与网络的技术特点密切相关。网络公共事件的产生，有着深刻的政治、经济、技术、心理根源，不仅仅是一个传播问题，也是社会问题乃至政治问题，因此必须采取多学科交叉的研究路径，综合采用社会学、政治学、管理学、社会心理学和新闻传播学等学科理论作为分析工具，得出更为科学和全面的研究结论。

鉴于当前网络公共事件研究存在两种不同的学术立场，本书力图超越现有研究的思维定式，摒弃价值预设，采取更为客观、中立的学术态度，采用更为宏观的国家—社会关系视角，开展更为深入、系统和更具学理性的研究。网络公共事件事关公共利益，其日益频发既表明政府需要转变执政理念，创新社会管理方式，也反映出社会公众的参与意识和权利意识不断增强，而其参与公共事务的素质和能力则有待提升。片面强调"维稳"或"抗争"均无助于网络公共事件的解决，建构政民良性互动关系，重建互信，开展对话和协商才是治理网络公共事件的根本出路。

理论应用上，本书认为，当代中国的网络公共事件与西方的网络社会运动、集体行动、抗争政治等概念有着内在的"家族相似性"，从国家—社会关系角度看，它们都是国家与社会碰撞的产物，因此可以借鉴西方的相关研究成果来分析中国的网络公共事件。但正如赵鼎新所说，社会运动不可能有普适性的理论，只能说有一些相似的规律可循[1]，西方的社会运动、集体行动、抗争政治等是在国家—社会对抗基础上产生的，与中国情境下产生的网络公共事件

---

① 赵鼎新:《社会与政治运动讲义》,社会科学文献出版社2012年版,第301页。

又存在较大的差异,因此应用西方相关理论资源首先要解决的就是一个理论的适用性和用法问题。本书将在辨析网络公共事件及其相关概念的基础上,有选择地借鉴西方有关理论,尝试建构中国情境下的网络公共事件理论框架。

本书的研究,大致按照是什么(概念)——为什么(根源)——怎么样(对策)的路径进行。"是什么"主要阐释网络公共事件的性质、特征、类型、演变,及与相关概念的辨析;"为什么"深入分析网络公共事件产生的社会根源和背景,包括社会心理根源;"怎么样"在分析网络公共事件的生成、动员机制、传播规律基础上,深入探讨网络公共事件的预防与应对策略,重点探讨国家(政府)与社会(公众)之间开展对话协商与公共治理的有效途径,以及建构国家—社会良性互动关系的机制和路径。

具体而言,本书各章内容概述如下。

第一章:网络公共事件的概念界定和学理审视。本章主要是界定网络公共事件的内涵、特征和类型,并与"网络群体性事件""网络社会运动"等国内外相关概念进行辨析。在此基础上,反思有关研究,从学理上厘清网络公共事件的本质和社会意义。

第二章:网络公共事件的产生根源与社会背景。本章主要从社会学角度切入,结合转型社会、风险社会、现代性危机等理论,采用"结构—制度分析"法,从社会转型、国家—社会关系变化和社会认同危机等宏观视角分析网络公共事件的产生根源和社会背景,并开展个案分析。

第三章:网络公共事件的公众参与和组织动员。本章综合运用政治学、社会学和心理学的有关理论,主要采用过程—事件分析法,从中观和微观角度,结合有关案例具体分析网络公共事件的公众参与和组织动员,重点分析互联网推动公众参与和实现情感动员的机制和过程,进而探讨如何减少网络无序参与的破坏性。

第四章:网络公共事件的传播机制及政府回应。本章主要从新闻传播学和行政管理等学科切入,对近年来一定数量的网络公共事件展开计量分析,着重研究其传播机制及政民互动状况。在此基础上,探讨网络公共事件的政府回应策略和非理性言论的引导策略。

第五章:网络公共事件的对话沟通与民主协商。本章主要应用哈贝马斯等人的对话理论,探讨互联网在危机沟通和对话中的潜能,论证协商对话在网络公共事件处置中的必要性和可能性,并结合有关经验教训,探讨网络公共事件的对话原则和实施细则。

第六章:网络公共事件的预防战略和治理策略。本章应用治理理论等相关理论,在总结网络公共事件发展趋势和应对误区基础上,采用多学科结合的思路,借鉴国外网络治理经验,探讨网络公共事件的预防战略和治理策略,并针对不同性质的事件总结相应的治理之道。

结语部分,主要从国家治理能力现代化和重构国家—社会关系高度,探讨网络公共事件国家治理思路的转变。通过社会管理创新,建构对话协商制度,打造核心价值体系,重构社会认同,形成政民良性互动关系,逐步改良网络公共事件滋生的社会土壤,最终实现网络公共事件的标本兼治。

第一章　网络公共事件的概念
界定和学理审视

　　学术研究一般是从概念界定开始的,概念是对事物本质特性的高度概括,研究者使用什么概念往往代表其研究立场和价值取向。近年来互联网上的事件和议题日益高发,引起政界和业界人士的关注,学术界的研究热度也持续增加。不同身份、不同行业、不同学科的人士出于不同目的和立场去关注此类事件,往往使用不同的命名方式,导致概念使用的混乱,阻碍了研究的深入和学术对话。本书的研究对象是网络公共事件,类似的概念还有网络群体性事件、新媒体事件、网络事件、网络舆情事件、网络集体行动等。从概念的所指来看,这些概念指称的对象有的重合,有的交叉,有必要进行深入辨析。

　　从逻辑上讲,研究的前提是基本概念的阐释和理论框架的建构。本章将围绕本书的研究对象——网络公共事件,对其进行概念的界定和阐释,概括其基本要素、主要特征和常见类型,并与相关概念进行辨析。在此基础上,反思现有研究,对网络公共事件展开学理分析,从国家—社会关系视角审视网络公共事件的多重意蕴,为本书研究奠定基础。

第一节　网络公共事件的概念界定

　　对事物概念的界定,主要是为了厘清概念的内涵和外延,并与相关概念进行区分,以明确研究对象的范畴。本节主要从基本要素、主要特征和常见类型三个方面分析网络公共事件,在此基础上,尝试对网络公共事件进行概念界定。

一、网络公共事件的基本要素

所谓网络公共事件,从一般意义上理解,就是指以互联网为主要活动场域的、以网民为主要推动力量的、涉及公共利益的、在虚拟和现实世界都产生较大影响力的社会事件。其基本构成要素不外乎事件的主体、客体、表现形式、活动场域和社会影响等,下文分别加以分析。

(一)事件主体

网络公共事件的主体是指参与事件的相关各方,包括利益相关者和无直接利益关系者。事件的主体一般包括事件当事人、涉事机构或组织、舆论领袖、网民和媒体机构等,其中利益相关者包括事件当事人和涉事机构(组织),无直接利益关系者包括网民、舆论领袖和媒体机构。当前我国的大多数网络公共事件涉及地方政府和当地民众之间的矛盾与社会群体之间的冲突,利益博弈构成事件发展的主线。事件的解决方式直接关乎当事人和涉事机构(组织)的切身利益,因此他们总是试图公开或掩盖事件真相,争取事件朝着有利于自身的方向发展。而网民、"意见领袖"和媒体机构通常与事件无直接利益关系,但事件能否妥善解决往往关乎社会公平正义,从长远来看涉及社会公共利益,因此他们也积极参与其中,他们属于无直接利益关系者。他们的参与大都是自发的,缺少组织性,但他们的积极参与往往能形成舆论压力,推动事件的合理解决。其中"意见领袖"的影响力较大,他们的发言常常可以引领舆论发展的方向,普通网民则通过网络围观和响应等方式参与事件,再加上传统媒体的介入,最终形成强大的舆论压力,促使有关部门或组织采取措施平息社会舆论,回应公众诉求,推动事件解决。其中,网民尽管是事件的无直接利益关系者,但他们的参与对于舆论压力的形成、对于事件的最终解决都具有关键作用,他们是事件的核心主体。

以 2014 年的内蒙古呼格冤案为例,事件源于 1996 年 4 月 9 日,内蒙古呼和浩特市毛纺厂职工呼格吉勒图被认定为一起奸杀案凶手,两个月后被判处死刑并立即执行。直到 2005 年因系列强奸杀人案嫌犯赵志红落网,并承认自己是“4·09”毛纺厂奸杀案真凶,才引发媒体和社会的广泛关注。然而为呼格吉勒图平反的道路可谓一波三折,直到 2014 年 12 月 15 日,在各方强烈呼吁下,尤其是新华社内蒙古分社记者汤计的推动下,内蒙古自治区高院才再审判决宣告呼格吉勒图无罪,并启动了追责调查程序和国家赔偿。分析这个事件,事件当事人是呼格吉勒图及其亲属,他们是事件的受害人,冤案能否平反及赔偿直接关系他们的名誉和切身利益,因此他们是事件的利益相关者;同时,涉事法院和刑侦部门在冤案制造过程中负有不可推卸的责任,呼格案的平反势必要求对涉事人员的问责,因此他们也属于事件的利益相关者。该事件得以水落石出,网民的关注和参与、传统媒体的报道和“意见领袖”的推动功不可没,冤案的最终平反事关中国民主法制建设,引起了社会各界对冤假错案问题的高度关注,从这一意义上讲,呼格吉勒图案件是一个关系全体公民权利与尊严的公共事件。网民、“意见领袖”和媒体机构在事件中虽然无直接利益关系,但呼格的个体命运却牵动了他们的神经,激起他们的参与积极性,推动了事件的最终解决。

(二)事件客体

网络公共事件的客体是指事件的指涉对象,即事件的内容或议题,是一种客观存在。有学者对大量事件案例进行统计分析发现:国内网络舆论事件在所涉群体上更加关注政治、文化、经济上强势的阶层,所涉内容上更多聚焦于政治与民生问题①。梳理近年来影响较大的网络公共事件,可以发现:涉及外

---

① 钟瑛、余秀才:《1998—2009 重大网络舆论事件及其传播特征探析》,《新闻与传播研究》2010 年第 4 期。

交争端、官员腐败、司法争议、征地拆迁、环境污染、食品安全、道德争议等方面的具有公共性和争议性的议题和事件,尤其是政民冲突事件,较能引发网民的大规模参与,成为主要的事件客体。比如呼格案就是典型的司法争议,还涉及官员腐败、公民维权等议题。

(三)表现形式

网络公共事件的表现形式是指事件主体尤其是广大网民针对客体的参与方式,即事件的外在形式,主要包括口头表达(线上)与实际行动(线下)。政治学的公共参与(public participation)理论将公共参与分为意见(表达)式参与和行动式参与。就网络公共事件而言,网民的线上表达包括网络议论、网络动员、网络恶搞、人肉搜索、网络签名、网络纪念、网络调查、网络救助、黑客攻击等,线下行动包括聚会、"散步"、散发传单、联名请愿等。这些抗争"仪式"与抗争"体裁"既有对传统抗争文化的继承,也有网络技术环境下的创新[1]。可以看出,参与主体的表达方式既有理性的,也有非理性的,既有政治参与的一面,也有娱乐恶搞的成分。由于中国特殊的国家—社会关系和政治体制,由线上表达引发线下行动的网络公共事件案例相对较少,因此话语表达是我国网络公共事件最主要的表现形式。有学者研究认为:中国网络群体事件存在多话语、弱组织和少行动的特点,还未和地方政府形成常规性、制度化的对话机制[2]。杨国斌也认为:"网络事件的核心是话语。在网络事件中,话语就是行动。没有话语,就没有网络事件。"[3]有学者因此将事件命名为"话语事

---

[1] 杨国斌:《连线力:中国网民在行动》,广西师范大学出版社 2013 年版,第 90 页。

[2] 隋岩、苗伟山:《中国网络群体事件的主要特征和研究框架》,《现代传播》2014 年第 11 期。

[3] 杨国斌:《情感与戏谑:网络事件中的情感动员》,载邱林川、陈韬文主编:《新媒体事件研究》,中国人民大学出版社 2011 年版,第 45 页。

件",主张对事件展开话语分析①。

根据英国哲学家约翰·奥斯汀(John Langshaw Austin)等人提出的言语行为理论(Speech act theory),人们说话的同时其实是在实施某种行为,或者说,口头表达即言语表达也是一种行动。有学者甚至认为,激进的在线讨论本身也是一种新型的集体行动②。事实上,当前我国大多数网络公共事件都局限于言语表达这一层面。不过尽管网民的围观和表达的确有可能形成舆论"倒逼",推动事件解决,但真正对社会造成影响和冲击的,对现实带来切实改变的是从表达到行动这关键一步③。也有学者通过量化统计发现:无论是线上行动或是线下行动,中国民众都倾向于选择低政治风险的剧目,或者说采用"有节制的剧目",政治合法性是理解"行动剧目"变迁最为重要的维度。④

以2015年初的柴静拍摄《穹顶之下》事件为例,此纪录片自2月28日上午10时在网上发布,当天就几乎成为所有社交网站的焦点话题,并出现在大部分视频网站的首页醒目位置。此事之所以能引起如此大的社会反响,首先在于该纪录片关注的雾霾话题触发了公众的神经,激起整个社会的共鸣。同时,柴静采用深入调查并公开发布纪录片的方式来唤起社会对雾霾问题的重视,已经由言语表达发展到实际行动,是一种公民政治参与行为,其行为本身已引发社会的热议,社会影响更是简单的网络表达所无法比拟的。

(四)活动场域

网络公共事件的活动场域是指事件主体的活动场所和表达空间,即网络

---

① 曾庆香:《话语事件:话语表征及其社会巫术的争夺》,《新闻与传播研究》2011年第1期。

② Tai,Zixue.2006.*The Internet in China:Cyberspace and Civil Society*.New York:Routledge.

③ 隋岩、苗伟山:《中国网络群体事件的主要特征和研究框架》,《现代传播》2014年第11期。

④ 曾繁旭、钟智锦、刘黎明:《中国网络事件的行动剧目》,《新闻记者》2014年第8期。

公共空间。关于网络公共事件的活动场域,目前仍存在争议。李苏楠把网络群体性事件划分为以下三种:一是"现实与虚拟并存型",如瓮安事件、石首事件等;二是"现实诱发型",如周久耕事件;三是"现实诱发网内网外变异型",如抵制家乐福事件等①。这种分类方法实际上是根据网络群体性事件的诱因或起源来划分的,对于大多数社会公众而言,他们对于这三类事件的参与和表达主要基于互联网空间。事实上,在当今网络社会,虚拟与现实的边界日益模糊,大多数起源于现实的公共事件都同时在虚拟空间产生影响,大多数起源于网络空间的公共事件也需借助传统媒体的报道才能扩大现实影响,因此网络公共事件大都处于"扩展了的媒介体系"②之中。但由于中国传统媒体相对封闭,现实社会的政治参与"制度供给不足"③,对于大多数社会公众而言,网络是其民意表达和政治参与的主渠道,互联网因此成为网络公共事件主体的主要活动场域。

以 2015 年的毕福剑事件为例,4 月 6 日,网上流传一段央视著名主持人毕福剑在餐桌上唱评京剧《智取威虎山》的著名选段《我们是工农子弟兵》的视频,视频中毕福剑边唱边戏谑,并对开国领袖使用了不敬之词,引发舆论风暴。网络舆论围绕公众人物的言行、告密者的行为、言论自由的边界、对领袖人物的评价等议题,产生了激烈的交锋。随后央视停播了毕福剑主持的节目,对其实施停职调查,毕福剑也向社会公开道歉。该事件起源于现实社会的一场聚餐,因视频在网上公布而广受关注,尽管传统媒体也发表了大量的评论,但社交网站是这次舆论风波的主要传播平台,尤其是普通网民的观点交锋主要在网络公共空间进行,没有互联网传播的即时性、互动性和开放性,广大网民很难自由参与事件的传播和讨论。

---

① 李苏楠:《网络群体性事件的应对》,《中国党政干部论坛》2010 年第 4 期。
② 邱林川、陈韬文:《新媒体事件研究》,中国人民大学 2011 年版,第 6 页。
③ 王扩建:《网络群体性事件:特性、成因及对策》,《中共南京市委党校学报》2009 年第 5 期。

（五）社会影响

网络公共事件的社会影响是指事件对社会政治、经济、文化等领域发展的推动或阻碍作用。关于新媒体与社会变迁的关系及互联网的政治影响，中外学术界历来存在乐观与悲观两种看法。表现在对网络公共事件的看法上，乐观派认为网络公共事件具有"赋权"作用，能够推动社会权力结构变迁和公民社会的建构①；悲观派认为网络公共事件会导致舆论暴力，违背协商民主精神，影响中国民主政治②。造成这种对立看法的原因之一，是相关研究大多采取个案分析的方法，由于研究者选择的个案本身的特殊性导致了研究结论的差异性。也有学者认为：网络群体性事件是一种体制外的政治参与行为，正是因为这一本质特征，才使得网络群体性事件具有两面性功能③。

传播学集大成者斯拉姆（Wilbur Schramm）说过：媒介的影响不是单纯的"媒介的影响"，而是"生活在一定环境中的人对媒介使用的结果"④。由于中国网民的政治参与素质有待提高，理性与非理性的参与并存，政治讨论和娱乐恶搞并存，因此网络公共事件是"发展中的事件"⑤，其社会影响具有不确定性。有人采用定量方法研究发现，中国的网络行动以非暴力形式为主，但只有少量网络事件会对社会制度带来深远影响。⑥

与戴扬（D.Dayan）、卡茨（Elihu Katz）探讨的传统"媒介事件"不同，网络公共事件由于缺少机构主导和组织，由分散的网民自发推动，因而话语表达呈

---

① 如陈浩、吴世文：《新媒体事件中网络社群的自我赋权》，《新闻前哨》2008 年第 12 期。

② 如韩敏：《商议民主视野下的新媒体事件》，《新闻与传播研究》2010 年第 6 期。

③ 郭小安、王国华：《网络群体性事件的概念辨析及指标设定》，《情报杂志》2012 年第 2 期。

④ 转引自卜卫：《面向实践的新媒体研究》，邱林川、陈韬文：《新媒体事件研究·序》，中国人民大学出版社 2011 年版，第 2 页。

⑤ 邱林川、陈韬文：《新媒体事件研究》，中国人民大学出版社 2011 年版，第 8 页。

⑥ 钟智锦、曾繁旭：《十年来网络事件的趋势研究：诱因、表现与结局》，《新闻与传播研究》2014 年第 4 期。

现出众声喧哗的局面,政府机构、媒体组织、个人乃至商业力量均无法决定网络公共事件的讨论议题,也难以完全掌控网络舆论的走向,因此其社会后果具有多种可能性。

综上所述,网络公共事件的基本要素可以概括为:以网民为核心参与主体,以来自虚拟或现实空间的具有公共性和争议性的议题和事件为主要客体,以理性或非理性的话语为主要外在表现形式,以网络公共空间为主要活动场域,其社会影响具有多种可能性。

二、网络公共事件的主要特征

关于互联网事件的命名,不同学者出于不同的研究目的和学术立场,会有不同的命名方式,很难取得共识,也没有必要强求一致。董天策认为:就人们实际讨论的对象而言,相对准确而科学的概念应是"网络公共事件"。理由是,这一概念既注意到互联网的使用对社会关系的重构,也呈现出事件本身的性质,概念本身较为客观中立,避免了"网络群体性事件"等概念的价值预设,并且承接了公共性和公共领域的研究脉络,具有比较深刻而且广泛的理论探讨空间[1]。本书认同这一看法,使用"网络公共事件"来命名。具体说来,"网络公共事件"具有以下几个主要特征。

首先,网络公共事件是以互联网为主要活动场域的,以网民为主要推动力量的,反映了互联网对社会权力结构的重构,这是其与一般的突发公共事件和重大新闻事件的显著差异,尽管后者往往也演变成为网络公共事件。由于互联网的使用,事件的动员模式、参与方式、传播机制、社会影响都发生变化,产生所谓瞬间爆发性、虚实交互性、范围广域性、难于控制性[2]等种种网络公共

---

① 董天策:《网络群体性事件研究的学理反思》,http://news.21cn.com/domestic/yaowen/2011/07/14/8615271.shtml。
② 王扩建:《网络群体性事件:特性、成因及对策》,《中共南京市委党校学报》2009年第5期。

事件的新特点。互联网首次为普通民众提供了直接面向公共空间表达意见的机会,以及与政府和官员直接沟通,直接发声的渠道,具有赋权和参政的意义①。互联网的"赋权"作用,使得现实社会的低收入群体和"草根"有可能借助网络舆论的力量改变自身的地位,从而改变社会结构。

所谓赋权,通常指增强个人、人际或集体的政治力量,使个人、团体或社区有权力和能力采取行动以改变现状的过程②。互联网的赋权作用和参政意义集中体现在网络公共事件中。由于互联网的技术优势,在一定条件下,它有可能改变现实社会中的权力分布不平衡,赋予社会底层力量,使他们能够在网络公共事件中变"弱势"为"强势",化被动为主动,依靠强大的舆论支持,维护自身权益。大量网络维权和揭黑成功的案例证实了这一点,尽管这个过程可能充满曲折和艰辛。

以宜黄拆迁自焚事件为例,2010年9月10日,江西宜黄县凤冈镇发生一起因拆迁引发的自焚事件,三人被烧成重伤,其中一人死亡。事发后当地官员试图掩盖事实真相,在死者亲属钟如九、钟如翠姐妹开通腾讯微博维权之后,事件在网上裂变式传播,迅速演变成一个万众瞩目的网络公共事件,事件双方的力量对比也发生逆转,原本弱势的维权者获得网络舆论的强大支持,并引起传统媒体的关注,最终上级政府部门介入,相关责任人被立案调查并追究责任,事件逐渐平息。

正如戴扬(D.Dayan)指出的:互联网的社会角色似乎更站在公众一边③。大多数网络公共事件尽管也有突发性、新闻性,但其与现实社会的突发公共事件或重大新闻事件的差异在于,它的发生发展主要依靠网民的推动,互联网的

---

①　Zheng,Y.N.Technological Empowerment:The Internet,State,and Society in China.Stanford University Press,2008.

②　Boehm,A.&Boehm,E."Community Theaters as A Means of Empowerment in Social Work",*Journal of Social Work*,2003,3(3):283—300.

③　丹尼尔·戴扬、邱林川、陈韬文:《"媒介事件"概念的演变》,《传播与社会学刊》2009年第9期。

使用有可能影响事件的走向。而网民之所以积极参与这些看似与己无关的事件,正是现实的政治参与渠道不畅的表现,互联网的互动性和开放性等技术优势为其提供了表达和参与的机会,成为其发声的主渠道。网民在网络公共事件中通过话语表达,讨论公共事务,监督政府部门及其官员,是一种体制外的政治参与行为,表达出网民对现实社会中政治参与机会不足的不满,网络公共事件的高发,反映出当代中国政治权力和传播权力有待进一步完善的现实。

其次,网络公共事件事关公共利益,其本质属性是公共性,这就将其与个人、商家或网络推手炒作出来的个人隐私或娱乐恶搞类事件相区分。网络公共事件的主要活动场域是互联网,即网络公共空间,其主要议题对象则是公权力大、公益性强、公众关注度高的"三公部门"和其中的公职人员①,公共利益是网民参与网络公共事件的最终目标指向。网络公共事件主要包括现实诱发但在网络空间发酵的公共事件,如躲猫猫事件、周老虎事件等,以及源于互联网空间的公共事件,如郭美美事件、微博直播婚外情事件等。有的本属重大公共事件,如瓮安事件、厦门 PX 事件等,有的则是由一些个体事件演变成的社会公共事件,如宜黄拆迁自焚事件、呼格事件等。后者中绝大多数的网民与事件当事人并无直接利害关系,他们声援事件的当事人也并非单纯出于个人同情,而是因为当事人的个人境遇往往涉及社会公平正义,或者反映出制度设计的缺陷。从经济学角度看,作为一种公共物品,社会的公平正义与全体社会公众的长远利益相关。

当今是注意力经济时代,随着互联网的日益普及,网络的点击率往往能给个人、商家带来巨大的社会影响力或经济回报,由此产生了一个特殊的行业:网络推手和网络水军。一些个人或商家也借助公关手段在网上兴风作浪,炒作或制造了诸如木子美、芙蓉姐姐、兽兽等网络红人,以及贾君鹏等网络事件。这些个人隐私或娱乐恶搞类事件虽然也能吸引公众眼球,但本质上与公共利

---

① 王扩建:《网络群体性事件:特性、成因及对策》,《中共南京市委党校学报》2009 年第 5 期。

益无关,属于汤普森(J.Thompson)所说的"可见的公共性"①,实际上是一种伪公共性,是网络社会公私界限模糊造成的结果。网络空间改写了公共性和私人性的含义,其后果既是对私人领域的侵害,也是对公共领域的毒化,造成了"公私混杂的网络环境"②。目前,学术界使用的诸如网络群体性事件、新媒体事件等概念,均未对公共事件与私人事件进行区分,本书所定义的网络公共事件,是与公共利益密切相关的,剔除了这些私人隐私或娱乐事件。但由于网络时代公私界限日益模糊,伪公共事件也能吸引到众多网民的关注,本书的研究难免涉及这些伪公共事件。

公共性是哲学、政治学等学科领域的一个核心概念,不同时代、不同学科的公共性有不同含义,现代意义上的公共性与公共领域密切相关,在哈贝马斯那里,两者基本上是相通的③。哈贝马斯是第一个系统研究公共领域的学者,在他看来,所谓公共性或公共领域,指的是居于国家与社会之间的一个中间领域,"作为私人的公众"聚集在这里讨论公共事务,监督公共权力部门,从而实现协商民主。作为公共领域讨论的重要议题,网络公共事件就是当代中国网络公共性或公共领域的集中体现,而公共性则是网络公共事件的本质属性。

再次,大部分网络公共事件的发生都无组织性或弱组织性,网民参与事件多数是自发的,属于制度外的政治参与行为,也是中国情境下的一种抗争政治形式,当代中国的网络公共事件与我国政府或组织导演的仪式事件(媒介事件)及西方的社会运动有着显著差异。赵鼎新认为:对于政治行为,一般可以从三个维度来描述:组织化程度、制度化程度,以及追求社会变革的程度④。由政府或组织事先策划的电视直播的国庆阅兵、两会等仪式事件(媒介事

---

① 　J.Thompson:Social theory, "Mass communication and Public life", see *The Polity Reader in Cultural Studies*, Polity Press,1994.

② 　陶东风:《"艳照门"事件显示公共领域和私人领域的双重危机》,http://www.aisixiang. com/data/17555.html。

③ 　许鑫:《传媒公共性:概念的解析与应用》,《国际新闻界》2011年第5期。

④ 　赵鼎新:《社会与政治运动讲义》,社会科学文献出版社2012年版,第3页。

件),其特点是有组织、有计划,属于制度化的政治活动,其出发点是形塑认同,制造共识。而除了少数由非政府组织(NGO)推动的事件(如环保维权事件),以及一些由公关公司、网络推手策划的事件(如天仙 MM)以外,大多数网络公共事件都不是人为组织的,网民参与事件是自发的、非制度化的,网民借此表达诉求,维护公共利益。

"媒介事件"理论的提出者戴扬也注意到了互联网时代"媒介事件"脚本的变化,他在之前归纳的三种"媒介事件"模型即征服、竞赛、加冕("3C")基础上,提炼出互联网时代"媒介事件"的三种新模式即幻灭、脱轨与冲突("3D")①。并且指出,传统的媒介事件立足于制造认同和共识,互联网时代的媒介事件则倾向于表达多元意见。这种由网民自发参与推动的表达多元意见的媒介事件,接近本书的研究对象——网络公共事件。

此外,西方的社会运动也是高度组织化的,运动背后一般都有社会运动组织的身影,且追求某种特定社会变革或制度改革,如民权、女权、种族平等、同性恋权利等,尽管也是一种体制外的政治参与行为和抗争政治形式,但与网络公共事件有着显著差异。作为一种中国情境下的抗争政治形式,网络公共事件是由网民自发参与推动的,主要诉求目标是具体权益,而非体制或制度的变更。一方面网民借参与事件宣泄情绪,表达不满,具有明显的抗争意味。这种抗争主要体现在话语表达上,纵观网络公共事件的话语表达,具有明显的愤懑、同情、质疑、调侃、戏谑、抗议、讽刺等特征,与官方话语及媒介话语风格迥异。但另一方面,中国式的网络公共事件诉求目标大都指向具体权益而非体制,针对地方政府而非中央政府,指向合法议题而非敏感议题,采用话语抗争而非暴力行动。

最后,网络公共事件是转型社会的常态化现象,"危机"与"契机"并存,网络公共事件不能简单理解为危机事件或群体性事件。网络公共事件未必就能

---

① 丹尼尔·戴扬、邱林川、陈韬文:《"媒介事件"概念的演变》,《传播与社会学刊》2009 年第 9 期。

带来网络民主,但也绝非洪水猛兽。近年来,网络公共事件的发生频率越来越高,存在越来越常态化。它既有可能产生破坏性的社会后果,影响社会稳定;也有可能成为各方协商对话的契机,增进了解和互信。因此,采用负面化、污名化的"网络群体性事件""网络危机事件"来命名均不准确。网络公共事件这一概念较为客观中立,摒弃了"网络群体性事件"等概念的价值预设。不过,对于网络公共事件的界定,仍有一些学者沿袭了群体性事件或危机事件的研究范式,将其视为一种影响社会稳定的负面事件。如熊光清将网络公共事件界定为一种公共危机事件①,郁彩虹则认为是对社会政治稳定造成影响的群体性非正常事件②。这些学者大都采取危机管理和对策分析的研究思路,成为网络公共事件研究的主导范式。

与此相反,一些学者继承西方社会运动和集体行动理论的传统,将网络公共事件视为一种网络集体行动或网络集群行为,或者直接使用"网络集体行动"或"网络集群行为"的概念,应用西方较为成熟的社会运动和集体行动理论来分析这些事件,聚焦于事件的"抗争"政治意义。如高恩新将网络公共事件界定为以互联网为信息沟通平台、由众多网民参与、围绕特定的事件进行广泛动员以达成某种特定目标的集体行动③。不过,结合组织化程度、制度化程度和抗争形式来看,当代中国的大多数网络公共事件与西方的社会运动乃至集体行动都有显著差异。

上述两种对网络公共事件的界定,都存在一定的价值预设,要么采取自上而下的管理思维,要么采取自下而上的抗争思维。也有一些学者采用更为中立客观的方式来定义网络公共事件,将其视为一种舆论传播现象,或者直接采用"网络舆论事件"的命名,但此类研究往往又自觉不自觉地转向舆论引导、舆论控制的研究,仍旧摆脱不了自上而下的管理思维。网络公共事件的本质

---

①　熊光清:《中国网络公共事件的演变逻辑》,《社会科学》2013 年第 4 期。
②　郁彩虹:《网络公共事件的发展态势和应对策略》,《唯实》2011 年第 8 期。
③　高恩新:《互联网公共事件的议题建构与共意动员》,《公共管理学报》2009 年第 4 期。

属性在于公共性,本文使用"网络公共事件"这一概念,意在摒弃价值预设,将网络公共事件视为转型社会的一个常态化问题,既有正面意义,也有负面效果;既可能导致政府公信力危机,也可能成为化解矛盾的契机,从而力图站在客观中立的立场去分析问题。

综上所述,网络公共事件具有议题的争议性、网民参与的自发性、网民行为的抗争性、事件发生的常态性、社会影响的不确定性等主要特征,但其本质属性是公共性,事件大都指向公共利益。从这个角度看,网络公共事件是指源于虚拟或现实社会的争议性事件或议题在互联网空间广泛传播,由于事关公共利益,引发网民自发参与讨论或行动,形成网络舆论,并在虚拟和现实社会都产生较大影响力的传播过程。

三、网络公共事件的常见类型

从现有文献来看,网络公共事件研究存在的一个问题是忽视不同类型网络公共事件在产生根源、传播机制和社会影响等方面的差异,导致提出的对策建议缺少普适性。已有研究者指出:不同类型突发公共事件发生的原因、影响范围、产生社会危害的严重程度都有很大差异,从而使得政府的预警和应对措施也应该有所不同①。因此,对网络公共事件进行科学的分类,是深入开展研究的前提。

西方学者对社会运动和集体行动的类型划分,对网络公共事件的分类有一定启示意义。塔罗(Sidney Tarrow)曾根据斗争手法不同,将集体行动分为暴力型、常规型和破坏型②。杨国斌认为,中国网络行动的议题大致可以分为两种:第一类是争取承认和反对歧视的议题,涉及认同政治;第二类是反对根

① 薛澜、钟开斌:《突发公共事件分类、分级与分期:应急体制的管理基础》,《中国行政管理》2005年第2期。
② 塔罗:《运动中的力量:社会运动与斗争政治》,吴庆宏译,译林出版社2005年版,第122—141页。

源于严重物质怨恨的压迫与剥削。①

近年来逐渐有国内学者认识到网络公共事件的异质性,并尝试对其进行分类。如熊光清根据网络公共事件所指向的问题和所要达到的目的,将其分为曝光型、泄愤型、抗争型、反思型和其他类型②;李红、董天策根据网络公共事件的价值客体将其分为:权力型事件、秩序型事件、利益型事件、真相型事件和情感型事件③;邱林川、陈韬文根据事件的内容将新媒体事件分为民族主义事件、权益抗争事件、公权滥用事件和道德隐私事件④;杜骏飞根据抗争的主客体关系将网络群体性事件分为以群体舆论抗争个人、一个群体抗争另一个群体、网民对政策或制度的抗争以及网络文化阵营对现有文化权力体系的抗争⑤;等等。

上述分类方式各有其合理性,且都与作者的研究目的和价值立场有一定关联。依据不同的研究目的和分类标准,网络公共事件还可以分成不同的类别。如根据事件的起源可以分为起源于现实社会的、起源于网络空间的和虚拟空间与现实社会互动的;根据议题性质可以分为政治、民生和文化娱乐等类型;根据参与者的诉求目标可以分为权益型事件、泄愤型事件和真相型事件;根据网民参与的动力机制可分为利益主导型和情感主导型;等等。

本书的研究目的是在国家—社会关系视角下,在客观分析网络公共事件产生根源、动员机制和传播过程基础上,寻求标本兼治的治理策略。网络公共事件实际上是我国现阶段国家(政府)与社会(公众)之间关系的网络镜像,因

---

① 杨国斌:《连线力:中国网民在行动》,邓燕华译,广西师范大学出版社 2013 年版,第6 页。
② 熊光清:《中国网络公共事件的演变逻辑》,《社会科学》2013 年第 4 期。
③ 李红、董天策:《符号学视域下的网络公共事件及其主体分析》,《现代传播》2012 年第9 期。
④ 邱林川、陈韬文:《新媒体事件研究》,中国人民大学 2011 年版,第 10—11 页。
⑤ 杜骏飞:《网络群体性事件类型辨析》,《国际新闻界》2009 年第 7 期。

此,研究网络公共事件必然要求分析事件背后的国家—社会关系。国家是一个抽象概念,其表现形式是政府,研究国家与社会的关系,实际上所涉及的是政治管理的内容,也就是作为国家具体体现的政府与社会之间的相互作用问题①。本书作者借鉴其他学者的分类方式,结合网络公共事件中网民的抗争对象、诉求目标及国家(政府)与社会(公众)的关系,将近年来影响较大的网络公共事件分为4种:民族主义事件、政民冲突事件、公共安全事件和道德隐私事件(含伪公共事件)②(见表1-1)。

民族主义事件主要涉及民族矛盾、外交争端、领土完整和暴力恐怖等,中日关系、中美关系、南海争端常成为此类事件的导火索,"疆独""藏独""台独"乃至"港独"等问题也是主要诱因。由于事关国家利益和民族感情,此类事件很容易激发网民的参与热情,网民抗争的对象主要是境外敌对势力及国内的分离主义势力。由于在维护国家主权和领土完整方面的目标总体一致,网民与政府之间很容易达成共识,政民关系更多体现为协作和默契的关系。在一些民族主义事件中,政府默许网民开展线下抗议行动,在涉及"台独""疆独""藏独"等议题的事件中,网民与政府也大都站在同一立场,因此此类事件中的国家—社会关系以合作为主。

表1-1　网络公共事件的常见类型

事件类型	议题范围	典型案例
民族主义事件	民族矛盾、外交争端、领土完整、暴力恐怖等	美国轰炸中国大使馆(1999)、中美撞机事件(2001)、珠海买春案(2003)、反日入常签名事件(2005)、流氓外教事件(2006)、抵制家乐福事件(2008)、拉萨"3·14"事件(2008)、乌鲁木齐7·5事件(2009)、中日钓鱼岛撞船事件(2010)、钓鱼岛国有化及反日游行(2012)、菲律宾抓扣中国渔民(2014)、昆明火车站暴恐案(2014)、帝吧出征事件(2016)

① 《关于国家与社会关系的对话》,《人民日报》1998年10月17日。
② 这种分类方式大体上沿袭了本书作者在另一部专著中对网络公共事件的分类,见许鑫:《网络时代的媒介公共性研究》,人民出版社2015年版,第117页。

续表

事件类型	议题范围	典型案例
政民冲突事件	官员贪腐、公权滥用、社会不公等	孙志刚事件(2003)、黄静事件(2003)、刘涌案(2003)、黑龙江宝马撞人案(2003)、山西黑砖窑事件(2007)、周老虎事件(2007)、林嘉祥猥亵幼女案(2008)、周久耕事件(2008)、杭州飙车案(2009)、"躲猫猫"事件(2009)、上海钓鱼执法事件(2009)、赵作海事件(2010)、我爸是李刚事件(2010)、药家鑫案(2010)、郭美美事件(2011)、陕西"表哥"事件(2012)、陕西神木"房姐"(2013)、呼格吉勒图冤案(2014)、黑龙江庆安事件(2015)、雷洋事件(2016)、山东辱母案(2017)
	个体维权、集体抗争、环境保护等	朱令铊中毒事件(1995)、最牛钉子户事件(2007)、厦门 PX 事件(2007)、杨佳袭警案(2008)、邓玉娇案(2009)、王帅事件(2009)、番禺垃圾焚烧选址事件(2009)、"绿坝"事件(2009)、罗彩霞事件(2009)、宜黄强拆自焚事件(2010)、兰州水污染事件(2014)、茂名 PX 事件(2014)、魏则西事件(2016)
	社会泄愤、社会骚乱等	重庆万州事件(2004)、贵州瓮安事件(2008)、湖北石首事件(2009)、广东乌坎事件(2011)、浙江瑞安事件(2012)
公共安全事件	公共卫生、食品安全、自然灾害、责任事故等	SARS 危机(2003)、汶川地震(2008)、毒奶粉事件(2008)、成都公交车燃烧事件(2009)、上海"楼脆脆"(2009)、上海高层住宅大火(2010)、温州动车追尾事故(2011)、农夫山泉质量门(2013)、浙江温岭鞋厂火灾(2014)、马航事件(2014)、东方之星沉船事件(2015)、天津滨海爆炸(2015)
道德隐私事件（含伪公共事件）	名人争议、社会公德等	赵薇军旗装事件(2001)、马加爵事件(2004)、女大学生卖身救母事件(2005)、虐猫事件(2005)、铜须事件(2006)、南京彭宇案(2006)、张钰性爱视频事件(2006)、刘翔扔国旗事件(2007)、史上最毒后妈事件(2007)、范跑跑事件(2008)、艳照门事件(2008)、艾滋女事件(2009)、小悦悦事件(2011)、复旦投毒案(2013)、张艺谋超生事件(2013)、孙杨无证驾驶(2013)、文章出轨(2014)、毕福剑事件(2015)、安徽女大学生扶老人事件(2015)、释永信事件(2015)、罗一笑事件(2016)、王宝强离婚事件(2016)、翟天临事件(2019)
	娱乐恶搞、网络红人等	木子美事件(2003)、芙蓉姐姐(2004)、赵丽华事件(2006)、馒头血案(2006)、贾君鹏事件(2009)、兽兽(2010)、凤姐(2010)

政民冲突事件中的"政"主要指公权力部门及其官员，"民"不仅包括农民、农民工等群体，也包括市民、网民群体等。政民冲突事件主要有以下三种：其一是反腐揭黑型，包括对官员贪腐、滥用职权及执法不公现象的曝光及揭露，具有鲜明的舆论监督色彩。其中少数官员个体的贪污腐化有"天价烟局长"周久耕、"表哥"杨达才等，地方政府的滥用职权行为有孙志刚事件、躲猫

猫事件、雷洋事件等,执法不公有刘涌案、上海钓鱼执法事件、杭州飙车案、山东辱母案等。网民参与此类事件大都是自发的,其中一些事件发展为"网络集体行动";其二是维权抗争型,抗争主体主要包括农民、农民工等社会群体及权益受损的群体。根据抗争参与者的数量,维权抗争又可分为个体维权和集体抗争,个体命运的抗争如最牛钉子户事件、邓玉娇事件、宜黄拆迁自焚事件等,集体抗争如厦门 PX 事件、"绿坝"事件、番禺垃圾焚烧选址事件等。环境维权是最为常见的集体抗争事件之一,常有非政府组织(NGO)参与其中。一些维权抗争事件具有一定的组织性,可以视为当代中国的"网络社会运动";其三是因少数地方政府失信或社会不公引发的群体性泄愤事件,包括集体泄愤和社会骚乱,如瓮安事件、石首事件、乌坎事件等,此类事件的特点是无组织无约束,根源在于积蓄已久的社会矛盾,因偶然因素导致社会情绪集中爆发,容易演变成大规模的打砸抢烧等暴力事件,属于当代中国的"网络集体行为"或"网络群体性事件"。

尽管上述三类事件在诉求目标、组织性、暴力性等方面存在一定差异,但都属于政府与公众的冲突,国家—社会关系体现出较强的对抗性,因此可以称为政民冲突事件。政民冲突事件是我国网络公共事件的主体,集中反映了我国当前的国家—社会关系。有人采用定量方法分析了 182 个重要网络事件发现,地方政府和普通民众之间的矛盾是网络事件的主要诱因①。此类事件尽管起因不尽相同,但其共同之处在于网民与地方政府之间的冲突和对抗,具有网络反腐和揭黑的功能,一些学者因此称之为"网络舆论监督事件"。其中一部分是源于个体命运或不幸遭遇,由于互联网的传播而演变成公共事件,并逐渐指向公权力的腐败或滥用,从深层次上涉及制度不完善或社会不公问题。对于大多数网民而言,他们与这类事件的当事人之间并无直接的利益关联,但由于关乎社会公平正义,又间接涉及社会公共利益。网民参与此类事件通常

---

① 钟智锦、曾繁旭:《十年来网络事件的趋势研究:诱因、表现与结局》,《新闻与传播研究》2014 年第 4 期。

都是为了泄愤,或寻求事实真相。此类事件频发,表明网民与地方政府之间存在严重的不信任,政府公信力亟待提高。此类事件传播迅速,影响面广,对政府形象和公信力构成严峻挑战,因此事件发生后,地方政府大都担心影响社会稳定,采取各种措施消除事件影响。

公共安全事件包括公共卫生、食品安全、自然灾害和责任事故等,是当今风险社会的标志。这类事件一部分是源于汶川地震之类的天灾,另一部分则属于人祸,事件的责任主体包括政府机构、企业或个人。尽管大多数事件属于地方性事件,只直接危及到少数人的健康与安全,但公共卫生、灾难事故、食品安全等议题属于社会普遍现象,因此也牵动着广大社会公众的神经。在汶川地震这类自然灾害事件中,以及食品安全等经济类违法事件中,由于不涉及政府责任,网民与政府常能立场一致,而政府也积极主动公布相关信息,国家—社会关系以合作为主。而在SARS风波、天津爆炸事件这类涉及公权力部门玩忽职守、漠视生命尊严的事件中,网民与地方政府之间存在的冲突和不信任,常常演变成政民冲突事件。

道德隐私事件包括明星争议、社会公德、娱乐恶搞、网络红人等。明星属于公众人物,明星不当言行极易引发道德争议,而普通个体的不当言行一旦涉及社会公德,也会引发网民对当前社会道德滑坡的热议,这两者都涉及公共道德,因此多属于网络公共事件范畴。娱乐恶搞和网络红人则是网络文化的标志,反映出网络社会的鲜明特点。馒头血案等娱乐恶搞现象及芙蓉姐姐等网络红人的流行,本质上是网络草根文化与主流文化或精英文化的对抗,有文化抗争的一面,但这种个体行为一般不牵涉公共利益,因此多属伪公共事件,反映出互联网时代公私界限日益模糊这一事实。其中相当部分是由网络炒家、网络推手制造出来的,或可称为"网络媒介事件",目的是吸引眼球,实现商业价值。道德隐私事件常伴有网络暴力、隐私侵犯、人肉搜索及名誉权纠纷等无序现象,造成社会失范。由于此类事件多属社会公众的内部纷争,政府对网民参与的容忍度较高,地方政府也较少介入此类事件中。

网络公共事件的分类难以做到泾渭分明，很多事件同时存在多种属性，事件在演变过程中性质也可能发生变化。例如，温州动车事件一方面属于危及公共安全的重大责任事故，网民对事故真相的追寻及对政府善后工作的不满又演变成一场严重的政民冲突事件。

上述四种类型只是网络公共事件中反复出现、数量众多的，网络公共事件种类当然不止以上四种，类似湖南省委书记发帖拜年这类新鲜事也曾引发众多网友的热议。网络公共事件的类型也不是一成不变的，随着社会转型的加速和社会心理的变化，新的类型也不断出现。除了上述的民族矛盾、政民冲突和文化对抗，贫富分化、代际差别也常常成为中国式网络公共事件的导火索。

第二节　国内外相关概念辨析

网络公共事件研究，存在命名方式多样，概念使用混乱的问题。将网络公共事件与国内外相关概念进行辨析是十分必要的，对类似的概念进行分析，从一定程度上可以看出各自的研究立场和价值取向。

一、国外相关概念辨析

由于中外国家—社会关系和传媒体制的差异，国外网络公共事件的影响力远不及我国，相关研究涉及集体行动（collective action）、社会运动（social movement）、抗争政治（contentious politics）、社会冲突（Social conflict）、网络行动（online activism）、社会动乱（social unrest）、社会抗议（social protest）等，其中以社会运动和抗争政治理论对我国网络公共事件研究影响最大。

社会运动、集体行动在国外的研究已经相当成熟，研究文献相当丰富。经过数十年的研究，西方社会学界先后提出了相对剥夺理论、社会网络理论、资源动员理论、政治过程理论与新社会运动理论等社会运动理论。但有关互联网事件的研究却不多见，仅有的研究成果也显得比较零散，且一般都把互联网事件作为集体行动或社会运动的案例来加以分析。

芝加哥大学社会学系赵鼎新教授认为:对于政治行为,一般可以从三个维度来描述:组织化程度、制度化程度,以及追求社会变革的程度①。作为社会学领域的两种常见现象,集体行动和社会运动既有相同之处,也存在明显差异。赵鼎新认为:集体行动就是有许多个体参加的、具有很大自发性的制度外政治行为,而社会运动就是有许多个体参加的、高度组织化的、寻求或反对特定社会变革的制度外政治行为②。按照这一概括,两者最大区别就在于社会运动是高度组织化的,其背后通常都有社会组织的身影。从这一点来看,除了少数环境保护等方面的议题,我国的大多数网络公共事件是自发的、无组织或弱组织的,我国并不存在社会运动得以开展的制度和社会环境。结合网络公共事件的主要特征来看,网络集体行动这一概念更接近我国的网络公共事件。杨国斌也认为:网络事件是一种新型的集体行动事件③。

然而,集体行动这个概念也不能完全囊括中国网络公共事件的所有类型。美国著名社会学家查尔斯·蒂利(Charles Tilly)认为:集体行动意指为了共同利益或计划而作出的协同努力④。网络集体行动是基于共同利益的,有相对明确的目标和一致的行动,具有自组织或弱组织性,例如抵制家乐福等事件就属于这一类。但在诸如瓮安事件、石首事件等许多网络公共事件案例中,网民与事件当事人并无直接的利益关联,他们参与事件也没有具体的诉求目标,多数是为了泄愤,参与者之间缺少紧密联系,也缺乏协同配合,他们聚集得快,散得也快。这种行为实际上与西方的网络集体行动仍存在差异。而且,中国的网络公共事件大部分仅限于网络话语讨论,较少发展为线下行动。为有效解释这类事件,我国一些社会学者主张重新采用"网络集体行

① 赵鼎新:《社会与政治运动讲义》,社会科学文献出版社 2012 年版,第 3 页。
② 赵鼎新:《社会与政治运动讲义》,社会科学文献出版社 2012 年版,第 2—4 页。
③ 邱林川、陈韬文:《新媒体事件研究》,中国人民大学 2011 年版,第 41 页。
④ [美]查尔斯·蒂利、西德尼·塔罗:《抗争政治》,李义中译,译林出版社 2010 年版,第 10 页。

为"这一概念①。所谓集体行为,美国社会学家波普诺(David Popenoe)的定义是在相对自发、不可预料、无组织以及不稳定的情况下对某一共同影响或刺激产生反应的行为②。根据现代西方哲学的"行动哲学"(philosophy of action)观点,"行动"(action)和"行为"(behavior)的区别在于有无"意向性"(intentionality)。③"网络集体行为"通常是没有具体目标的,无组织无计划的,其存在通常是短暂的,结果是不可预料的,或可称为"初级集体行动"④。

蒂利认为:一个社会群体的组织程度取决于群体所具有的共同特征(包括集体认同感)和群体内部人际网络的强度⑤。网络公共事件中的网民是分散的、互不相识的,他们往往来自不同社会群体,由于某个涉及共同利益或情绪共鸣的议题或事件临时聚集在一起,组成一个松散的、脆弱的、彼此缺乏约束力的群体。建立在这种群体基础上的集体行动缺乏组织秩序,容易演变成群体内部的话语纷争甚至网络暴力,很难形成协同一致的行动,并且随着议题转移或事件的解决,群体也随之解散。

为了有效解释那些基于新科技手段的网络行动的生成逻辑,西方一些学者作出了新的理论探索。美国政治传播学者兰斯·班尼特(W. Lance Bennett)提出了一个与集体行动(collective action)逻辑不同的"连接性行动"(connective action)概念,其行动并不需要强大的组织控制,也无须构建一个象征性的、统一的集体性身份或认同。它是以更为个人化的方式由科技手段组织起来的,数字媒体成为组织的代理手段,也成为连接性行动逻辑

---

① 集体行为是西方集体行动研究者早期使用的概念,强调其非理性色彩,随着理性选择理论的兴起,西方研究者逐渐使用集体行动这一概念,或者将二者通用。

② [美]戴维·波普诺:《社会学》,李强等译,中国人民大学出版社1998年版,第184—189页。

③ 童世骏:《大问题和小细节之间的"反思平衡"——从"行动"和"行为"的概念区分谈起》,《华东师范大学学报》2005年第4期。

④ 这一提法出现在赵鼎新:《社会与政治运动讲义》,社会科学文献出版社2012年版,第303页。

⑤ 赵鼎新:《社会与政治运动讲义》,社会科学文献出版社2012年版,第21页。

的核心。① "连接性行动"的形成凸显了网络传播的"自组织"潜能,网民之间通过微博、微信等社交媒体相互连接,以人际传播方式共享信息,在没有正式组织介入的情况下实现了社会动员,发展为新型的网络行动。"连接性行动"的概念对于当代中国这种无组织或弱组织的网络公共事件具有较强的解释力,反映了互联网对于中国网络公共事件形成的特殊意义。

有学者认为:对于"自下而上"的体制外行为,若依诉求、组织化程度、持续时间和对制度的扰乱程度四个维度,从低到高可以将其排列成一个谱系,那就是:"集体行为""集体行动""社会运动"和"革命"②。其中集体行为和集体行动的组织化程度较低,社会运动和革命的组织化程度较高。

赵鼎新认为:从国家社会关系这一视角出发,集体行动、社会运动和革命这三者之间并没有根本性的差别,还可能相互转化,强调三者遵循相似规律,可以纳入统一的框架加以研究。③ 美国哥伦比亚大学教授查尔斯·蒂利(Charles Tilly)将集体行动、社会运动、革命等不同的政治行为整合到"抗争政治"(contentious politics)这一概念下加以研究。在《抗争政治》一书中,查尔斯·蒂利比较了革命、社会运动、宗教和伦理冲突等抗争政治形式的特点,并探讨了抗争剧目和抗争表演的关系。抗争政治是由集体行动、抗争行为和公共政治的交集构成的,不同于选举等一般政治,也不同于与公共政治无关的社会冲突。集体行动、革命、社会运动与抗争政治等概念之间既存在交叉,又存在差异。④ 社会运动主要存在于西方发达国家,革命理论则是对发展中国家经验的总结,抗争政治理论可同时适用于解释西方发达国家及发展中国家。

前文已述及,网络公共事件具有抗争性这一主要特征,杜骏飞也将网络群

---

① 兰斯·班尼特、亚历山德拉·塞格博格:《连接性行动的逻辑:数字媒体和个人化的抗争性政治》,《传播与社会学刊》,2013 年(总)第 26 期。
② 覃爱玲:《"散步"是为了避免暴力——中国社会科学院社会学所研究员单光鼐专访》,《南方周末》2009 年 1 月 14 日。
③ 赵鼎新:《社会与政治运动讲义》,社会科学文献出版社 2012 年版,第 5—6 页。
④ [美]查尔斯·蒂利、西德尼·塔罗:《抗争政治》,李义中译,译林出版社 2010 年版。

体性事件共有的精神内核归纳为"抗争"①,但并非所有中国的网络公共事件都能称为"抗争政治"。有学者指出:当今中国民众抗争的主流是:尽管在体制外抗争但不反体制,尽管有规模但非正式组织化,尽管有现代的动员技术和行动手法但依然以传统抗争为底色。② 赵鼎新也认为:中国的集体抗争事件具有中小规模、地方化、经济利益取向等特点③。总体来看,中国网络公共事件抗争的对象主要是地方政府,抗争的要求主要是维护具体权益,较少涉及体制和制度,抗争形式主要是网络表达,较少发展为线下行动,抗争行动多数是在被侵权或受威胁情况下的被动反应,较少主动的权力争取,因此与西方的抗争政治有着根本差异。

尽管中国式的网络抗争与西方的街头抗争有着显著差异,但由于不同的抗争行动之间存在相似的过程和机制,抗争政治的理论对于网络公共事件研究具有一定的启发意义。

社会冲突理论以美国社会学家科塞(L.A.Coser)、德国社会学家达伦多夫(Ralf Dahrendorf)和美国社会学家柯林斯(L.Collins)等人为代表。科塞在其1956年出版的《社会冲突的功能》一书中最早提出了"社会冲突"(Social conflict)这一概念,重点分析社会冲突的起源、本质和社会功能。在科塞看来,社会冲突是不同的价值观、信仰的争锋及由于社会地位、权利和资源分配不均导致的争斗。社会冲突不只是破坏性的,它同时具有正功能和负功能。④ 1975年,柯林斯在其《冲突社会学:迈向一门说明性科学》一书中进一步提出:社会冲突是社会生活的中心过程,冲突是社会生活的永恒主题,并主张社会冲突研究不能只关注社会结构,也应对社会冲突的行动者开展微观的经验研究。

社会冲突是一个外延较为宽泛的概念,大多数网络公共事件具有社会冲

---

① 杜骏飞:《网络群体性事件类型辨析》,《国际新闻界》2009年第7期。
② 肖唐镖:《当代中国的群体性事件:概念、类型与性质辨析》,《人文杂志》2012年第4期。
③ 赵鼎新:《社会与政治运动讲义》,社会科学文献出版社2012年版,第4页。
④ [美]科塞:《社会冲突的功能》,孙立平译,华夏出版社1989年版。

突的性质,包括政民冲突、文化冲突、阶层冲突等。根据科塞的观点,社会冲突一般分为"现实性冲突"与"非现实性冲突"①。"现实性冲突"通常是因利益纠纷而起,"非现实性冲突"则是因"相对剥夺感"和社会不公导致的泄愤事件,没有具体的利益诉求;前者如维权抗争事件(集体行动),后者如社会泄愤事件(集体行为)。社会冲突理论适用于我国网络公共事件研究的依据在于:网络公共事件是我国社会冲突的集中爆发,政民冲突事件是我国网络公共事件的主体,利益冲突、文化冲突、观念冲突等构成我国网络公共事件的主题。社会冲突理论对网络公共事件研究的启示则是:对于这种常态化的社会现象,研究者应摆脱危机管理的思维定式,看到社会冲突具有的正面功能,变"危机"为"契机",通过利益协调和情感抚慰化解矛盾冲突。

二、国内相关概念辨析

对于网络公共事件,国内学者出于各自的研究取向和旨趣,往往使用不同的概念。其中"网络群体性事件"概念运用最为广泛,此外还有网络事件、新媒体事件、网络集群行为或网络集体行动、网络舆情事件或网络舆论事件、网络热点事件、网络突发事件、话语事件、网络媒介事件等。在中国知网以"篇名"为检索条件,以"网络公共事件"为关键词,采用精确匹配方式,截至 2016年 10 月 1 日,共检索到 89 篇论文。以"网络群体性事件"及"网络群体事件"为关键词,共检索到 655 篇;以"网络事件"为关键词检索到 223 篇;以"网络热点事件"为关键词检索到 117 篇;以"网络集群行为"及"网络集体行动"为关键词共检索到 102 篇;以"网络突发事件"为关键词检索到 102 篇;以"网络舆情事件"及"网络舆论事件"为关键词共检索到 95 篇;以"新媒体事件"及"新媒介事件"为关键词共检索到 93 篇。加上较少使用的概念如"网络危机事件"(15 篇)、"网络媒介事件"(11 篇)、"话语事件"(11 篇)等,检索出的论

---

① [美]科塞:《社会冲突的功能》,孙立平译,华夏出版社 1989 年版,第 35—41 页。

文总数超过 1500 篇,这还不包括以其他条件检索的结果在内,也不含港台学者的研究成果在内。

从图 1-1 可以看出,网络群体性事件/网络群体事件是应用最为广泛的概念,其次是网络事件,然后是网络热点事件,接下来是网络集群行为/网络集体行动和网络突发事件,再就是网络公共事件、新媒体事件/新媒介事件和网络舆情事件/网络舆论事件,使用网络媒介事件、网络危机事件和话语事件的研究者最少。

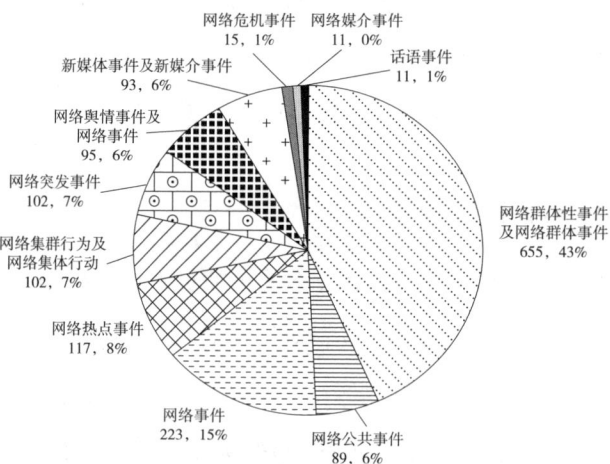

网络危机事件 网络媒介事件
15,1%   11,0%
                        话语事件
新媒体事件及新媒介事件   11,1%
93,6%

网络舆情事件及
网络事件
95,6%

网络突发事件
102,7%   网络群体性事件
                                    及网络群体事件
网络集群行为及   655,43%
网络集体行动
102,7%

网络热点事件
117,8%

网络事件
223,15%
          网络公共事件
          89,6%

图 1-1　网络公共事件及其相关概念的使用情况

"网络群体性事件"的概念来源于"群体性事件"。"群体性事件"是我国一个本土化概念,最早是由一些公安政法系统的工作人员命名的,具有较强的治安管理色彩。该名称最早出现在 2004 年 11 月 8 日中共中央办公厅、国务院办公厅转发的《关于积极预防和妥善处置群体性事件的工作意见》文件中。该文件称,群体性事件是"由人民内部矛盾引发、群众认为自身权益受到侵害,通过非法聚集、围堵等方式,向有关机关或单位表达意愿、提出要求等事件及其酝酿、形成过程中的串联、聚集等活动"。早期研究者一般都认可群体性事件具有危害性和聚众性等基本特征,后期则形成了将群体性事件去污名化、

去政治化和去刑事化的共识①。后来,一些研究者沿用了群体性事件的思路来给网络群体性事件命名,将其视为破坏社会稳定的重要因素,如揭萍等人把网络群体性事件定义为,"在一定社会背景下形成的,网中人——群体为了共同的利益,利用网络进行串联和组织,公开干扰网中网外秩序,干扰网络正常运行,造成不良的社会影响,乃至可能危及社会稳定的集群事件。"②这些学者大都站在管理者立场上,采用群体性事件的研究思路,聚焦于事件的"管理""引导""应对",成为国内网络群体性事件研究的主流范式。

　　随着研究的深入,一些学者逐渐认识到网络群体性事件(类似概念还有网络危机事件等)的命名暗含着对事件的负面评价,"有可能造成对公众借助网络表达舆情的污名"③,开始客观理性地看待事件的社会影响。一些学者指出网络群体性事件在民意表达、情绪宣泄、维权监督等方面具有积极意义。杜骏飞等学者则认为网络群体性事件具有中性色彩,它可以是自发的,也可以是受组织的,可能是有序健康的,也可能是无序不健康甚至是非法的④。

　　经过十余年的研究,目前学术界对于网络群体性事件的研究立场、主题、角度日益多元,"网络+群体性事件"的思维模式已经被打破,对网络群体性事件概念的理解各异。有学者总结了中国网络群体事件的五种概念取向,分别是行政管理、媒介构建、舆论场域、公共领域和集体行动⑤。除了行政管理研究仍具有较强实用色彩,聚焦于事件的管理和应对以外,其他几种研究都趋于客观的学术立场,研究的议题也更为广泛。尽管对网络群体性事件的内涵有多种理解,但从概念所指的对象来看,网络群体性事件与网络公共事件大体

---

①　隋岩、苗伟山:《中国网络群体事件的主要特征和研究框架》,《现代传播》2014 年第 11 期。

②　揭萍:《网络群体性事件及其防范》,《江西社会科学》2007 年第 4 期。

③　邱建新:《为"网络公众舆论"正名》,《江苏社会科学》2009 年第 6 期。

④　杜骏飞:《网络群体性事件的类型辨析》,《国际新闻界》2009 年第 7 期。

⑤　隋岩、苗伟山:《中国网络群体事件的主要特征和研究框架》,《现代传播》2014 年第 11 期。

一致。

另一个较有影响的概念是新媒体事件(或网络事件),尤其是我国港台地区学者较早使用这一概念(如香港中文大学的"新媒体事件工作坊")。新媒体事件的理论渊源是戴扬、卡茨的"媒介事件",但其研究视域远远超越了媒介事件的范畴,呈现多角度、多面向的趋势,新媒体事件实际上是互联网或新媒体研究的一个切入点。[①] 这方面研究较关心的是新媒体事件与社会权力结构变迁的关系问题,宏观上属于新媒体与民主政治或社会变迁的研究。

对于新媒体事件的内涵,研究者主要有两种界定模式:一种是"新+媒体事件"的模式,这种模式的研究承袭了媒介事件的学术传统,将新媒体事件视为媒介事件在互联网上的延伸,或者强调互联网时代媒介事件的变化,聚焦于新媒体语境下媒介事件的新特征;另一种界定是"新媒体+事件"的模式,这种模式的研究突破了"媒介事件"的理论框架,将新媒体事件视为新媒体技术的产物,是新媒体语境下一种有特定内涵的社会事件,主张将新媒体事件作为研究新媒体与社会变迁的突破口,立足于探讨事件的社会影响和民主政治意义。

从现有文献来看,新媒体事件的研究极少涉及管理、应对问题,采用较多的理论框架有网络民主、政治参与、公共领域、集体行动等。同时从研究对象来看,新媒体事件既包含公共事件,也包含隐私娱乐事件,因此其外延要大于网络公共事件。

此外,与网络公共事件接近的概念还有网络集体行动、网络舆论事件、网络突发事件、网络危机事件、话语事件、网络热点事件、网络媒介事件等,不同的命名方式往往代表不同的价值立场和研究取向。结合相关文献来看,网络集体行动或网络集群行为的研究者将事件视为一种集体行动或集体行为,应用西方的社会运动和集体行动理论来分析事件的动因和发展规律,但容易忽视我国网络公共事件与西方的社会运动和集体行动之间的差异;网络舆论事

---

① 邱林川、陈韬文:《新媒体事件研究·序》,中国人民大学出版社 2011 年版,第 2 页。

件/网络舆情事件和网络热点事件的研究者认为事件本质上是一个舆论过程或热点议题,其研究属于网络舆论研究的一部分,关注事件(议题)的舆情演变规律和传播机制,主要从舆论引导角度寻求对策;网络危机事件和网络突发事件的研究者多采用对策研究的取向,关注事件的负面影响和预防控制,其研究取向接近网络群体性事件;话语事件的研究者强调事件的核心是话语,主张采用话语分析的研究策略,关注话语背后的权力关系。

综上所述,按照研究目的、理论视角的差异,大体上可以把网络公共事件及其相关概念分成六大类型,见表1-2:

表1-2　网络公共事件及其相关概念的分类

	第一类	第二类	第三类	第四类	第五类	第六类
命名方式	网络群体性事件、网络群体事件、网络突发事件、网络危机事件	网络公共事件	新媒体事件、新媒介事件、网络事件	网络集群行为、网络集体行动	网络舆情事件、网络舆论事件、网络热点事件	话语事件
研究目的和理论视角	早期多从危机管理视角,关注事件的诱因和应对,后期研究趋向多元化	多采用公共领域、公民社会视角,关注事件的社会政治意义	从媒介事件理论出发,以事件为切入点探讨新媒体与社会权力结构变迁的关系	应用社会运动和集体行动理论,探讨事件的动因和抗争动员机制	应用网络舆情理论,分析事件的舆情传播规律和舆论引导策略	应用话语理论和话语分析法,关注事件话语背后的权力博弈

第三节　网络公共事件的学理审视

网络公共事件研究是近十年来的一个学术热点,但国内研究尚处于起步阶段。与此相反,西方的社会运动与集体行动、公民社会与公共领域、社会风险与社会冲突的研究相当成熟,国内的群体性事件、危机事件和突发事件研究也相对较早,网络公共事件研究不可避免地借鉴了上述理论资源,并或多或少受到上述理论框架的影响。本节将首先梳理学术界对网络公共事件的主流看法,并采取多学科结合的思路,对网络公共事件展开更具学理性的分析,检视现有研究的误区和盲区,从国家—社会关系视角分析网络公共事件的多重蕴涵。

一、学术界对网络公共事件认识的转变

首先,对网络公共事件的看法由负面转向客观,对事件参与者的看法也由强调非理性转向理性与情感兼具。有趣的是,无论是西方的社会运动研究、社会冲突研究,还是国内学者的网络公共事件研究,早期都具有负面化或病态化倾向,即把社会运动、社会冲突、网络公共事件等研究对象视为威胁社会稳定的负面现象,强调其破坏性。正如赵鼎新所言,"美国早期的社会运动研究学者,直到 20 世纪 70 年代以前,都把社会运动视为一种社会病态"。① 这与早期社会运动研究偏向社会心理分析有关,在社会心理学的创始人勒庞看来,理性的个体一旦聚众成为群体,他们就成了没有头脑的"乌合之众",因此,集体行动和社会运动都是非理性的产物。早期的一些社会运动研究者受到勒庞的影响,视社会运动为社会稳定的威胁。另外,美国的社会科学研究具有实用主义传统,倾向于维护现状,这可能也在一定程度上影响了社会运动研究的价值取向。

20 世纪 60 年代以后,美国的民权运动、女权运动、同性恋运动等大规模社会运动纷纷出现,推动了美国社会运动研究的深入。研究者批判了早期的社会运动理论,形成了强调理性选择的资源动员理论和政治过程理论。以蒂利为代表的一批学者认为社会运动是一种政治过程,是参与者针对利益、兴趣的理性选择行为。蒂利把集体行动、社会运动和革命等社会现象统一到"抗争政治"框架下加以研究,强调其政治性。90 年代以后,随着欧洲社会科学批判传统的影响,美国的社会运动研究重新认识到话语、意识形态和情感等文化

---

① 赵鼎新:《社会与政治运动讲义》,社会科学文献出版社 2012 年版,第 2 页。

因素在社会运动中的重要性,对片面强调理性选择的资源动员理论和政治过程理论进行了反思,对社会运动的认识更为全面和客观,强调理性和情感同时在社会运动产生发展中发挥作用。

类似地,作为结构—功能主义理论的对立物,科塞和达伦多夫等人的社会冲突理论强调:社会冲突对于社会秩序的维持、对于社会的稳定具有积极作用,社会冲突和社会稳定一样,都是社会生活的常态而不是病态。因此,对于社会冲突,不是要去"消除"它,而是要发挥其正面功能,比如,"安全阀"的功能。社会冲突理论20世纪60年代以后流行于欧美学界,这与社会运动的理性选择理论的兴起大致同步。

中国的网络公共事件研究尽管只有短短十余年历史,但也大致经历了由负面到客观的转变,由强调事件的破坏性和网民的非理性转向更具学理性的考察。网络公共事件最初的研究者来自公安政法等相关机构或院校,他们的研究带有较强的治安管理色彩和功利性,受维稳思维影响,因此将网络公共事件视为社会稳定的威胁,常以"网络群体性事件""网络危机事件"等来命名,从危机管理或舆论引导角度,聚焦于事件的防控和应对。随着多学科学者的加入,特别是社会学和政治学学者的加入,对网络公共事件的认识逐渐客观,抗争政治、公共领域、公众参与等理论资源逐渐被应用于网络公共事件研究,从而逐渐摆脱负面思维,更为科学、理性地看待网络公共事件的社会影响,一些学者还强调网络公共事件对于我国社会民主化具有正面意义。

总体来看,经过十几年的研究,学术界逐渐认识到,网络公共事件具有破坏性与建设性两种可能,危机与契机并存,网络公共事件的参与者兼具理性与非理性特征。这些取决于有关部门的处置方式,并与网络公共事件的议题性质有关。当代中国的网络公共事件以权益抗争为主,针对地方政府而非体制,大都以话语表达作为主要抗争手段,较少发展为线下行动,但也有少数与网民利益无关的社会泄愤事件,容易演变成群体性暴力事件,影响社会稳定并损害政府公信力。因此,网络公共事件什么条件下产生破坏性,什么条件下具备建设性,参与者为何会非理性,何时又变得理性,理性与情感究竟孰轻孰重,尚需开展深入的案例分析。

其次,对网络公共事件产生动因的解释由宏观的社会结构转向中观、微观的机制和过程。早期的社会运动理论多采取静态的因果决定论思维,机械地在宏观社会结构和集体行动的结果之间建立因果联系,忽视许多具有相同或相似社会结构的国家存在截然不同的集体行动的方式和结果。自从资源动员理论和政治过程理论成为支配性的研究范式,西方社会运动研究就从早期重视宏观的社会结构分析转向了中观和微观的过程与机制分析,比如蒂利的"抗争政治"理论就是致力于寻找影响社会运动的机制并分析这些机制如何作用于集体行动、社会运动、革命等抗争政治的过程。蒂利认为:这些机制是社会抗争的动力,"它们依据发生时的初始条件、结合方式和发生次序而产生出不同的累积性结果"。[①]

中国的网络公共事件动因研究大体也经历了从宏观到微观的转变。早期的研究集中讨论诱因和应对之策,关于网络公共事件的产生原因,研究者多从社会转型和风险社会的宏观视角,从社会矛盾冲突增多、利益表达机制不全、网民权利意识增强等方面去解释。社会转型或风险社会的确是网络公共事件产生的重要原因,甚至可以说是根本原因,但这种解释模式往往过于笼统,忽视了从社会转型、风险社会到事件发生之间还存在很多的中间环节和动力机制,并且忽视了网络公共事件与传统危机事件或群体性事件在产生、发展过程中的差异。社会转型或风险社会并不必然导致网络公共事件的发生,还有其他许多微观的机制或动力发挥了重要作用,比如参与者的组织动员能力、互联网的技术优势等。因此,越来越多的研究者开始转向研究网络公共事件的电子动员、传播机制、心理机制等微观机制和过程,并且采用案例分析等实证的方法。

---

① Doug McAdam, Sidney Tarrow, Charles Tilly. *Dynamics of Contention*. Cambridge: Cambridge University Press, 2001. p.37.

综上所述,网络公共事件的发生发展离不开宏观的社会转型、风险社会等社会动因,也离不开中观和微观的网络动员、传播机制、心理机制等动力机制,因此有必要采取宏观微观相结合的分析策略,对网络公共事件的产生和发展开展全面分析。赵鼎新认为:集体行动、社会运动和革命的发生发展可以从变迁、结构和话语三个层面进行分析,而统摄三者的是国家—社会关系。① 这一研究框架较为全面,对于网络公共事件研究具有启发意义。

最后,对网络公共事件的对策研究由危机管理模式转向社会治理模式。对策研究是内地学者的主流范式,但在探讨网络公共事件应对策略的过程中,研究者的视野也在不断拓宽。最初的对策强调自上而下的"防控""应对""处置",或者从危机管理框架提出信息公开、舆论引导、及时回应等应对措施。如揭萍等人认为:处置网络群体性事件必须遵循系统性和平战结合等原则,加强对 ISP、ICP、IDC 等工作对象的掌控,通过提高技术、加强管理、制订法律和有意识地进行网络文化引导等手段,加强对网络群体性事件的防范和处置。② 随后,一些学者开始纠正对网络公共事件的负面化倾向,摆脱了单方面的政府维稳思维,从制度建设高度探讨对策,并用社会"治理"取代了危机"管理"。如罗锋、王权主张"用法律的形式保障民意诉求的制度化"③;许敏进一步提出:有必要吸收协商民主的理论精要,创新治理模式,具体路径包括风险削减中的利益表达与吸纳、舆情监测中的网络回应与疏导。④

本书认为:网络公共事件的产生是国家—社会关系变化的产物,因此有效治理网络公共事件就不能单从国家或社会角度去寻求对策,而应从国家、社会双向调整及国家—社会关系建构的高度去努力。

---

① 赵鼎新:《社会与政治运动讲义》,社会科学文献出版社 2012 年版,第 49 页。
② 揭萍、熊美保:《网络群体性事件及其防范》,《江西社会科学》2007 年第 9 期。
③ 罗锋、王权:《风险、制度化:"网络群体性事件"症候表征与治理分析》,《重庆邮电大学学报》2010 年第 7 期。
④ 许敏:《网络群体性事件的演进逻辑与生成机理》,《宁夏社会科学》2015 年第 2 期。

二、网络公共事件的学理审视

（一）网络公共事件具有多重属性

网络公共事件是一种极其复杂的社会现象，具有多重属性。网络公共事件可同时具备危机事件、社会冲突、网络舆论、集体行动、政治参与、话语表达等多重属性，但又不完全等同。网络公共事件与西方的社会运动、集体行动、抗争政治等概念以及国内的群体性事件、危机事件、突发事件等概念存在交叉之处，但又有一定差别。因此，既要广泛借鉴中外各学科相关理论开展整合分析，又不能简单套用这些理论，以免陷入误区，这是网络公共事件研究的一大挑战。

网络公共事件未必是危机事件或群体性事件。民族主义、道德隐私及部分自然灾害事件并不针对政府，网民与政府之间甚至可能携手合作，如在对日抗议和汶川地震中，政民之间立场就较为一致。政民冲突事件针对地方政府，如果处理不当，容易演化为政府公信力危机，但如果处理得当，也能变成政府增强公信力和合法性的契机。大部分网络公共事件具有社会冲突性质，政与民众的冲突是其主体，但冲突有时也能发挥"减压阀"的作用，有助于网民的情绪宣泄和社会稳定，因此不能片面夸大冲突的负面影响。的确有相当部分事件具有一定的暴力性和破坏性，尤其是社会泄愤事件，但总体而言，中国网民的网络行动较为温和，话语表达是其主要的抗争手段，线下抗议只有在非常规情境下才会出现，只有极少数网络公共事件演变为群体性事件。网络公共事件不宜采取维稳思维和治安管理的思路加以应对。事实上，为数不少的事件正是因地方政府的不当应对而激化的，从这一意义而言，地方政府本身也是网络公共事件的制造者。

网络公共事件的外在形式呈现为一种话语事件或舆论现象。网络话语迥异于官方话语和精英话语，较多体现底层社会的心声。根据米歇尔·福柯

(Michel Foucault)的观点,话语即权力①。网络话语对官方话语和精英话语的抵抗,反映了现实社会政治权力和传播权力的失衡。由于现实政治生活中公民参与的不足,传统媒体又未能满足公众的知情权和表达权,网民借网络的技术优势实现话语赋权。但在混沌的网络空间,理性与非理性话语并存,严肃的政治讨论与娱乐调侃杂糅在一块,真实与谣言"内爆"为一体,狭隘民族主义、民粹主义甚至无政府主义等思潮泛滥,网络讨论常常众声喧哗甚至演变为网络暴力。种种迹象显示,网络舆论未必就能代表民意,网络话语的力量也受制于很多不确定因素。网络公共事件是一种体制外的政治参与行为,反映了现实政治参与渠道的不足,但网民的素质参差不齐,参与的动机和目的各异,网络政治参与的无序性较为严重,不宜过度夸大网络公共事件之于民主政治的潜力。

与西方发达国家高度组织化和制度化的社会运动不同,当代中国的网络公共事件大部分是网民自发参与的,尽管网络公共事件的发生频率很高,网民的参与积极性也很高,但网络公共事件并未被纳入体制内,其动员和组织还面临合法性困境。与国外相比,网络公共事件在我国社会生活中的影响力显得特别突出。但不同议题的网络公共事件在组织性、暴力性方面有所不同,网民的抗争策略、形式也经常随政府态度而变,有的发展为集体行动,有的产生杂乱无序的集体行为,有的演变为大规模的群体性泄愤事件,也有少数较有组织的社会运动(如网络环保运动)。网民抗争的对象主要是地方政府,但也可能是针对违法企业的抗争或民众内部的观念之争。抗争的参与者其目的不是要改变某项社会制度,而是对具体权益的争取,或者只为表达对社会现状的不满。因此,不宜简单套用西方社会运动和抗争政治理论来解释中国的网络公共事件。

网络公共事件是当今中国情境下一种独特的社会现象,有着自身独特的

---

① 米歇尔·福柯:《话语的秩序》,载许宝强、袁伟:《语言与翻译的政治》,中央编译出版社2001年版。

运作逻辑和社会意蕴,必须从中国现实出发,有选择地应用管理学、传播学、社会学、政治学等多学科理论,从多个角度去分析和看待,才能得出较为全面的认识。

(二)网络公共事件是极其复杂的网络文化现象

根据《辞海》的解释,事件一般指历史上或社会上发生的大事情①。网络公共事件通常由一个具有公共性的"事件"引起,也有可能源自某个网络议题,甚至某人的只言片语也有可能引发网民的集体共鸣,进而发展为网络公共事件。从事件的起源来看,网络公共事件一部分源于现实,一部分源自虚拟空间,两者都引发网络讨论,经网民参与而扩大影响,并产生新的意义。事件本身往往只是一个导火索,或者一个符号,事件激起网民的集体情绪和文化认同是其转变为网络公共事件的内在动因。由于网民心理的多样性和网络文化的创造性,事件在传播和扩散过程中充满变数,事件的后续发展往往脱离初衷,演变为网民的集体情绪宣泄或娱乐狂欢,呈现为一场奇妙的网络文化景观。在网络公共事件发酵过程中,不同的参与主体各取所需,有的借机发泄,有的推波助澜,有的力求真相,有的娱乐调侃,充分反映了当代中国网络社会的复杂性和网络文化的丰富性。

网络公共事件与社会公共事件都是涉及公共利益的,对社会产生较大影响的事件,尽管两者也可能相互转化,但两者的动员机制、传播方式、参与主体、参与形式等都有很大差异。网络公共事件与社会公共事件的根本差异,在于互联网的去中心化和跨越时空等技术优势带来的社会关系、社会结构和交往方式的变化,这种变化表现为一种独具特色的网络文化。符号和话语是网络公共事件主要的外在形式,网民是推动事件发展的中坚力量。有别于媒体定义的重大新闻事件和政府等机构导演的仪式事件,网络公共事件主要由网

---

① 转引自曾庆香:《话语事件:话语表征及其社会巫术的争夺》,《新闻与传播研究》2011 年第 1 期。

民定义和推动,具有反传统和解构权威的一面,深深打上了网络文化的烙印。网络时代的"媒介事件"性质已由"仪式"转向"派对"①。由于网民心理和情感的变化,现实社会的公共事件未必能发展为网络公共事件,而传统媒体所不屑报道的鸡毛蒜皮的小事却有可能吸引众多网民的关注。从某种意义上说,网络公共事件映射了中国网民的社会心态和情感结构,是网络时代的交往方式和生活方式的反映。

网络公共事件是网络社会(Cyber society)下的网络文化的集中表征。通常认为,网络社会是在网络虚拟空间里产生的个人、组织与社会互动的新型社会形态。在网络社会这个虚拟社会空间里,网民通过符号创造和话语表达等行为方式,尽情宣泄自身对社会不公、社会失范的不满。"与其他任何形式的抗争相比,网络行动更多地贯穿着文化的形式。"②因此,网络公共事件的频发,既是现实社会矛盾的反映,也是网络文化特别是草根文化的镜像。可以说,网络公共事件就是网络文化的集中体现。

基于以上分析,网络公共事件研究,必须重视价值观、话语、意识形态和社会认同等文化因素的重要性,深入分析网络技术优势推动的文化和社会变迁,以及网民的文化认同和社会心态在网络公共事件发生发展中的作用。

(三)网络公共事件的背后是多种社会力量的权力博弈

从政治学视角来看,网络公共事件实质是网民争取知情权、表达权、参与权和监督权的一种努力。相比传统媒体报道的公共事件,网络公共事件的话语权的确更为平等,现实社会的权威和中心被解构,"草根"获得更多的话语权。不过,各种社会力量也纷至沓来,围绕网络公共事件的话语权展开博弈,其中,政治和商业力量在其中发挥了重要作用。

网络公共事件大都涉及国家(政府)—社会(公众)关系,国家—社会关系

---

① 邱林川、陈韬文:《新媒体事件研究》,中国人民大学出版社2011年版,第66页。
② 杨国斌:《连线力:中国网民在行动》,广西师范大学出版社2013年版,第15页。

塑造了网络公共事件的议题和形式,政府与网民的互动又影响着事件的走向。中国的网络公共事件大都针对地方政府及其官员,政府经常是事件的利益相关者或调解者。网络公共事件能否形成,首先取决于议题是否能为地方政府所容忍,一旦议题超出地方政府的承受能力,一些地方政府常采用网络删帖、信息封锁等方法予以应对,或者发动主流媒体引导舆论,争夺事件的话语权和定义权。这种做法既有可能使事件胎死腹中,也有可能激化网络舆论。近年来微博、微信等技术的应用,使得信息封锁日趋困难,而且网民也发展出灵活的抗争策略,创新抗争的形式和"剧目",使地方政府控制网络公共事件的努力大打折扣。

另外,政府和社会的结构分化也影响到网络公共事件的产生和发展。中央政府与地方政府有时也存在不同的利益考量,在对待网络公共事件的立场上出现分歧,这给一部分议题的公开提供了政治机会。比如,有关官员贪腐的议题,当地政府往往不希望在网上公开,中央政府却支持网络反腐。同时,网民的结构分化也有可能影响事件走向,同样的议题,有的网民致力于寻求真相,也有的网民视为娱乐狂欢,或者充当看客,网民立场的分歧、共识的缺乏常常使事件不了了之。同时,政府与网民在博弈中相互适应,相互重构,导致政府应对方式和网民抗争方式相应变化。政府应对总的趋势是由硬约束转向软控制,由行政手段转向法律和技术手段,由政府管理转向公共治理,这些变化都影响到网络公共事件的走向和结果。因此,网络公共事件的社会影响具有不确定性,关键取决于国家—社会之间的互动和博弈。

商业力量也是影响网络公共事件形成和发展的重要力量。网站、论坛、博客等网络空间要维持人气,增加流量和点击率,需要通过议题策划和事件传播来扩大影响。有些时候,政府试图控制网络公共事件的扩散,网络公司、服务商等商业力量却希望推动事件发展,以获取点击率。此时,商业力量的介入可以抵消一部分政府施加的影响。但在另一些情况下,商业力量也有可能与政府共谋,控制或消除网络公共事件的影响。而且,为了追逐商业利润,一些商业策划和炒作公司已经渗透进网络公共空间,"网络推手"①"网络水军"②已发展为一个产业,通过策划和制造"网络公共事件",一些企业和个人借此牟取私利,或者借机打击竞争对手。近年来,不断出现的网络红人或娱乐恶搞事件,就是这种"网络公共事件"的典型。从本质上说,这类事件是伪公共事件,其混淆了公共与私人的界限,在一定程度上消弭了网络公共事件的民主政治意义。因此,对网络推手和"事件营销"的规范和治理,是网络公共事件治理的重要一环。

除了社会、政治和商业力量,媒体、知识精英乃至海外势力都在或潜或显地影响网络公共事件的产生和发展,网络公共事件可以视为各种社会力量博弈的结果,各种社会力量之间的力量对比和消长决定网络公共事件的走向。其中,国家(政府)—社会(公众)关系是推动网络公共事件发生发展的主线,两者的博弈和互动决定着网络公共事件的总体面貌。

---

① "网络推手"(Web hyper)一词最早出现在 2005 年的"天仙妹妹"事件中,一般指借助网络策划、炒作推动企业、产品或个人产生知名度和影响力的人。策划和制造事件是其手段之一。网络推手在国内主要是个负面词汇,但也有人主张不能简单将其污名化。

② 网络水军通常指受雇于某网络公关公司,以发帖和回帖为主要手段,为雇主进行网络造势并获取报酬的人,有专职和兼职之分。

第二章　网络公共事件的产生根源与社会背景

　　本书立足于探讨网络公共事件的有效治理策略。从逻辑上讲,寻找对策必先分析原因。本章将结合有关网络公共事件案例,从国家—社会关系角度,在当代中国社会转型大背景下探讨网络公共事件产生的深层社会根源和社会背景,为对策研究奠定基础。

　　网络公共事件的"诱因与形成要素"是国内学者研究网络公共事件的重要议题之一①,研究者常从利益分化、网民心理、传播机制、技术优势等角度去解释网络公共事件的动因或条件,也有少数学者从宏观上探讨网络公共事件的社会根源和制度根源,但缺少宏观、中观和微观相结合的分析,尤其缺少一种国家—社会关系的分析视角。从不同学科视野来看,社会学学者常从社会分化及利益冲突、社会结构变化等角度分析网络公共事件的动因;政治学学者着重从政治参与不足,公民意识增强等方面去解释;传播学者将网络公共事件视为一种舆论现象,着重从传播机制、媒体技术角度去理解;管理学学者较多从风险社会、危机管理等方面去探讨;社会心理学学者则多从相对剥夺感、怨恨感等心理层面去寻找原因。这些分析各有其合理性,但由于缺少学科对话,

---

　　①　王君玲、董天策:《网络群体性事件研究的进路、议题与视角》,《现代传播》2011 年第 8 期。

对网络公共事件动因的解释往往不够全面。

　　动因研究是西方社会运动研究的核心议题,对我国网络公共事件研究具有启发意义。有人认为,西方社会运动和集体行动的研究可以分为三个阶段:早期社会转型中的社会心理视角、中层理论的转型和组织资源视角、文化视角的回归。① 也有学者将西方社会运动和集体行动研究划分为心理取向、理性取向、结构取向和文化取向四种类型②。不同的研究视角和取向对于社会运动和集体行动的动因有不同的解释。大体来看,西方学者对社会运动和集体行动动因的分析形成了两种解释模式,或者说两种研究方法:以机制为中心的方法和以国家—社会关系为中心的方法③。前者受美国社会科学的实证主义传统影响,关注社会运动或集体行动的机会结构、组织动员和演化机制;后者则主要源于欧洲社会科学的批判主义传统,注重从社会变迁、社会结构等宏观角度去解释。这些有关社会运动和集体行动动因的解释各有其道理,但都不够全面。

　　西方社会运动与集体行动研究的以国家—社会关系为中心的方法和以机制为中心的方法,两者之间的分歧非常类似我国社会学研究的"结构—制度分析"和"过程—事件分析"(或"实践社会学")之间的分歧。"结构—制度分析"和"过程—事件分析"是社会学领域用于解释社会现象产生发展的两种分析模式④,前者主张从宏观的社会结构、制度角度去观察和解释社会现象,后者侧重从微观的过程和机制角度去分析社会现象。围绕结构—制度分析和过程—事件分析孰优孰劣的问题,社会学者张静和孙立平等人曾展开学术争论,但多数学者认为,两种分析模式各有优缺,应结合使用。两者实质上代表各自

---

　　① 苗伟山:《中国网络群体性事件:基于媒体多元互动的分析路径》,《新闻与传播研究》2014 年第 7 期。

　　② 冯建华、周林刚:《西方集体行动理论的四种取向》,《国外社会科学》2008 年第 4 期。

　　③ 赵鼎新:《社会与政治运动讲义》,社会科学文献出版社 2012 年版,第 26 页。

　　④ 谢立中:《结构—制度分析,还是过程—事件分析?》,《中国农业大学学报》(社会科学版)2007 年第 4 期。

看待社会现象产生动因的思维模式。静态的结构—制度分析认为社会现象或事件的发生主要取决于特定的社会关系结构和相关制度,孙立平等人的实践社会学则"强调事件之间那种复杂有时纯粹是偶然或随机的联系,这样的联系并不完全对应一种严格的因果关系"①。

随着研究的深入,越来越多的学者认识到,社会运动或集体行动的产生取决于很多宏观、中观或微观因素的相互作用。如美国社会学家麦克亚当(D. McAdam)认为:一个社会运动就是由政治机会、社会运动组织力量和认知解放(意识形态和话语)三个因素共同作用下造就的②。西方早期的社会运动和集体行动研究聚焦于社会运动或集体行动的产生原因,一些学者分析了各种可能引发社会运动或集体行动的因素或条件,并试图在这些因素和条件之间建立某种联系,进而建构出各种理论模式。后来的一些学者逐渐认识到社会运动和集体行动的产生和演变并没有固定的模式,尽管也存在某些相似的规律和机制。如赵鼎新认为:影响社会运动和革命产生与发展的各个因素之间并不存在某种非历史性的、一成不变的联系。③

作为一种日益频发的社会现象,网络公共事件的产生有其宏观的社会结构和制度根源,也与微观的过程、机制息息相关;总体上,网络公共事件的发生与发展存在某种规律性,但某个具体事件的产生与演变又具有一定的偶然性。因此,网络公共事件的动因分析应突破单一的、线性的因果决定论思维,采取加拿大传播学者文森特·莫斯可(Vincent Mosco)所主张的多重决定论思想④,从多个因素的互动中去把握网络公共事件产生和发展的多种可能性及其规律性,并且区分案例本身的共性与特殊性。方法论上则应结合社会学的"结构—制度分析"和"过程—事件分析"两种分析模式,从宏观和微观两个方

① 孙立平:《"过程—事件分析"与对当代中国农村社会生活的洞察》,载王汉生、杨善华主编:《农村基层政权运行与村民自治》,中国社会科学出版社 2001 年版,第 11—12 页。

② 赵鼎新:《社会与政治运动讲义》,社会科学文献出版社 2012 年版,第 193 页。

③ 赵鼎新:《社会与政治运动讲义》,社会科学文献出版社 2012 年版,第 193 页。

④ 文森特·莫斯可:《传播政治经济学》,胡正荣等译,华夏出版社 2000 年版,第 5 页。

面去深入分析,并区分网络公共事件产生的必要条件与充分条件。网络公共事件的具体动因必须结合案例加以分析,很难一概而论。

赵鼎新认为:对社会中发生的非常规政治行为,可以从变迁、结构、话语三个角度来考察,而统摄三者的则是国家—社会关系。"所谓变迁,指的是由现代化、人口变迁、自然灾害、大规模疫病流行、外来思潮入侵等原因所引起的种种社会变化;所谓结构,包括两方面,一是国家的结构及其行为方式,二是社会结构以及社会行动者的结构性行为;话语则包括社会活动的意识形态,参与者的认同、口号或话语策略、行动过程中的突生规范,以及塑造运动话语的文化,等等。"①可以看出,赵鼎新的分析框架侧重宏观分析,属于国家—社会关系为中心的方法。赵鼎新提出的这一分析框架并非只针对西方的社会运动或集体行动,它也能适用于不同制度背景下的非常规政治行为。本章主要采用"结构—制度分析"法,从宏观角度分析网络公共事件的产生根源和社会背景,并结合个案分析验证相关结论。

第一节 社会转型与现代性危机凸显

如果从英国社会学家安东尼·吉登斯(Anthony Giddens)等人的现代性危机理论出发,当代中国的网络公共事件可以说是国家在向现代性转型过程中产生的危机的集中体现。吉登斯认为,现代性具有"自反性",也就是说社会在推进现代化过程中制造了自己的反面,比如工业化带来能源危机和环境污染、城市化带来人口危机和城市病、工具理性膨胀导致信仰危机和道德滑坡等,吉登斯将这些现代性导致的后果称为现代性危机②。不过,当代中国尚处于现代性转型过程中,现代化道路任重道远。因此,一方面要继续努力推进现代化进程,建构现代国家和公民社会,实现社会稳定;另一方面则要对现代性

---

① 赵鼎新:《社会与政治运动讲义》,社会科学文献出版社 2012 年版,第 23 页。
② 安东尼·吉登斯:《现代性的后果》,田禾译,译林出版社 2000 年版。

危机保持警惕,通过体制改革和制度建设,消除现代性的自反性导致的后果,降低网络公共事件发生的概率。

一、社会转型与风险社会来临

社会变迁和社会转型是近年来社会学、政治学、经济学等社会科学研究的热门话题,各学科对这两个基本概念的理解也存在差异。一般认为,社会变迁是一个含义广泛的概念,包括一切社会现象的变化过程及其结果。社会变迁的外延涉及自然环境、人口、经济发展、社会结构、政治制度、价值观念、生活方式、科技文化等社会生产和生活所有领域的变化,包括社会局部变化与整体转变、进步与退化、渐变与突变。

社会转型理论则是发展社会学领域继现代化理论、发展理论之后兴起的一种社会发展理论。社会转型可以视为一种整体性的、根本性的社会变迁,是社会变迁导致社会形态的整体性转变。经济学领域的社会转型通常指经济体制的转型,即由计划经济体制转变为市场经济体制;社会学领域的社会转型主要关注社会形态和社会结构的转变,包括社会形态由农业社会转向工业社会、由传统社会转向现代社会、由封闭社会转向开放社会[①],以及社会的阶级结构、运行机制、生活方式、价值观念等的转型;政治学领域的社会转型则主要指向政治治理模式、政治参与和利益表达机制的转型等方面,即政府转型。可见,社会转型是一个涉及经济体制、政治治理、社会结构在内的系统性转变。

社会变迁和社会转型往往产生社会风险,如果不能采取有效的社会治理措施,就可能出现社会冲突和社会失范,给社会稳定带来威胁。近年来网络公共事件日益频发,社会转型和社会变迁就是其深层社会根源,网络公共事件则是社会转型期的社会冲突、社会风险和社会失范等社会现象的网络镜像。

德国著名社会学家贝克(Ulrich Beck)最先提出风险社会理论,引起了不

---

① 郑杭生:《转型中的中国社会和中国社会的转型》,首都师范大学出版社 1996 年版。

少学者对现代社会风险的关注。在贝克看来,风险社会是现代性的一个阶段,即在人类社会由农业社会通往工业社会的道路上产生了各种社会风险,这种风险对社会稳定构成新的威胁①。尽管对于风险社会的理解和阐释各不相同,但多数学者认为,现代社会是一个风险社会,社会风险是现代性的基本构成要素,风险社会也是现代性的一个重要特征,或者说是现代性的后果。现代化过程中产生的社会风险既有汶川地震这类自然风险,也有天津爆炸事件这类人为风险,后者越来越成为社会风险的主要来源。更严重的是,在人类对社会风险的治理过程中,由于政策的失当或人为的因素,又将产生新的风险。比如,有些网络公共事件的爆发,就是地方政府对潜在风险的不当应对激发的。而且在全球化时代,一些社会风险已经超越国界,发展成全球风险。

从历史经验来看,世界各国在通往现代化的过程中,当人均 GDP 达到 1000—3000 美元这一阶段,大都出现过社会矛盾和社会冲突高发的现象,这是现代化影响社会稳定的国际经验。尽管也有一些社会学者认为这一现象不具有必然性,但在国际学界,"国家塑造抗争政治"已成为日益普遍的共识②。社会转型中国家改革与发展的相关政策和体制本身,实际上起到了"动员"社会矛盾,推动冲突转型乃至升级的首要作用③。比如,为了经济发展大量消耗资源、污染环境、征地拆迁等,或者片面强调 GDP 增长而忽视社会公平正义等,都将成为社会矛盾和冲突的温床。美国著名政治学家亨廷顿(Huntington Samuel P.)因此提出"现代性孕育着稳定,而现代化过程却滋生着动乱"的著名论断④。

当代中国的社会转型主要是通过实施改革开放的基本国策,实现工业化和现代化,主要内容是经济体制转型,政治体制改革和社会体制改革相对滞

---

① 乌尔里希·贝克:《风险社会》,何博闻译,译林出版社 2004 年版。
② 黄冬娅:《国家如何塑造抗争政治》,《社会学研究》2011 年第 2 期。
③ 肖唐镖:《抗争政治的到来及其治理转型》,http://www.aisixiang.com/data/81268.html。
④ 塞缪尔·P.亨廷顿:《变化社会中的政治秩序》,王冠华等译,上海人民出版社 2008 年版,第 38 页。

后。经济体制由计划经济体制向社会主义市场经济体制转变,社会形态由传统的农业社会向工业社会转变,由传统社会向现代社会转变,由封闭社会向开放社会转变,同时社会阶级结构由传统的工农二元结构转型为多层结构。迄今为止,中国的现代化道路仍在进行之中,市场经济体制初步建立但尚未完善,市场的负面影响则已显现。经济增长方式仍以粗放型为主,地方经济发展往往建立在高投入、高消耗和高污染的基础上。民生问题日益突出,现代化过程中累积的社会风险逐渐凸显。经历了40多年的改革开放,我国已经达到工业化中等水平,现代化水平大为提升。2016年,中国人均GDP已经达到8113美元,排名世界第74位[①]。同时,我国也逐渐显示出风险社会的特征,贫富差距问题、贪污腐化问题、环境污染问题、政民矛盾问题、公共安全问题、"三农问题"、社会诚信问题等社会问题日益突出,这些问题一遇导火索就容易点燃社会情绪,进而演变成影响重大的网络公共事件。

二、社会分化与贫富差距扩大

亨廷顿分析了多个国家的现代化道路后认为,从近期来看,经济增长的直接影响常常是扩大收入的不平等,而收入不平等或社会不平等增加了集体行动的可能性[②]。1978年以来的改革开放,我国经济发展取得世界瞩目的成就。市场经济体制逐渐取代计划经济体制,私人财产权获得国家认可,人民群众的总体生活水平得到显著提高。同时国家从现实国情出发,在经济发展中实施了分地区、分领域的重点发展战略,在收入分配上鼓励适当拉开差距,"让一部分人先富起来","效率优先,兼顾公平"。这些政策一方面推动了社会经济快速发展,另一方面由于相关利益分配和协调机制没有跟上,社会的贫富分化和各种社会不公现象也越来越突出,成为21世纪以来日益突出的社会问题。

---

① 数据来源于国际货币基金组织(IMF)2016年4月18日发布的《世界经济展望报告》。

② 塞缪尔·P.亨廷顿:《变化社会中的政治秩序》,王冠华等译,上海人民出版社2008年版,第57页。

2016 年底中国的基尼系数为 0.465①，仍高于 0.4 的警戒线。同时，城乡差距、地区差距、行业差距日益拉大。社会群体也出现了分化，出现了高收入群体和中低收入群体，两者在掌握的物质资源、社会资本等方面存在较大差异，导致双方的差距越来越大。

社会公众的"仇富"心态较为严重，贫富对立等现象在当代中国的网络公共事件中较为常见。如近年来多次发生的"宝马撞人"事件，这类事件本属发生在个体之间的交通事故，但由于车主的座驾是宝马，而宝马则是富人的象征，一场交通事故迅速演变成贫与富、强与弱的对立，拨动了社会公众的仇富心理和同情弱者的心理，从而演变成网络公共事件。

另外，中国的现代化道路是摸着石头过河，作为一个后发国家，中国的现代化进程是在政府主导下推进的。政府主导的改革一方面有助于集中国家有限的人财物资源，高效率地推进现代化的进程；另一方面由于决策权的高度集中，容易造成权力的不受监督和约束，导致权力寻租、官员贪腐和滥用职权等现象时有发生，干群矛盾较为突出，成为我国网络公共事件的主要源头。有实证研究数据显示，从网络舆情涉及主体看，涉及各级政府部门及其官员的网络舆情热点话题占比近六成②。社会公众的"仇官"心态也较为严重，政民之间不信任情绪在蔓延，一些地方政府的公信力面临严峻挑战，政民冲突事件成为我国网络公共事件的主体。同样是一场交通事故，2010 年发生在河北大学的"我爸是李刚"事件造成一死一伤。由于事故的肇事者李启铭拥有"官二代"的背景，且口出狂言"有本事你们告去，我爸是李刚"，这句挑战公众心理底线的话语迅速变成一个网络流行语，"仇官"心态使众多网民加入到讨伐肇事者的行列，事件也迅速演变成一场沸沸扬扬的网络公共事件。

根据美国学者 S.A.斯托弗（S.A.Stouffer）提出，后经默顿（R.K.Merton）等

---

① 国家统计局：2016 年基尼系数为 0.465 较 2015 年有所上升，中国新闻网，2017 年 1 月 20 日，http://www.chinanews.com/cj/2017/01-20/8130559.shtml。
② 丁俊杰、张树庭：《网络舆情及突发公共事件》，中共中央党校出版社 2011 年版，第 2 页。

人发展的"相对剥夺感"理论,社会公众在经济发展过程中的价值期望会增强,而社会的价值实现能力未必能满足所有人的价值期望,当价值能力小于价值期望时,社会公众就会产生相对剥夺感。社会变迁、政治危机、经济转轨等社会结构的变化,在人们的集体行动中发挥了十分关键的作用,相对剥夺感越强,人们抗争的可能性越大。① 改革开放以来,随着收入差距的不断扩大,普通百姓的相对剥夺感不断加剧。据《新京报》所做的一个调查,整体上有八成社会公众认为自己是"弱势群体"中的一员。② 贫与富的对立乃是当今中国不可忽视的社会现实,民众相对剥夺感的产生、怨恨情绪的累积,则是大部分网络公共事件产生的社会心理根源。

三、制度供给不足,民意表达渠道不畅

根据亨廷顿的分析,社会变迁与社会运动和集体行为之间并没有必然的逻辑联系,只有当社会变迁不能及时被国家(政府)纳入制度和体制内时,社会变迁才会演变为大规模的社会运动和集体行动③。当代中国的社会转型的确产生了社会分化和社会风险,但这些社会分化和社会风险发展为网络公共事件则是由于相关制度建设和体制改革的相对滞后。尤其是利益分配机制、利益协调机制和利益表达机制的不完善,导致弱势群体权益维护难。由于当代中国的改革侧重经济体制的改革,政治体制和社会体制改革相对滞后,那些相对剥夺感强烈的弱势群体缺乏制度化的利益表达渠道。在现实中,弱势群体不仅难于直接参与国家决策,而且难以通过上访等合法途径维护自身权益。体制内的政治参与途径有限,一些人被迫选择了体制外的表达方式,或者利用新兴的互联网争取大众舆论的支持。

---

① 转引自赵鼎新:《社会与政治运动讲义》,社会科学文献出版社 2012 年版,第 28 页。
② 《何以人人都有弱势心理?》,《新京报》2010 年 12 月 11 日。
③ 塞缪尔·P.亨廷顿:《变化社会中的政治秩序》,王冠华等译,上海人民出版社 2008 年版。

亨廷顿曾经提出一个著名公式:政治制度化/政治参与度＝社会稳定。换言之,社会稳定与否与一个国家政治活动制度化程度成正相关,与该国政治参与度成负相关。达伦多夫也认为,现代的社会冲突是一种应得权利和供给、政治和经济、公民权利和经济增长的对抗。① 从西方社会运动的历史经验来看,20 世纪 70 年代以后,社会运动在西方逐步被制度化和合法化,各类社会组织及公民可以依法组织和参与各类社会运动,这使得西方的社会运动数量大增,西方社会因此被称为"社会运动社会"。与此同时,西方社会运动的暴力程度却显著降低,社会运动的组织者和参与者变得更为理性。而我国,改革开放以来的经济转型让全体社会成员受益,但不同社会成员受益的多少存在较大差异。我国在实现经济转型过程中,政府转型相对滞后,政治体制改革力度有待加强。随着经济文化水平的提高,社会公众的政治参与意识增强,但政治参与的渠道有限,缺乏相关的利益表达机制。由于我国的社会运动组织缺乏独立性,组织性强的社会运动较为少见,自发形成的集体行动是我国体制外政治抗争的一种常见形态。一方面政治体制中缺乏足够的政治参与渠道,另一方面权力的集中使得政府对民众参与缺乏有效的反应,有研究表明通过信访渠道获得回应的比例只有 1%左右。②

从政治学的角度看,大多数网络公共事件本质上是一种制度外的公民参与行为,尤其是民意表达行为。网络公共事件的频发,折射出我国公民政治参与的渠道有待拓宽。由于制度内的政治参与渠道有限,传统媒体也未能满足公众的表达权和参与权,网民转而利用互联网的技术优势,通过参与网络公共事件表达民意,影响公共决策,监督权力运行,成为当代中国政治生活中的一个独特现象。

因此,社会变迁和社会转型是我国网络公共事件频发的社会根源,政治参与不足和民意表达渠道不畅则是网络公共事件发生的制度根源。网络公共事

---

① 拉尔夫·达仁道夫:《现代社会冲突》,林荣远译,中国社会科学出版社 2000 年版。
② 邱林川、陈韬文:《新媒体事件研究》,中国人民大学出版社 2011 年版,第 221 页。

件的频发,既是当代中国社会现实矛盾的反映,也是当代中国政治生活面貌的间接呈现。

第二节 国家—社会关系变化与
公民意识产生

第一节从客观层面分析了网络公共事件产生的社会根源和制度根源。网络公共事件的产生,还与国家—社会关系及社会结构的变化有关,与社会力量的壮大和公民意识的觉醒有关,下文就此展开分析。

一、国家—社会关系的变化

改革开放以前,我国社会被一些社会学者称为"总体性社会"或"传统控制型社会",其基本特征是国家对社会生活的高度渗透和全面控制,社会缺乏自主性,国家—社会关系表现为强国家—弱社会的格局。在这样的国家—社会关系格局下,各类社会组织都被纳入国家体制内,各种政治运动、社会运动都由国家来组织和发动,社会自发组织的集体行动不具有合法性,因此很难有生存空间。改革开放以后,随着我国经济体制改革、社会结构的变化和政府权力的下放,国家—社会关系发生了一些变化。资源配置主要由市场决定,国家逐步从一些社会领域中退出,私营经济和私人产权得到国家认可,公民社会逐步发育。通过政企分开和政府职能转变等改革,国家与市民社会产生了分离趋势。尽管当代中国的国家—社会关系仍然是强国家—弱社会的格局,但社会力量有所壮大,公民意识增强。

张杨认为,分析国家—社会关系,可以从三个层面入手:国家因素方面,注意政体性质和国家在国际体系中的位置;社会因素方面,注意分析社会阶级结构和中层组织因素(包括企业、利益集团和 NGO 组织等);国家—社会关系因素方面,依然可以使用现有研究的一些基本指标,比如政权是否开放新的政治管道、政权相对于社会决策的相对自主性,政权和社会合作执行政策的能力①。以此标准来看,在国家因素方面,我国的政体是人民代表大会制度,由广大人民群众选出代表来讨论国家事务,这是有中国特色的民主政治制度。目前来看,这一制度在具体实施方面还有待完善,人民代表大部分从各级政府机构和工作人员中选出,相当部分人大代表本身具有官员和党员身份,来自社会基层尤其是底层的代表相对较少。公众舆论尽管对公共决策构成压力,有助于公共决策的民主化,但尚未被纳入政府决策的体制内。总体来看,我国的政治体制还属于威权型政治体制,权力相对集中。尽管改革开放以来我国政府职能已经发生很大改变,提出了建设服务型政府的理念,但政府相对社会的强势地位仍然延续,某些领域甚至还有所加强。

从社会因素来看,改革开放以来,随着经济的转型,我国的社会结构发生了深刻的变化。社会结构是一个有多重含义的概念,从狭义上说,社会结构通常指由于社会分化而产生的不同社会群体之间的比例关系及互动状态。如不同阶级、阶层、种族、职业群体各自所占比例及相互关系,其中核心是社会阶级结构。改革开放前,我国的社会阶级结构主要由工人、农民两大阶级和知识分子这一阶层组成,知识分子被归为工人阶级的一部分,同一阶级成员内部地位相对平等,所掌握的资源相对平均。改革开放以后,我国社会分层和利益分化较为明显,根据中国社会科学院社会学研究所的研究,当代中国社会群体包括国家与社会管理层、经理人员、私营企业主、专业技术人员、办事人员、个体工商户、商业服务人员、产业工人、农业劳动者、城乡无业、失业和半失业人员等十大群体。② 这十大群体之间在社会地位、利益分配、话语权等方面都有着较大差别,阶层分化日益明显。

亚里士多德在《政治学》中提出,一个中产阶级发达、富人和穷人少的社

---

① 张杨:《社会运动研究的国家——社会关系视角》,《学海》2007 年第 5 期。
② 陆学艺主编:《当代中国社会流动》,社会科学文献出版社 2004 年版。

会是最为稳定的社会,也就是所谓"橄榄型"社会结构。[1] 我国社会学者李强用定量方法分析发现,中国社会底层群体出现了明显的向上流动的趋势,中间层有所扩大,但总的看我国还是属于"土字型社会结构",低收入群体所占比例过大,中等收入群体在全社会中比例仍然较小。[2] 更为严重的是,由于缺少有效的阶层利益协调和公平竞争机制,近年来社会群体流动的难度日益增大。家庭背景、人脉关系、权力和金钱等因素在社会群体流动中的作用日益增大,知识、能力的作用相对弱化,导致社会底层向上流动的机会减少,"拼爹""官二代""富二代"等话语就是这种社会现实的表征。

除了政府转型相对滞后于经济转型,我国社会转型的又一特征是社会结构转型也滞后于经济结构转型。关于当代中国经济结构和社会结构的关系,不少社会学者开展过实证研究。陆学艺等学者研究发现,中国社会结构落后于经济结构大约 15 年,我国经济结构已经处于工业化中期阶段,而社会结构还处于工业化初期阶段,社会结构内部也存在种种偏差和不协调。[3] 通常认为,经济结构决定社会结构,社会结构能否与经济结构相协调关系到社会稳定。社会结构转型滞后于经济结构转型,导致社会出现所谓"结构性紧张",这是当今中国各种社会矛盾和冲突产生的重要根源。

美国社会学家默顿(Robert Merton)最早提出"结构性紧张"(structural strain)这一概念,指的是当人们对成功的期望值增强,而现实社会结构提供给人们的成功手段与人们的期望值严重失衡这样一种社会状态。[4] 多数社会学者认为:"结构性紧张"实质是由于社会结构的两极分化导致的不同社会群体之间产生的对立和紧张状态。斯梅尔塞(Smelser, Neil J.)进一步分析了社会结构紧张与集体行为发生之间的关系,提出了著名的"价值累加理论"(value-

---

① 亚里士多德:《政治学》,颜一、秦典华译,中国人民大学出版社 2003 年版。
② 李强:《我国正在形成土字形社会结构》,《北京日报》2015 年 5 月 25 日。
③ 陆学艺等:《当代中国社会结构》,社会科学文献出版社 2010 年版。
④ 转引自李强:《"丁字型"的社会结构与"结构紧张"》,《社会学研究》2005 年第 2 期。

added theory),认为集体行为的发生是由六个因素共同决定的:结构性诱因、结构性怨恨、一般化信念、触发性事件、有效的动员、社会控制能力的下降。尽管斯梅尔塞的理论存在明显的因果决定论倾向,但诸多实证研究成果证实,"结构性紧张"的确是集体行动发生的重要社会根源。"结构性紧张"导致不同社会群体之间产生对立情绪,一遇某种"触发性事件"或"符号性事件",这种对立情绪极有可能被迅速点燃进而发展为大规模的矛盾冲突。当代中国网络公共事件的产生大都具有贫富对立这些"结构性诱因",社会底层群体存在较为普遍的"仇富"等"结构性怨恨"。

"结构性诱因""结构性怨恨"的消除,取决于国家在社会体制改革和社会建设方面的力度。改革以来,由于国家集中精力于经济建设,导致社会建设的力度不够,社会体制改革相对滞后,各种社会矛盾和利益冲突缺少制度化解决渠道。比如,我国市场经济体制已经实施多年,但计划经济时代形成的户籍制度至今没有明显改变,导致城乡二元格局依然存在,农民群体及进城务工的农民工群体利益缺少保障,成为当今中国的主要弱势群体。

从国家与社会的关系上看,一方面,在中国并不存在国家与社会的二元对立,大部分民众认同中央政府的基本方针、政策,普通民众与国家之间拥有共同的意识形态霸权①;另一方面,地方政府与社会公众之间缺乏有效的沟通协调机制,公共决策常常缺乏民意支持,社会公众较少参与到决策过程中。以网络公共事件为例,当代中国网络公共事件的矛头大都指向地方公权力部门及其工作人员,社会公众与地方政府经常处于对立状态。有些地方政府与社会公众在面对网络公共事件时很少展开理性沟通和对话,更难以携手合作。政府对网络公共事件的应对和管理是单向的、自上而下的。网络公共事件及其矛盾冲突的解决大都取决于地方政府的开明或者上级政府的介入,只有在突发灾难等事件中,政府与社会能暂时携手合作。因此,当代中国的国家—社会

---

①　邱林川、陈韬文:《新媒体事件研究》,中国人民大学出版社 2011 年版,第 289 页。

关系非常复杂,绝非西方的社会对抗国家的关系,也非国家—社会合作关系,而是合作中有矛盾、矛盾中有合作的复杂动态变化关系。

迄今为止,美国社会运动和集体行动研究的主导范式是政治过程理论,尤其是政治机遇结构很受重视。所谓集体行动的政治机遇结构,简单地说,就是一个国家的政治环境、政治体制对该国集体行动的产生和发展带来的影响。政治机会结构分为稳定的结构和非稳定的结构,前者主要指国家宏观政策和制度的影响,后者是指在集体行动过程中通过行动者的策略性行为而创造的机会。根据塔罗(Tarrow)的观点,集体行动的产生主要取决于政治机会的大小。通常,政治环境和体制越开放,社会运动和集体行动就越容易发生,所遭受的压制就越少①。对于多数西方国家而言,社会运动已被纳入制度范围内,具有较为稳定的政治机遇结构,因此这些国家的社会组织可以合法组织和动员社会运动。我国的政治体制总体上是高度集中的中央集权体制,社会运动和集体行动的组织缺少制度保障,因此我国早期的大多数社会运动和集体行动都是在国家领导下,由政府组织发动的,民间组织发起的社会运动极少。

随着当代中国社会的转型和利益格局的分化,国家(政府)内部也出现了一定的利益分化,中央政府与地方政府之间,国家的各个部门之间,本地政府与外地政府之间围绕一些事件或议题有时会有不同的利益考量和立场,这给网民参与网络公共事件提供了一些政治机会。比如,对于一些涉及地方政府或官员的网络公共事件,当地政府出于惯性往往对媒体报道进行封锁阻挠,或对网络信息进行删帖,而中央政府为了发挥网络舆论监督在反腐败斗争中的作用,则有可能默认甚至鼓励媒体的报道和网民的参与,为网络公共事件的传播和扩散提供了政治机遇。更重要的是,随着互联网的日益普及,网络的去中心化、超越时空、匿名性等技术优势为集体行动的组织动员提供了便利,加上行动者的策略性行为,使国家对网络的管理面临挑战,创造出不稳定的政治机

---

① Tarrow.*Power in Movement*(2nded.).New York:Cambridge University Press,1998.

遇结构,这是当代中国网络公共事件频发的技术政治根源。但也正因为我国的网络公共事件严重依赖技术支持,导致网络公共事件的自发性和无序性,产生诸如网络暴力、网络谣言、网络炒作等非理性现象。

综上所述,由于改革开放以来我国的国家—社会关系发生了变化,原先国家与社会高度融合渗透的"总体性社会"不复存在,国家与社会出现分离趋势,国家与社会内部也在发生变化,导致社会群体对立加剧,国家(政府)与社会(公众)的矛盾日益凸显,网络公共事件频发。同时,由于我国的政治结构转型和社会结构转型滞后于经济结构转型,国家(政府)并没有根本转变社会治理理念和管理模式,网络公共事件的组织和参与缺乏政治合法性,主要依赖网络的技术优势和网民的自发推动,因此容易朝非理性方向发展。

二、社会力量壮大，公民意识产生

社会中层组织是联系国家与社会的重要桥梁,社会组织的规模和独立性是衡量一个国家公民社会发育程度的一个关键指标。改革开放以来,我国社会组织的数量大增。截至 2011 年 6 月 14 日,我国正式登记的社会组织 45 万个,备案的社区组织 25 万个,实际存在的 300 万个左右①。2012 年中共十八大报告提出,"加快形成政社分开、权责明确、依法自治的现代社会组织体制"。随后民政部和各省市纷纷启动社会组织的直接登记工作,中国的社会组织迎来发展的机遇。不过,总体来看,中国的社会组织大部分是政府牵头下成立的,多具有官方或半官方色彩,缺乏独立性。民间组织参与政治决策受到较多限制。因此,除了少数环保、公益组织以外,中国正式的社会组织很少组织和发起网络公共行动,尤其是涉及政民冲突的事件,大部分都是由网民自发参与的,这是中国网络公共事件与西方社会运动的显著差异。由于缺少社会组织的组织和协调,网民的自发行动容易演变成非理性行为,网络公众参与难

---

① 俞可平:《敬畏民意》,中央编译出版社 2012 年版,第 210 页。

以有序进行,最终往往演变成网民与地方政府的直接对抗,导致中国网络公共事件的社会负面效应往往比较大。

随着我国的 NGO 等社会组织数量迅速增长,对社会生活的参与度明显增强。尽管这些社会组织独立性有限,但已表明我国的政府职能已经发生很大转变,国家逐渐退出一些社会领域,社会自主空间有所扩大,社会力量也在不断增强。总体上看,当代中国仍旧是强国家—弱社会,但社会这端有所壮大,公共领域和公民社会在持续发育,尤其是网络公共空间的社会影响日益扩大。不过与西方的社会运动和集体行动不同,中国的网络公共事件多数不是由社会组织发起和推动的,而是依靠互联网的技术优势由众多网民合力推动的,互联网在其中发挥了关键作用。众多分散的网民被一些有共同兴趣的事件和议题所吸引,在网上聚集形成了松散的"事件公众"[1],围绕事件或议题展开众声喧哗的议论,显示该群体的"弱组织"性或"无组织"性。这些"事件公众"来得快去得也快,一旦事件解决或议题转移,这个临时组织起来的群体也就随之解散。

随着越来越多的网络公共事件得以合理解决,激发了网民的参与热情和积极性,中国的网民越来越乐于在网络发声,"网络反腐""网络揭黑""网络问政"越来越常态化,"围观改变中国""微博倒逼改革"成为许多网民的信念。互联网发展 20 年来,我国已经形成了一个活跃的"新意见阶层"[2],他们利用博客、微博、微信等网络社交媒体发布信息,表达意见,正在对公共决策产生越来越大的影响力。每当网络公共事件发生,这些"新意见阶层"就扮演舆论领袖角色,吸引和鼓动更多普通网民参与到事件中去。由于网络具有"赋权"功能,原本弱势的社会群体借助网络舆论有可能改变自身的弱势地位,使得网络

---

① 徐贲:《传媒公众和公共事件参与》,来源:百度文库,http://wenku.baidu.com/link? url = odxs27cVn46vgG1Pvy0A3yFdX2jB － 2dOhBfbsZeDmnCYKvz8Tgz4Om7AW7BvfwWE8hDVxrEvJZx ＿ RoBAKIwmeqiKf3OY2rl8FWBSMRXE_IG。

② 周可达:《试论"新意见阶层"》,《学术论坛》2011 年第 8 期。

公民社会的力量不容小觑。

公民意识是现代法治社会下公民对自身拥有的权利义务关系的一种自我意识,包括权利意识、责任意识、参与意识、法律意识等,核心是对于自身拥有的自由和权利的信念,以及对于他人拥有的自由和权利的尊重。改革开放以来,随着国家现代化的推进、法制建设的进步,我国民众的公民意识有显著提升,特别是维权意识和监督意识明显提升。作为一种改革开放以来的新兴意识形态,公民意识成为网民参与网络公共事件的重要动力。从经验角度看,近年来的大多数网络公共事件,其实质都是公民权利与地方公权力的对抗,网民通过话语抗争和线下行动实现舆论造势,从而改变政府与公众的权力不对称状况,促使政府重视民意。在孙志刚事件、躲猫猫事件、华南虎事件、厦门 PX事件等一系列网络公共事件中,有许多公民参与其中,对抗强权,声援弱者,维护公共利益。

公民意识是近代政治的产物。它有两层含义,当民众直接面对政府权力运作时,它是民众对于这一权力公共性质的认可以及监督;当民众侧身对公共领域时,它是对公共利益的自觉维护与积极参与①。改革开放前,我国的国家社会高度一体,国家权力渗透到社会生活的方方面面,公私界限模糊,大多数民众尚不知何为公民意识。直到改革开放以后,随着国家的改革开放和教育事业的发展,"公民"才具有了政治学意义。加上国家—社会逐渐出现分离趋势,社会的自主性有所加强,遂产生了公民意识一说,而普通民众的权利意识、参与意识、监督意识也确实在增强,最突出的表现之一就是参与网络公共事件的积极性不断提升。尽管这种参与缺少体制保障,但每一次参与行动都是一次公共生活实践,一点点提升参与者的公民意识。并且公民带着表达自我,监督政府的意识投身参与行动,就能触动机制一点点发生变化②。

---

① 王喆:《公民意识构建路径探析》,《人民论坛》2013 年第 5 期。
② 邱林川、陈韬文:《新媒体事件研究》,中国人民大学出版社 2011 年版,第 240 页。

第三节　社会认同缺失与信任危机蔓延

一、社会认同缺失

20 世纪 90 年代以来,西方社会运动研究重新重视认同感、价值观、意识形态等文化因素在社会运动和集体行动产生过程中的作用,标志着社会运动研究的文化视角的回归。欧洲的新社会运动研究,其核心概念是认同和表达,故新社会运动理论又可以称为"基于认同的理论"[①]。这一理论强调社会运动参与者是基于共同的文化认同形成非正式的社会网络,并通过自发的行动或表达挑战主流价值观念和意识形态。

社会认同是社会心理学研究的一个热点,近年来日益为社会学、政治学、人类学等学科学者用于解释各种群体性社会现象。根据社会认同理论的奠基者——英国学者泰费尔(H.Tajfel)的看法,社会认同是"个体认识到他(或她)属于特定的社会群体,同时也认识到作为群体成员带给他的情感和价值意义"[②]。影响社会成员对某一社会群体产生心理认同的既有现实的利益联盟关系,也有文化价值观层面的共识,因此社会认同实质就是文化认同。广义的社会认同可以分为自我认同、集体认同、民族认同、国家认同等层面,其主要功能是增强社会凝聚力,促进社会整合。从社会运动研究的文化视角来看,个体对群体的认同是集体行为的基础,一个社会成员之所以参与社会运动或集体行动主要是由于其形成了某种集体认同感,而非主流价值观念或意识形态的表达则是其参与抗争的文化根源。

网络公共事件作为中国式集体行动的一种形态,其产生与当代中国的社

---

① Cohen, Jean L. "Strategy or Identity: New Theoretical Paradigms and Contemporary Social Movements." *Social Research*, 1985, 52(4): 663-716.

② Tajfel H. *Differentiation Between Social Groups: Studies in the Social Psychology of inter-group Relations*. chapters 1-3. London: Academic Press, 1978.

会变迁、社会转型及相应的国家—社会关系变化、社会结构变化密切相关,但也与整个社会的文化认同缺失有着内在联系。从意识形态和价值观层面看,当代中国国家(政府)与社会(公众)之间的文化和价值认同有待加强,彼此之间存在一定的意识形态张力,社会尚缺乏一个能为全体公民所认同的文化和价值观体系。20世纪90年代以来,中国经济的市场化转型及伴随而来的社会价值观念和生活方式的变化,民众的政治热情有所淡化,思想开始多元化,转而追求更高的经济收入和生活水平,因此国家政策能否有助于改善民众的生活就直接关系到政府执政的合法性。我国政府倡导的市场化改革政策惠及全民,因此我国民众对中央政府普遍具有较大的认同感。而经济发展过程中产生的权力寻租、贪污腐败、贫富分化、社会不公等负面现象又使得地方政府及其官员的威信受损。有实证研究发现,中国民众对中央政府的政策和方针有着较大认同,只是对地方政府的执行不满,并且民众仍然将改革希望寄托于中央政府[①]。这可以解释为什么我国的网络公共事件大都只针对地方政府,而且主要诉求目标围绕具体权益,不针对国家体制。尽管民众对中央政府尚有较高认同,但这种基于经济发展和政府绩效的认同感是比较脆弱的,一旦国家经济发展停滞,人民生活水平下降,社会稳定就面临挑战。

二、社会信任危机蔓延

伴随社会认同缺失的是社会信任危机蔓延,这是当前我国面临的又一深层社会问题。大多数网络公共事件的发生都与政民之间、不同社会群体之间缺乏互信有关,而地方政府对事件的不当应对进一步加剧了这种不信任,导致地方政府的公信力进一步降低,众多的个体事件演变成公共事件。由于广泛存在的信任危机,冲突一旦发生,冲突的双方很难开展理性沟通和

---

① 孙玮:《我们是谁:大众媒介对于新社会运动的集体认同感建构》,《新闻大学》2007年第9期。

协商,网民之间长久累积的不信任情绪像火山喷发,任凭地方政府如何解释、如何辟谣,网民都不为所动,这是当今许多网络公共事件遭遇的共同困境。

归纳起来,社会信任危机主要存在于三个层面:一是民众对地方政府的不信任;二是民众对各种社会组织及企事业单位的不信任,三是公民个体及群体之间的不信任。

民众对地方政府的不信任体现在大部分政民冲突事件及一部分公共安全事件中。20 世纪 90 年代开始市场化改革以来,中国地方政府在经济发展中起了主导作用;同时,权力寻租、贪污腐败等现象也日益严重,地方政府官员脱离群众的现象较为常见,一些地方的干群矛盾较为紧张,这是造成民众对地方政府不信任的根源。另一方面,许多政民冲突事件发生后,地方政府不是积极化解矛盾,主动回应民众诉求,而是一味封锁消息,压制舆论,进一步强化了民众的不信任情绪,激化了矛盾,错过了有利时机,使本可以妥善解决的个体事件迅速演变成网络公共事件。

以 2008 年的贵州瓮安事件为例,6 月 22 日,瓮安三中初二女生李树芬溺水死亡。随后,一些小道消息就开始在县城和网上传播,事件调查过程中又先后发生死者家属与民警冲突,家属被关押、殴打等事件,这使得当地公安执法的公正性受到怀疑。28 日下午,因死者家属对县公安局的死因鉴定结果不满,遂聚集到县公安局和县政府上访。途中围观的人越来越多,最终聚集 2 万人,此前在当地政府征地拆迁等行动中利益受损的一些当地居民也加入进来。由于当地领导反应迟缓,最终演变成一场大规模的打砸抢烧暴力泄愤事件。一件普通的溺水事故,为何演变成大规模的群体性泄愤事件?根源在于当地紧张的干群关系,群众对政府存在不信任情绪,李树芬的死因虽经有关部门多次鉴定,死者家属及一些网民仍不相信,而有关部门对事件的不当应对进一步加剧了这种不信任。用时任贵州省委书记石宗源的话说,这起事件有深层次的因素,一些长期积累的社会矛盾没有得到应有的重视和妥善的解决,干群关系紧张、治安环境不好，一些地方、一些部门在思想意识、干部作风和工作方法上还存在很多问题，群众对我们的工作不满意①。

社会信任危机的第二个层面是民众对各种社会组织及企事业单位的不信任。市场化改革以来，我国市场经济体制逐步确立，市场经济的观念深入人心，但市场秩序建设仍有待加强，一些不法商人和组织为了利润不择手段，导致近年来食品安全、坑蒙拐骗等问题日益突出，各类社会组织及企事业单位的公信力均受到考验。2011 年沸沸扬扬的郭美美事件，是当代中国社会信任危机的突出表征。由于郭美美在微博上公开炫富，并自称为"红十字会商业总经理"，一度将中国红十字会推上了舆论的风口浪尖。网民质疑郭美美的资金来源以及红十字会的内部运作，各种有关红十字会的贪腐传闻不断传出，尽管红十字会反复辟谣、否认，网民仍旧不依不饶。直至最后，有关部门的调查及郭美美的证词均显示郭美美及其资金来源与红十字会无关，网络舆论才逐渐降温，而红十字会的公信力已然跌入低谷。实际上，郭美美事件的放大绝非偶然，它是社会公众对红十字会等慈善组织及其他社会机构不信任情绪的集中爆发，是压垮民众信心的最后一棵稻草。

社会信任危机的另一个层面则存在于不同社会个体和群体之间。近年来不同社会群体冲突事件、道德隐私事件多发，根源之一就在于社会不同社会群体之间的信任危机。由于经济市场化改革过程中社会秩序建设相对滞后，社会信任机制不完善，社会生活中出现诚信缺失和道德沦丧现象，不同社会群体之间意识形态、价值观念、生活方式的差异日益明显，一些群体纠纷、冲突乃至道德争议常常演变成网络公共事件。近年来"扶老人被讹"及"老人、小孩摔倒无人敢扶"事件的不断曝光，生动地印证了不同社会群体之间的信任危机。

梳理本章内容，从宏观上看，网络公共事件的产生，根源在于社会转型，社

---

① 《瓮安事件是近年来我国群体性事件的"标本性事件"》，《瞭望》（新闻周刊）2008 年 9 月 8 日。

会转型导致国家—社会关系的调整和社会结构的变化,权力寻租、贫富分化严重,民众的怨恨感和相对剥夺感产生,社会心理发生变化,国家(政府)与社会(公众)之间的矛盾凸显。同时随着改革开放的推进,公民社会力量有所壮大,公民的权利意识和参与意识增强,但由于政府转型和社会转型滞后于经济转型,政府未能提供充分的参与渠道和维权途径,加之社会认同缺失,信任危机蔓延,民众转而采取体制外的"抗争"方式,以某个能激发网民集体认同感的符号性事件或议题为契机,利用互联网的技术优势展开话语表达和集体动员,进而发展为网络公共事件(见图2-1)。

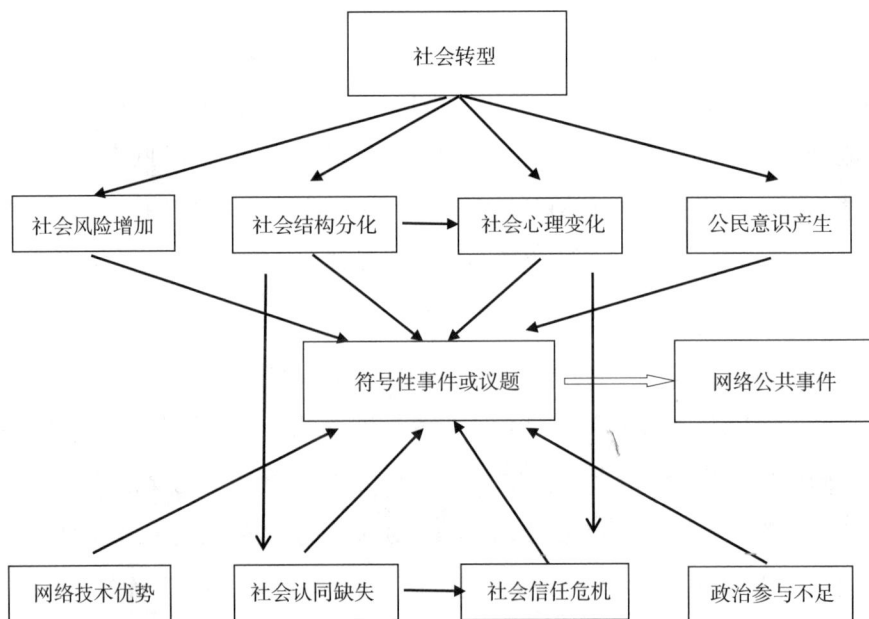

图2-1　网络公共事件的产生根源与社会背景

第四节　案例分析:庆安事件

本节采用案例分析的方法,对发生于 2015 年 5 月的黑龙江庆安事件展开分析。应该承认,个案分析难以避免个案本身的特殊性和偶然性,加之网络公共事件本身具有多种类型,每种类型都有自身的特点,因此,个案分析的结论不能适用于所有的网络公共事件。尽管如此,网络公共事件的产生和演变还是存在一些相似的规律和机制,每个具体事件的产生动因和发展过程可能千差万别,但都基于共同的社会背景和社会结构,产生于相近的社会心理和文化环境下,因此个案分析的价值仍然不可否认。之所以选择庆安事件:一是该事件属于典型的政民冲突事件,而政民冲突事件是我国网络公共事件的主体;二是事件揭示网络公共事件发展趋势,资料收集也相对便利。

一、事件梗概

2015 年 5 月 2 日,黑龙江省庆安县农民徐纯合带着他的母亲和三个未成年的孩子,在庆安火车站与执勤警察发生冲突,因徐将自己女儿抛向警察并抢夺枪支,该警察当场开枪将其击毙。5 月 3 日,庆安县副县长董国生慰问受伤民警,肯定该民警行为,称民警是与"歹徒"博斗,随后当地警方向家属发放补偿款。但由于死者家属和当地警方各执一词,引起了社会各界广泛关注,有律师主动为徐纯合家属代理案件。由于当地政府迟迟不公布现场视频,有关事件的各种传言满天飞,公众质疑警察开枪是否合法,是否为有预谋的"截访",并引发了关于枪支管理和使用的公众讨论。网络舆论一边倒地同情农民工徐纯合的遭遇,质疑事件背后存在权力滥用和腐败行为,董国生的违纪行为也被网民曝光。新华社等主流媒体也纷纷介入报道,要求尽快公布事实真相。事件还引发庆安官场地震,当地官场十余人被举报。5 月 14 日,央视终于公布有关视频。后经公安部等相关部门调查,最终认定警察开枪行为正当。董国生等人被免职,徐纯合家属得到安置。

事件发生后,东北网最先发布快讯,称公安民警成功处置一起危害旅客生命安全事件,闹事者被击毙①。当晚新华网的报道也称"系铁路民警在处置一起危及旅客生命安全的突发事件时开枪"②。显然,主流媒体的报道与当地政府立场一致。受主流媒体影响,网络舆论产生分化,5月4日前,一部分网民也赞同警方处置,认为死者有危害公共安全、抛掷小孩等行为,"可以击毙",另一些网民则质疑警方开枪的必要性。5月5日前后,有关徐纯合的家庭信息及现场图片陆续出现在网上,更有网民称死者为访民,怀疑警方行为是"截访",还有人发布一段现场视频,显示徐纯合被警察拿警棍殴打。这些信息在微博、微信等社交媒体上快速传播,关注者越来越多,网络舆论开始反转,绝大部分网民质疑警方开枪的动机和合法性。随后,新华网、中新网、新浪网、腾讯网等主流媒体网站先后介入,新华网发布评论《真相别总靠"倒逼"》,腾讯网发布《庆安枪击事件,别再捂下去》。传统媒体也纷纷介入报道,网络舆论和传统媒体的互动进一步扩大了事件的社会影响。由于网上一片质疑之声,当地政府却置若罔闻,传统媒体开始与网络舆论步调一致,强烈要求公布真相及现场监控视频。《南方都市报》发表评论《庆安车站枪案亟待还原真相》,《新京报》发表评论《车站枪击案,究竟有无安检"截访"》,这些评论又在网上广泛传播。由于庆安事件属于地方性事件,异地媒体和中央媒体的报道较为自由,主流媒体大都发挥了舆论监督的功能,两个舆论场协同发力,对有关部门构成强大舆论压力,公安部等部门纷纷介入,最终于5月14日公开了现场监控视频和调查结论,认定警察开枪符合规定。网络舆论再度反转,大部分网民认同警方的处置,一部分网民仍不认同并怀疑视频的真实性(见表2-1)。

---

① 《庆安火车站发生危及旅客生命安全事件—男子被击毙》,人民网,2015年5月3日,http://politics.people.com.cn/n/2015/0503/c70731-26938610.html。

② 《哈尔滨铁路公安局通报庆安枪击案细节》,新华网黑龙江频道,2015年5月2日,http://www.hlj.xinhuanet.com/。

表 2-1　庆安事件的舆论演变过程

事件进程	信息发布	网络舆论	媒体立场	政府回应
发生： 5.2—5.3	5月2日，徐纯合被民警击毙。 5月3日，副县长董国生慰问民警。	网络舆论分化，一部分网民认同警方处置，一部分网民表示质疑。	媒体报道与地方政府一致，东北网、新华网称公安民警成功处置一起危害旅客生命安全事件。	5月3日晚，哈尔滨铁路公安处向媒体记者通报事发经过，通报非常简练。
发展： 5.4—5.6	5月4日，徐纯合家庭信息和现场图片曝光。网上出现"截访"传闻。 5月6日，有网友曝光董国生家人吃空饷及本人学历造假。 5月7日，网上出现旁观者拍摄的视频，显示警察殴打死者。	舆情热度提升，舆情开始反转，大多数网民质疑警察开枪的合法性。	主流媒体以报道事件细节及相关新闻为主。新华网刊登文字稿还原事件过程，仍认同铁路公安说法。	5月4日，当地铁路公安向家属发放补偿。徐纯合遗体被火化，他生前的两个愿望实现。 5月4日，检察机关介入调查。
高潮： 5.7—5.14	5月9日，徐纯合亲属委托律师调查追责。 5月11日，网友举报庆安县检察院检察长魏鹏飞违规使用公车、挂假牌，庆安县大批官员涉嫌买卖教师编制。 5月12日，董国生被停职。 5月14日，调查结果公布，认为警察开枪合法，央视公布现场视频。	网络舆论重心转移，除继续要求公布真相，批评矛头转向庆安官场腐败。	主流媒体态度转变，《南方都市报》《新京报》、新华网等媒体密集发声，要求公布事实真相和现场视频。	5月10日，哈尔滨铁路公安处处长汪发林回应记者表示不知情，仍在"等待统一口径"。 5月12日，公安部回应将开展全面调查并尽快公布结果。 5月12日，庆安县信访局否认截访。 5月12日，黑龙江省检察院官微回应魏鹏飞已被调查。 5月13日，庆安县教育局回应官员买卖教师编制，称在清理中。
消退： 5.15以后	5月17日，白岩松对枪击事件提出4个质疑被广泛转发。 5月18日，徐案代理律师谢阳遭20余人围殴。	网络舆情再次反转，大部分认同调查结果，小部分仍怀疑视频真实性，追问徐纯合阻拦乘客的原因，或质疑律师遭打击报复。	主流媒体密集发布调查结果，引导舆论。	

二、事件分析

庆安事件本属一件普通的警察正常执法行为,为何能引爆社会舆论并发展为影响重大的网络公共事件?这里面反映的社会根源和公众情绪发人深思。事件已尘埃落定,本书仅从相关报道和网络资料出发,采用多学科结合的思路,分析事件的社会根源和具体动因。

首先,从社会学角度看,当地社会分化严重,地方政府与当地民众矛盾尖锐是庆安事件扩大化的深层社会根源。近年来,东北地区经济发展明显落后于国内其他地区,民众经济收入增长缓慢。与此同时,少数官员贪腐、滥用职权等现象时有发生。事件中死者徐纯合的农民工身份,与开枪警察、副县长所代表的地方政府身份形成强烈对比。警察开枪的行为被定义为权势者滥用职权、草菅人命,而徐纯合之死则被视为社会低收入群体的"抗争"和无助,事件于是自然而然成为政民冲突的标本,由个体事件演变为网络公共事件。在短短的十几天时间内,庆安事件就由单纯的枪支使用问题逐渐演变为强权欺压弱者问题,乃至反腐和执政问题。

从政治学角度看,政治参与渠道不完善与公民权利意识的增强形成鲜明对比,是庆安事件引发众多网民参与的制度根源。庆安事件发生后,众多记者自发前往庆安调查,几名律师自愿担任死者家属的法律顾问,众多网民则通过围观、讨论、转发、曝光等各种方式参与到事件中,使事件在短短几天内就成为万众瞩目的社会热点议题,舆论的压力倒逼司法部门介入调查。这些均充分显示了公民政治参与的积极性和公民意识的增强。另外,庆安当地的种种矛盾被长期掩盖,徐纯合事件发生后则像江河决堤,各种传言甚嚣尘上,矛头直指当地官场。当庆安成为国内民众广泛关注的对象后,有关庆安官场的种种违规违纪现象不断被曝光,先后引发十多起对当地官场的举报,出现所谓"新闻搭车"现象①。

---

① 《庆安枪击案"拔萝卜带泥"当地官场举报超 10 起》,《新京报》2015 年 5 月 14 日。

当地居民及广大网民以庆安事件为契机议论时政,宣泄情绪,反映当前政治参与渠道的不足及民意表达渠道的不畅。

从管理学角度看,当地政府的危机管理理念落后,出于惯性的维稳思维和对民意的漠视是导致事件失控的直接原因。事件发生后,当地政府在事实真相尚未调查清楚的情况下,就慰问开枪民警,匆忙地把死者徐纯合定性为"歹徒",一下就把政府置于民众的对立面。对于死者生前提出的希望把老人、小孩安置到养老院和福利院的要求,当地政府却以惊人的速度予以解决,并很快和死者家属达成补偿协议,还阻止外界接触死者家属,种种做法给人印象是当地政府希望尽快封锁消息,花钱消灾。对于记者的采访,当地政府却百般推辞,对于民众翘首以盼的现场监控视频迟迟不予公开,直至公安部等上级机构介入,真相才最终揭开。当地政府的种种不当应对无异于火上浇油,使一场普通的警民纠纷演变为大规模的政府公信力危机,表明当地政府的执政理念和危机管理理念亟须更新。

从传播学角度看,在信息迟迟不公开情况下,网络的裂变式、爆炸式传播是庆安事件迅速演变为网络公共事件的技术原因。由于有关部门对待记者和网民的消极态度,加上完整的监控视频迟迟不公开,网民持续围观事件。由于真相不明,各种小道消息和传言如谋杀论、截访论、枪杀不人道论、不公开视频论、央视视频造假论、警察过度执法论、官方支付"封口费"论等,甚嚣尘上。这些先入为主的倾向性话语通过论坛、微博、微信、QQ 等社交媒体迅速传遍了社会的各个角落,使得整个社会的舆论失控,网络舆论呈现一边倒,绝大多数网民同情死者徐纯合的遭遇。由于网络传播的裂变性和爆炸性以及主流媒体的介入报道,事件迅速演变成一场沸沸扬扬的网络公共事件。

从社会心理学角度看,社会的"结构性怨恨"与民众的同情弱者心态、"仇官"心态混合在一起,是庆安事件网民立场一边倒的社会心理根源。死者徐纯合的不幸遭遇,牵动了广大社会公众的神经,徐的死使本已累积的社会公众的"结构性怨恨"瞬间爆发,转化为公共事件的"结构性诱因"。庆安事件就像导火索,点燃了民众的愤怒情绪。对徐纯合遭遇的同情,对当地政府执政方式的不满和对官方媒体的极度不信任混杂在一起,构成网络舆论一边倒的现象,直至视频公开,调查结果公布,网络舆论才开始趋于分化。从某种意义上说,庆安事件成了社会情绪的宣泄口和社会心理的减压阀,同时也折射出当地政府的公信力危机和民众对执政者的极度不信任。

三、事件反思

庆安事件由一件普通的警民冲突演化为大规模的网络公共事件,看似偶然,其实是当地长期积累的社会矛盾的集中爆发,也是社会情绪的一次集中释放。事件反映出当地的社会分化比较严重,地方政府与当地民众之间缺乏认同和互信。同时也反映出在新媒体时代,网络舆论的力量不容小觑,任何信息封锁和无视民意的做法都会有损政府的公信力,使本来容易解决的个别事件激化为大规模的网络公共事件。

庆安事件说明,网络公共事件是在整个社会转型大背景下,在国家—社会关系发生深刻变化情况下产生的,有着深刻的社会、制度、技术、心理、文化根源,是一种极其复杂的社会现象。网络公共事件的产生,是多种因素综合作用的结果,而且这些因素之间的结合并不存在某种固定的模式。本章所总结的这些因素,是在众多网络公共事件中反复出现的,除了本章所总结的这些因素,也还存在其他一些因素,包括一些微观机制和偶然因素也可能发挥作用。

庆安事件说明,一些地方政府及其官员的危机管理理念极其落后,对突发事件的不当应对极易演化为大规模的网络公共事件,导致政府公信力的降低。网络公共事件的预防和治理,是一个系统工程,绝非简单的技术问题,需要从民主法制建设和社会权力结构调整的高度去看待。除了地方政府执政理念、方式的创新,还需要从整体上改善政府—公众关系,化解社会矛盾,加强制度建设,保障公众的知情权、表达权、参与权和监督权。

第三章　网络公共事件的公众
参与和组织动员

　　上一章从宏观上分析了网络公共事件的产生根源和社会背景,但网络公共事件的产生与演变,除了与社会转型、社会结构、社会心理及社会认同等宏观因素有关外,还取决于中观、微观的机制和过程。尤其是公众参与和组织动员,在符号性事件(触发性事件)转变为网络公共事件过程中具有关键作用。网络公共事件的出现,与互联网在中国的开放几乎同步,而且每一次新媒体技术的进步都会对网络公共事件产生影响,互联网究竟在其中扮演了怎样的角色? 从经验角度看,大部分网络公共事件最初只涉及个别当事人的权益,为何能吸引众多网民的围观和参与,网民参与具有哪些特点? 在缺乏社会组织引导的情况下,网络公共事件如何实现有效的社会动员,新媒体技术在其中发挥了怎样的作用? 一句话,网络公共事件究竟是怎样发生的? 只有深入了解网络公共事件主体的参与过程和动员机制,才能制定有针对性的治理策略。本章将结合有关案例,主要采用过程—事件分析法,从中观和微观角度,具体分析网络公共事件的公众参与和组织动员,进而探讨如何减轻网络无序参与的破坏性。

第一节　网络时代的公众参与和组织动员

一、互联网与公众参与

公众参与又称公民参与、公共参与,有广义和狭义之分,狭义的公众参与一般单指政治参与,广义的公众参与除了政治参与外,还包括公民参与的一切有关公共利益、公共事务和公共决策的活动,包括制度内的参与和制度外的参与,合法的参与和非法的参与。用俞可平教授的话说,公众参与,"就是公民试图影响公共政策和公共生活的一切活动"。①

所谓网络公众参与,通常指公民利用互联网平台参与公共事务和公共决策的一切活动,是一种体制外的参与行动,其主要形式包括检阅公共信息、参与公共讨论、发布公共信息等。其中,网民在网络公共事件中接收、转发、发布信息以及参与事件讨论的行为,是一种重要的公众参与行为,也是在当前我国公众参与渠道有限条件下的一种自发的体制外参与行为。在一定条件下,网络公众参与还可能发展为实际的线下政治参与行动。

随着互联网的日益普及,尤其是具备开放性、互动性、即时性的社交媒体日益普及,网络政治参与的社会影响越来越大,成为国内外学者研究的一个重要议题,也是网络民主政治研究的一个热点议题。这方面,国外学者的研究较早,其研究焦点之一是互联网使用对公民政治参与行为的影响,包括对常规政治和"抗争"政治的影响。关于互联网对抗争行为的影响,西方学者主要有三个研究角度,即"互联网作为动员结构"、"互联网作为政治机会"及"互联网作为框架化(framing)工具"②。也有学者将互联网对抗争政治的影响归结为三

---

① 俞可平、贾西津主编:《中国公民参与——案例与模式》,社会科学文献出版社 2008 年版,"代序"第1—2页。

② Garrett,R.Kelly.2006."Protest in an Information Society:AReview of Literature on Social Movement s and New ICTs",Information,*Communication Society* 9(2):202-224.

个方面,即作为提供信息的渠道、作为公共领域、作为集体行动的平台,并且认为这三方面都存在国家与社会之间的互动,这种互动直接影响了互联网实际发挥的角色。①

　　总体来看,西方学者对于互联网在政治生活中的影响存在两种截然不同的观点:乐观派认为互联网可以高效传播政治知识和信息,提升公民的政治效能感和集体认同感、使公民获得政治知识和信息的成本显著降低,因而对公民的政治参与有正面影响。西方一些学者将互联网视为实现直接民主和协商民主的重要形式,即参与式民主;悲观派强调互联网的信息鸿沟、情绪化、碎片化、虚拟社交的信任度低等现实不足,认为互联网有可能降低网民现实政治参与的积极性,因此对互联网之于政治参与的影响持负面看法。也有学者采用更为理性、务实的研究思路,重点探讨如何减轻互联网的负面影响,发挥互联网对于公民政治参与的积极促进作用。

　　对于互联网使用对我国公民参与尤其是政治参与的影响,研究者也存在争议。潘忠党认为,互联网使用对公民参与有全国普遍的正向影响,尽管也存在地域和群体之别②。有学者研究发现,中国的虚拟社群发展迅速,网络结社已经成为中国网民的一种重要生活方式,弥补了中国民间组织发展的不足,从而在一定程度上改变了"强国家—弱社会"的社会结构,有助于网络政治参与③。但也有研究者通过实证研究发现,网民们对网络政治参与的积极性总体仍比较低④。有研究者则认为,互联网加速了中国社会的碎片化和个体的独立性,造成了政治疏离感等负面效应,因此中国互联网对政治生活的影响被

---

　　①　Zheng,Yongnian and Guoguang Wu.2005."Information Technology,Public Space,and Collective Action in China",*Comparative PoliticalStudies* 38(5):507-536.

　　②　潘忠党:《互联网使用和公民参与:地域和群体之间的差异以及其中的普遍性》,《新闻大学》2012年冬季刊。

　　③　熊光清:《网络政治的兴起对中国政治发展的促进作用》,《山东科技大学学报》(社会科学版)2008年第3期。

　　④　李亚妤:《互联网使用、网络社会交往与网络政治参与》,《新闻大学》2011年春季刊。

过于美化。①

互联网对于我国公民参与的影响,突出体现在网民参与网络公共事件的过程中。有研究认为,互联网对于群体性事件公众参与的影响受制于该事件的性质、传统媒体和政府的态度、公民互联网使用的程度和特点等变量,并且很大程度取决于传统媒体的报道。② 同时,研究者普遍认为:我国网民的公众参与积极性日益提升,但网络参与中的无序性、群体极化、谣言传播等问题也很严重,网络参与的品质和素质有待提高。

笔者以为,关于互联网之于公众参与的影响,之所以会产生争议,与研究者的学术取向和研究方法有关。雷蒙·威廉斯(Raymond Wlliams)曾指出媒介研究中"技术决定论"和"技术被决定论"两种陷阱,认为前者夸大了技术的能力,后者则完全忽略了技术自身的影响③。有关网络公众参与的研究,也存在技术决定论和社会决定论的对立,导致研究结论各执一词。另外,由于研究者常采用个案分析法,从集体行动或网络公共事件角度寻求论据,而个案自身的特殊性和局限性往往被忽略不计,导致不同研究的结论偏差甚至截然相反。事实上,乐观派和悲观派都可以从众多案例中找到支持自身结论的依据,因为网络公共事件本身是一个极端复杂的现象,议题性质、技术的两面性、网民素质的差异、传媒政策和环境乃至地域差别等诸多变量都有可能影响网络公众参与的面貌。因此,笼统谈论互联网应用对公众参与的影响意义不大,结合案例具体分析网民参与网络公共事件的过程和机制,分析在何种条件下互联网有助于公民参与,何种条件下相反,如何发挥其正向功能,避免其负面效应,才是研究的有效路径。

---

① 臧雷振:《变迁中的政治机会结构与政治参与》,北京大学博士论文,2014 年。

② 曾凡斌:《互联网使用在"群体性事件"政治参与的影响研究》,第七届全国新闻学与传播学博士生学术研讨会论文,2013 年 12 月。

③ Raymond Williams, *Television: Technology and Cultural Form*, London: Routledge, 2005, p.120.

由于当代中国现实政治参与渠道和民意表达渠道的不足,加上传统媒体的接近权有一定限制,较之西方,中国网民的参与积极性显得更高,网络公众参与之于我国民主政治建设的意义也特别突出。网络公共事件的公众参与可以疏导我国网络民意,缓解社会情绪,发挥安全阀作用,促进社会稳定。但由于各种主客观条件的限制,网民的自发参与还存在种种不足和问题,具体分析网民参与的机制和规律,是实现网络公共事件有效治理的重要前提。

二、互联网与社会动员

动员研究是西方社会运动研究的核心议题之一,西方学者主要关注社会资源、社会组织、人际网络、空间环境等因素在社会运动动员中的作用,以及运动动员的形式。关于互联网在社会运动动员中的作用,是近年来西方社会运动研究关注的热点,西方学者聚焦于各类社会组织如何利用互联网进行社会运动的组织动员,将互联网视为社会运动组织动员的一种资源,即电子动员,而对产生于互联网的各种事件或议题的组织动员则较少关注。

在早期有关互联网与社会运动相关研究中,互联网通常被看做抗争行动的动员结构。西方学者主要从"信息流""社会资本"(或社会网络)以及"公共舆论"(或公共领域)等角度研究互联网的动员作用[1],强调互联网在降低信息的获取成本、加快信息传播速度、增加行动者的社会网络资源和社会资本、促进网络行动的公开讨论等方面的优势,同时也发现基于网络交往的弱关系、低信任度难以形成可持续的行动者网络,尤其难以单独引发线下行动。有学者分析认为,虚拟的社会弱关系与现实的社会网络的重叠,能更有效地克服行动中的搭便车等问题[2]。有人分析,近年来的"阿拉伯之春"等政治运动发现,在高风险集体行动中,有着强关系、严明的纪律和策略性行动的社会组织

---

[1]　黄荣贵:《互联网与抗争行动:理论模型、中国经验及研究进展》,《社会》2010 年第 2 期。

[2]　Hampton,Keith N.2003."Grieving for a Lost Network:CollectiveAction in a Wired Suburb." *Information Society* 19(5):417-428.

及其积极分子依旧是政治运动发生的关键因素,而社交媒体的作用主要在于传递运动信息、降低参与门槛,实现网络初步动员等方面①。

随着移动互联网和社交媒体的日益普及,一些西方学者研究发现,社交媒体的应用在很多时候能够发挥社会运动组织的功能,实现社会运动和集体行动的自组织。小规模、"微小贡献"策略是个人化的社交媒体动员的一个显著特征,由此形成的网民之间的"弱联系"也能通过不断累积产生实际影响,并有效地降低了"搭便车"现象和对社会运动组织的依赖性。② 尤其在低风险的集体行动中,由于网民只需通过围观、点赞、发帖、转发、评论等相对便捷和低风险的方式参与,一定程度上消除了网民的参与顾虑,降低了参与成本,提升了网民的参与积极性。有学者总结认为,社交媒体成为了网络政治抗争和其他网络集体行动的更为有用的工具,它与传统网络传播手段最大的不同之处在于提升参与度和激活用户这两个方面③。社交媒体的使用改变了网络集体行动的逻辑,美国学者兰斯·班尼特(W.Lance Bennett)提出了一个与集体行动逻辑不同的"连接性行动"(connective action)概念,用于解释这种基于社交媒体(或数字媒体)实现网络动员的社会现象。

在西方各种社会运动动员研究理论中,至今仍占据主流地位的是资源动员理论和政治过程理论。资源动员理论由麦卡锡和左尔德(McCarthy & Zald)等人提出,该理论的核心观点认为时间、金钱等资源的增加是社会运动增多的主要原因。该理论对于当今西方社会高度组织化和专业化的社会运动具有一定解释力,但应用于我国的网络公共事件则存在困难。原因在于,我国

---

① Gladwell, M.(2010)."Small change:Why the revolution will not be tweeted.Retrieved from", http://www.newyorker.com/reporting/2010/10/04/101004fa_fact_gladwell.

② Garrett,R.K(2006)."Protest in an information society:A review of literature on social movements and new ICTs.Information",*Communication and Society*,9(2),202–224.

③ Neumayer,C.& Raffl,C.(2008)."Facebook for global protese:The potential and limits of social software for grassroots activism".*CIRN Community Informatics Conference:ICTs for social Inclusion: What is the Reality?* Prato,Italy.

的网络公共事件大都是依靠网络的技术优势,由网民自发参与形成的,时间、金钱等资源的占有尽管也在一定程度上影响网民的参与,但并非主要影响因素,何况利用手机上网在我国已经很普遍,几乎可以随时随地使用,而时间、金钱的多寡与网民的参与意愿之间也没有必然的逻辑关联。

蒂利(Charles Tilly)、麦克亚当(McAdam)等人的政治过程理论则强调政治机会、运动的组织机构以及话语和意识形态在社会运动产生发展中的作用。相比资源动员理论,政治过程理论较为全面地总结了社会运动产生发展的关键因素,并且把宏观因素和微观因素结合在一起,对于我国网络公共事件的动因研究具有启发意义。不过,与西方社会运动不同的是,当代中国的网络公共事件并没有被国家制度所包容,其产生主要依靠不稳定的机遇结构,也没有正式社会组织的领导,而且也较少宏大话语和意识形态的支持。因此,在西方社会运动研究领域占支配地位的政治过程理论对我国的网络公共事件的解释力也相当有限。

西方在20世纪60年代以后开始兴起环境运动、和平运动、女权运动等新社会运动,这些新社会运动与传统社会运动在参与动机、诉求目标、组织动员等方面存在很大差异。相应地,西方社会运动研究开始重视人际交流、意识形态、身份认同等文化因素在社会运动动员中的作用。麦克亚当、泰罗、蒂利等人对资源动员和政治过程理论进行了修正,认为新社会运动的人际网络、人际交流,及各式各样的连续性的协商,包括认同的协商,在抗议的过程中占据了核心地位。[①] 随着网络社会的来临,互联网在新社会运动的人际网络、人际交流方面扮演了中介或平台角色。

我国的网络公共事件一般也是由符号性事件或议题引起,尽管对于事件当事人来讲,多是具体的权益之争,但对于大部分网民来讲,他们与事件并无直接的利益关联,他们参与事件主要是为了表达对事件当事人的同情、愤怒等

---

① McAdam,Doug,Sidney Tarrow,Charles Tilly. *Dynamics of Contention*. Cambridge:Cambridge University Press,2001,p.22.

情感,或者被某种集体认同感所驱动;几乎所有的网络公共事件都只针对地方政府,而不挑战国家体制;网民参与大都是自发行为,没有正式组织的主导;等等。由于网络公共事件与新社会运动的这些共性,新社会运动理论对于网络公共事件组织动员研究具有启发意义。新社会运动的核心概念是"表达"和"认同",人际网络在运动动员中发挥了关键作用,网络公共事件的组织动员研究,也应重视人际交往、情感表达和集体认同感的建构。

近年来,国内也有学者开始关注网络公共事件的组织动员问题。有研究者将网络群体性事件的动员模式归纳为四种:"焦点型动员模式、诱发型动员模式、泄愤型动员模式、公关型动员模式。"① 由于我国网络公共事件缺少制度化、组织化的背景,参与者的心理、情感或情绪在网络公共事件动员中的作用特别突出。杨国斌结合案例分析指出,网络事件的发生,是一个情感动员的过程,"悲情"和"戏谑"是两种常见的动员风格。② 近年来,国内也开始有学者致力于研讨"情绪共振"在新媒体事件形成中的作用③。

由于没有正式社会组织的发动,中国网络公共事件的组织动员并不能用资源、组织等西方社会运动动员的关键元素来解释。网民之间的集体认同、人际网络及空间环境等元素,在我国的网络公共事件组织动员中发挥了关键作用。互联网尤其是社交媒体在网民的人际交流、话语互动及集体认同感的形成过程中发挥了平台和中介作用,甚至可以说,互联网就是网络公共事件的组织者。由于互联网的超越时空、开放性、即时性、互动性等技术优势,降低了网络公共事件组织动员的成本,缩短了组织动员的时间,扩大了组织动员的范围。尽管有部分网络公共事件背后存在网络推手、网络炒家的组织运作,但大部分事件中网民都是自发参加的,互联网在其中扮演了组织者和协

---

① 何国平:《网络群体性事件的动员模式及其舆论引导》,《思想政治工作研究》2009 年第9 期。

② 杨国斌:《悲情与戏谑:网络事件的情感动员》,《传播与社会学刊》2009 年(总)第9 期。

③ 毛湛文:《新媒体事件研究的理论想象与路径方法》,《新闻记者》2014 年第 11 期。

调者角色。

进入移动互联网和社交媒体时代,社交媒体的即时性、裂变性等技术优势在一定程度上消解了把关,网民之间借助互联网形成了松散的联盟,实现了自组织。有研究认为:随着互联网技术的不断发展,原本具有很强个体性、突发性的网络集体行动已经出现了组织化的趋势,其组织方式表现为一种"网格化""扁平化"的网络组织结构,相对独立的"网络节点"之间的连接与互动是其主要的组织行为方式。① 有研究者则将互联网的组织方式概括为"有组织之实,无组织之形",认为这种"组织化"操作推动了政治参与性集体行动的广泛生成,其基本形式是一系列以群体为基础的信息平台,通过这些平台实现集体行动的统一和协调。② 由这种社交媒体自组织起来的网络集体行动就是兰斯·班尼特所说的"连接性行动"。

诚如泰罗所说,社会运动所必需的参与者之间的相互信任不可能在没有面对面接触的情况下产生,一个纯粹的在虚拟空间中发动的网络社会运动效果往往十分有限③。由于缺少相互信任,网民之间的话语表达容易变得情绪化、群体极化、语言暴力等现象屡见不鲜。不过,随着微博、微信等社交媒体的兴起,这些问题已经有所改观,具有社群化特点的社交媒体使网民之间的信任度有所加强。有研究认为,微博网络基于人际传播又高于人际网络,用户之间的关注分为基于现实生活的"关系网"和基于共同兴趣的"内容网",这种结构与我国"熟人社会"的特征相呼应,使微博在用户心中的可信度、归属感大幅提高,进而增加了对微博舆论的认同感④。微信更是建立在现实的人际交往网络基础上,其中的微信群和朋友圈是典型的"熟人社会"。通过不同微博、微信用户在网络空间的信息共享与关系链接,符号性事件的动态被迅速扩散,

---

① 李华俊:《网络集体行动组织结构与核心机制研究》,上海大学博士论文,2012 年。

② 朱海龙:《场域、动员和行动:网络社会政治参与研究》,上海大学博士论文,2011 年。

③ 赵鼎新:《社会与政治运动讲义》,社会科学文献出版社 2012 年版,第 272 页。

④ 谢新洲、安静、田丽:《社会动员的新力量》,《光明日报》2013 年 1 月 29 日。

网民之间围绕事件展开讨论,实现情绪共振或情感动员,达成某种集体认同,最终发展为网络公共事件或者线下集体行动。

赵鼎新认为,威权国家的许多政策往往会把相似的人群集中在同一空间下,这种特殊的生态环境不但会促进组织和网络的形成,还会通过相似人群的频繁接触跨越这种组织和网络的薄弱,直接把同情运动的旁观者吸收到运动中来。① 中国的网络公共事件,是在社会转型和国家—社会关系变化的宏观大背景下,通过网民在互联网空间的人际交往和话语互动,实现组织动员而形成的,互联网尤其是社交媒体在其中发挥了关键作用。

第二节　案例分析

本书在第一章曾将反复出现的网络公共事件分为四种:民族主义事件、政民冲突事件、公共安全事件和道德隐私事件。本节将选取 2011—2015 年的四个网络公共事件为分析案例,通过查找有关事件的新闻报道、网络资料及研究文献②,还原事件的过程,并着重从公众参与和动员机制角度对事件进行比较分析。重点分析以下几个问题:第一,影响网民参与积极性的因素有哪些? 第二,网民参与的品质和素质如何,如何避免网络无序参与的破坏性? 第三,网民是怎样被动员起来的,对网络公共事件的治理有何启示? 由于个案本身的特殊性,本章将尽可能区分共性与个性,总结四个事件的共同规律。

本节选取的案例包括钓鱼岛与反日游行(2012),广东茂名 PX 事件(2014),天津滨海新区爆炸(2015)和小悦悦事件(2011)。选择这四个事件的理由之一,是它们分别代表了四种类型的网络公共事件并且具有典型性:钓鱼

---

① 赵鼎新:《社会与政治运动讲义》,社会科学文献出版社 2012 年版,第 239 页。
② 四个事件的研究资料主要来自强国论坛、天涯论坛、百度搜索、微博搜索和中国知网,主要采用关键词搜索获得,广东茂名 PX 事件和天津滨海新区爆炸事件的部分信息来自笔者的微信朋友圈。

岛与反日游行(下文简称钓鱼岛事件)属于民族主义事件,茂名PX事件属于政民冲突事件,天津滨海新区爆炸(下文简称天津爆炸)事件属于公共安全事件,小悦悦事件属于道德反思事件;理由之二,是这几个事件为近几年内发生,资料收集较为便利,便于进行比较分析。

一、钓鱼岛事件

(一)事件梗概

由于历史问题、钓鱼岛问题、日本领导人参拜靖国神社等问题的影响,21世纪以来中日关系一直呈现"政冷经热"的局面,中日政府之间时有摩擦,双方民间的对立情绪也时有高涨。其中的一个高潮在2005年左右,由于日方对待历史问题的错误态度,当年国内曾爆发"反日入常签名"事件,共有4100多万网民在网上签名请愿,反对日方成为安理会常任理事国,要求日本就战争罪行公开道歉。2012年9月10日,在日本右翼代表石原慎太郎等人推动下,日本内阁会议又提出所谓钓鱼岛"国有化"政策,决定耗资20.5亿日元,从所谓"土地权所有者"手中将钓鱼岛及其附属岛屿购入,并于第二天正式签约,从而又一次点燃了中国民众早已压抑的民族情绪。2012年9月15日前后,北京、上海、广州等全国数十个城市爆发规模不一的反日游行,游行者高喊"钓鱼岛是中国的,苍井空才是日本的""还我钓鱼岛"等口号。各地警方出面维持秩序并通过各种形式呼吁游行者保持克制,理性爱国,但还是有少数城市游行过程中出现了打砸抢烧等违法暴力行为,一些地方出现了打砸日系车和商铺的现象,警方随后逮捕了部分嫌疑人,有的地方发生警民冲突。同时,网上不断有人呼吁抵制日货,不买日系车,等等,也有网民呼吁大家要理性爱国,避免暴力行为。围绕是否抵制日货问题,网民之间产生了分歧,进而又引发网民之间的口水战。随后,主流媒体积极引导网民理性表达诉求,各地的游行示威活动逐渐降温。据统计,钓鱼岛与反日游行事件的跟帖过亿,位列2012年网络舆情热度之首①。

(二)网民无序参与激发暴力行动

日本政府的"购岛"行径激起了全国各阶层民众的愤怒,由于钓鱼岛归属事关国家利益和民族尊严,网民积极参与事件的讨论,并最终发展为席卷全国的游行示威行动。引发网民积极参与的社会心理因素是对日本行为的愤怒情绪和朴素的爱国主义情感,而由于政府与民众在维护国家利益方面有着根本一致,加上互联网跨越时空的技术特点很好地起到了组织串联作用,事件迅速扩大为全国性网络公共事件并发展为线下行动。

从事件参与者来看,参与网络讨论的主要包括普通网民、社会精英和媒体记者,其中年轻网民是参与主体,包括一些大学生和所谓的"愤青"。除了一致抗议的立场,网民在如何应对日方挑衅的策略方面发生分歧,代表性观点有两种,一种主张对日经济施压,抵制日货。如有人在网上号召"中国人一天不买日货,日本一半以上的工厂就要倒闭;中国人半个月不买日货,日本人整个工业支柱就要彻底垮台,是中国人就转发"。另一种观点则反对抵制日货,主张理性爱国。如网上广泛流传的一个女孩手持标语的照片,标语上写"战争、地震、水灾,我们都过去了,这不是法西斯,我们的领土,从不靠打砸烧,这不是'文革',我们的奥运会全世界都看了,请停止伤害,我记得,我们的祖国充满爱"。少数网民则借机宣泄对社会的不满。这些话语由于颇具代表性,一发布就在网上广泛传播。

纵观钓鱼岛事件的网络讨论,虽然不乏理性的声音,但情绪化和激进的言论也颇有市场。相当部分网民的参与品质较低,参与素质有待提升,爱国主义夹杂着狭隘的网络民族主义,使得网络言论呈现碎片化和多元化,充满喧嚣和浮躁。网民之间的立场尽管总体一致,观点却严重分歧,而不同观点的争论往

---

① 祝华新、刘鹏飞、单学刚:《2012 年中国互联网舆情分析报告》,人民网舆情监测室 2012 年 12 月 18 日发布。

往演变为语言暴力和人身攻击。争论的一方动辄给对方扣上各种帽子,缺乏沟通的真诚和理性对话的精神。事件传播过程中也夹杂着一些谣言,如西安某派出所所长参与打砸、日产越野车被"爱国青年"卸螺丝等①。当事件发展为游行示威以后,有些参与者更是情绪失控,个别地方发生了打砸抢烧的行为,甚至还发生日系车主李建利被打成重伤事件和堵截日本驻华大使丹羽宇一郎事件。究其原因,一方面是由于游行示威的自发性和盲目性,而参与者的成分复杂也是重要原因。参与游行的既有爱国的大学生、公司白领、普通打工者,也有无业游民甚至犯罪分子,少数人借机发泄对现实的不满,或者趁火打劫,导致和平示威演变成骚乱。据长沙游行目击者事后回忆,领头的一边慷慨激昂喊着反日口号,一边把商品塞进提前准备好的麻袋,有的人还是蒙面进去的。② 事后调查,参与打砸抢烧的多是对社会现实不满的外来务工人员和社会底层群体③,比如西安游行中将日系车主李建利打成重伤的蔡洋,就是个不懂法的泥瓦匠。这些人由于在文化水平、社会地位、参与渠道等方面的弱势,很容易盲目发泄情绪,成为民族主义事件中的牺牲品。而长沙市拘留的 47 名参与打砸的青年竟然有 12 人不知道钓鱼岛在哪里④。可见,相当一部分参与者并非出于爱国情感,而是借机表达对自身处境的不满,对社会不公的怨恨等情绪。说明社会矛盾有可能借民族矛盾之机爆发,加强事件的组织和引导至关重要。

在事件过程中,社会精英、媒体记者和政府立场基本一致,他们一方面支持网民的抗议和游行,另一方面又通过各种表态和言论呼吁网民和游行者保持理性。如《人民日报》官方微博 2012 年 9 月 15 日指出:"一要充分保护爱

---

① 《反日游行情绪高涨 反思:我们该怎样保卫钓鱼岛?》,华声在线,2012 年 9 月 17 日,http://news.163.com/12/0917/08/8BJFST5200014AEE.html。

② 贺信、赵何娟、王箐丰:《反思"9·15"》,财新《新世纪》2012 年第 38 期。

③ 《媒体称反日游行打砸者多为年轻外来工,不满现实》,中央电视台《新闻 1+1》,2012 年 9 月 25 日。

④ 《"钓鱼岛与反日游行"成 2012 年最热网络事件》,《京华时报》2012 年 12 月 19 日。

国热情。民众爱国热情弥足珍贵,应保护爱国之情合理表达权利。二要坚决捍卫法律底线。对打砸抢烧等犯罪行为,必须及时制止,依法处理。"为了消除不利影响,9月18日以后,各地政务微博和官方媒体纷纷号召网民保持克制,理性爱国的主流观念逐渐成为共识,事件的暴力倾向得到遏制,表明主流媒体的引导有助于减轻网络舆论的无序性和情绪性。

在钓鱼岛事件的组织动员过程中,微博、QQ、博客等社交媒体发挥了关键作用。日本"钓鱼岛国有化"的消息在主流媒体报道以后,网上开始广泛传播,早已压抑在部分网民心中的"仇日、反日"情绪不断相互感染,激发了强烈的民族认同感,一部分网民开始号召游行。比如9月14日上午,天涯博客上就有人号召16日在杭州举行游行示威。更多的网民则将有关游行示威的消息、倡议在QQ群、微博上转发,人际网络和互联网、手机等现代传播媒介的结合,促成了9月15、16日席卷全国的大规模集会游行。据参与海口游行的陈先生反映,游行是自发产生的,他们通过QQ群、网络论坛等方式联系,并无统一的组织者,完全因为爱国之心①。

由于国内对游行示威的审批手续较为复杂,多数地方的游行并未得到正式批准。最初参加者可能并不多,随着游行的进行,越来越多的人加入,其中很多人是带着好奇和看热闹的心态加入的,只有少数积极的参与者在前面引路。而由于缺乏正式组织的领导,游行的目标、方式、线路等往往都不确定或者临时决定,一旦极少数不法分子借机煽动,游行就容易演变成暴力行为。说明加强事件的组织化、制度化是减少暴力,避免事件破坏性的关键。

二、茂名 PX 事件

(一)事件梗概

2012年10月,茂名芳烃项目正式获得国家发改委批复,开始前期准备工

---

① 尹晒平、林寿、陈安琪:《盘点"钓鱼岛事件"引发的反日游行示威活动》,《大公报》2012年9月26日。

作。鉴于近年来厦门、大连、宁波等地先后发生反 PX 事件,最终都因民众反对而撤项或迁址,茂名市政府试图打消民众对 PX 项目的顾虑。2014 年 2 月 27 日,《茂名日报》刊登《茂名石化绿色高端产品走进千家万户》一文,开始了有关 PX 项目的科普知识宣传。3 月 17 日,茂名当地政府召集媒体举行闭门会议,通报了有关茂名 PX 项目的投资规模、项目选址等情况,并发放了"芳烃项目宣传手册"及"茂名芳烃项目基本情况介绍"。在这次会议上,政府方面要求当地媒体加强 PX 项目宣传,做好舆论引导工作,特别要求当地网站"严控 PX 有害言论""屏蔽信息、删除信息""对发表过激言论的网民进行身份核查,进行教育训诫和稳控"。为了排除阻挠,当地政府从石化、教育等系统做起,要求他们签署"支持项目承诺书",个别学校还强调师生如果不签,会对"高考不利","对升迁不利"。岂料单向的宣传和不当的做法不仅没有消除民众的 PX 焦虑,还让当地民众误以为茂名 PX 项目马上就要上马,引发民众对政府行为的质疑。事后,据多名参与抗议的市民反映,媒体密集的宣传让他们感觉 PX 项目"上马在即",令他们产生"紧迫感"。其间,政府邀请的化工专家金涌院士建议当地政府"与群众交朋友",邀请群众参观当地化工生产车间,这一建议始终未能实施。①

3 月中下旬起,茂名当地民众开始在微博、微信、论坛、QQ、贴吧上讨论和传播有关茂名 PX 项目的内容,包括项目何时上马、PX 有何危害、厦门等地的反 PX 情况等。为了加强沟通,排除误解,3 月 27 日晚,茂名官方召集当地一些有影响力的网友召开 PX 推广会,但与会官员态度傲慢,只回答了媒体提出的三个问题,且均避重就轻。因不满相关官员在会上的答复和态度,会后,参加会议的网民相互交流了联系方式。3 月 29 日,号召民众参加抗议的信息通过微信、QQ 等人际网络开始传播。3 月 30 日上午,约百人聚集在市委大院门口,打出"PX 滚出茂名"的标语,随后人数逐渐增加到数千人,抗议参与者比

---

① 《茂名 PX 事件前的 31 天》,《新京报》2014 年 4 月 5 日。

较理性、平和。但当晚有少数抗议者情绪激动,开始破坏公共设施,当地警方果断处置,事件没有造成人员死亡。之后,广州、深圳也发生小规模游行以声援茂名。4月3日,当地政府召开新闻发布会,时任副市长强调,在没有达成社会共识前绝不启动茂名 PX 项目,事件逐渐平息。

(二)网络动员引发线下抗议

近年来,厦门、大连、宁波、昆明等地先后发生反对 PX 项目的网络公共事件,以北京六里屯事件和广州番禺垃圾焚烧选址事件为代表的一系列环保类集体抗争事件先后发生,显示中国民众的维权意识和环保意识日益增强。茂名 PX 事件属于典型的政民冲突事件。由于 PX 项目事关公众安危,当地民众对切身利益的关注是其参与事件的直接动机,而抗议发生之前当地政府的单向度宣传和不当的舆论封锁做法激化了矛盾,使政府与民众之间产生了信任危机。环保议题事关公众利益,但当地政府在整个项目的论证表决阶段均没有邀请当地民众参与,金涌院士有关邀请当地群众参观化工车间的建议也未予采纳,邀请网民参与项目推广会本来用意良好,但地方政府的强硬态度和沟通欠缺加剧了网民的不满情绪。政治参与渠道的不足和地方政府与当地民众对话的无效,促使网民采取了体制外的抗议手段,最终由于少数参与者的非理性倾向演变为暴力抗议。综上所述,对切身利益的担忧、公众维权意识的增强、公众参与渠道的不足、当地政府的维稳思维、地方政府与当地民众之间的不信任及沟通不畅等因素结合在一起,推动了茂名民众积极参与 PX 事件。正如《人民日报》评论文章所言:"如果缺少了自下而上的参与、官民平等的互动,单向度的宣传很可能被看成是'操纵舆论',权威解读也容易被理解成'为决策背书'。"①

从公众参与角度看,茂名 PX 事件属于地方性议题,涉及茂名本地居民的

---

① 《以更细致工作化解 PX 焦虑》,《人民日报》2014 年 4 月 2 日。

切身利益。因此,参与者以本地网民为主,尽管也有外地网民的声援,但本地网民对自身利益的关注使得他们的参与较为积极主动。一些微博名人的关注扩大了事件的社会影响,加上传统媒体的报道,事件逐渐由地方性议题演变为网络公共事件。为了表达不满,各种谣言一度盛行,一些真假难分的照片在网络、微信上大量转发。同时,为了强调维权行为的合法性,参与者强调他们是为了"守护美丽家园"、"为了茂名更美好的未来"。一些当地居民还主动接受香港《东方日报》等境外媒体采访,寻求境外舆论支持。上述种种行为加剧了民众的对立情绪,进一步降低了地方政府的公信力。茂名 PX 事件说明,除了话语表达,传播谣言、揭露"黑幕"也是网民常用的"剧目"(形式),而网民增强"抗争"力量的常见手段有建构行动的合法性、争取国内外公众舆论支持、扩大行动的社会网络、增加社会资本等。

在茂名 PX 事件中,《茂名日报》等本地媒体大都与地方政府步调保持一致,国内媒体对游行示威行动的报道也相对滞后,3 月 30 日国内没有一家媒体对事件进行报道,传统媒体的行动迟缓是造成谣言满天飞的重要原因。3月 31 日以后,国内媒体开始密集发声,一些权威媒体的辟谣消息开始得到传播,如《人民日报》发布的《茂名坦克进城、15 死 300 伤为谣言》,人民网发布的《茂名政府:PX 项目仍处科普阶段上马与否需听取民意才决策》,这些权威声音逐渐平息了谣言,稳定了人心。茂名 PX 事件说明,主流媒体的舆论引导、信息的及时公开是治理网络公共事件谣言的关键。而当地政府一让步,抗议行动就很快解散,说明这种以具体利益为诉求目标的事件,是完全可以通过利益协调来解决的,只要政府与民众能实现有效的沟通和对话,寻求共同利益,减少分歧,就不至于演变成暴力事件。

从茂名 PX 事件的组织动员来看,互联网依然在其中发挥了关键作用。由于当地媒体对 PX 科普知识的密集宣传,给当地居民造成了项目马上要上马的误解,对 PX 的恐惧开始蔓延。网民通过微博、微信等新媒体和人际网络讨论有关议题,形成了 PX 有害的共识,并在少数"意见领袖"的号召下参与游行抗议。尽管当地政府密集宣传"PX 项目没有危害",但单向的宣传无法消除民众的质疑,而民众之间通过网络互动,对 PX 的恐慌和对政府决策的不满情绪相互感染。为了夸大 PX 的危害性,一些网民还有意修改 PX 百度词条,将清华学生定义的 PX"微毒"改为"剧毒",并反复争夺定义权。通过社交媒体和人际网络的结合,网民之间成功建构了"PX 有害"的集体认同,完成了集体行动的组织动员。在茂名 PX 事件中,互联网不仅成为集体行动的"动员结构",而且成为一种"框架化工具"。

正如克兰德尔曼斯所言,结构问题或社会问题本身并不必然引起集体行动,只有当社会问题被人们感知并被赋予意义时才会成为问题。[①] 为了动员更多网民参与,茂名 PX 事件的组织者建构了"PX 项目危害环境""反对 PX 保卫家乡""少数官员贪腐导致 PX 项目上马"等认知框架,并成功战胜了当地媒体建构的"PX 项目没有危害"的认知框架。通过社会化媒体,事件的组织者与当地民众之间实现了框架整合,并实现了框架共鸣。[②] 通过社交媒体与人际网络的传播和扩散,市民之间完成了集体动员,而茂名政府召开的项目推广会又未能实现有效沟通,最终激发线下抗议。从框架整合理论来看,茂名 PX 事件中地方政府与民众之间的冲突,主要是认知框架的冲突,而要化解双方冲突,必须加强地方政府与民众之间的平等沟通和对话,缩小分歧,增强互信,努力建构共同的认知框架,实现框架统一。

三、天津爆炸事件

(一)事件梗概

2015 年 8 月 12 日,天津滨海新区瑞海公司危险品仓库发生爆炸。截至 9

---

① Klandermans, B.& Oegema, D. (1987). Potentials, network, motivations and barriers. *American Sociological Review*, 52 (4), 519-531.

② 杨银娟:《社会化媒体、框架整合与集体行动动员:广东茂名 PX 事件研究》,《国际新闻界》2015 年第 2 期。

月 12 日,事故共造成 165 人遇难,仍有 8 人失联①,遇难者中多数为消防人员。事故发生后,各方积极开展救援行动,相关的善后和赔偿事宜也逐渐展开。8 月 18 日,国务院成立事故调查组开始对事故进行调查。天津爆炸成为 2015 年舆论热度最大的公共安全事件之一。

事故发生后,当地宣传部门仍然沿袭了惯用的信息封锁模式,要求媒体报道时只能采用新华社、人民网及天津北方网的通稿,严控微博、微信、新闻跟帖、论坛等互动环节。事发以后的 10 小时,天津卫视一直在播放韩剧,天津本地媒体反应迟缓。而天津网络警察持续发微博提醒网民"不要造谣传谣""将对造谣网民采取零容忍措置,依法严肃处理!"。当地政府面对突如其来的危机显然缺乏准备,政府召开的前几次新闻发布会,相关官员要么缺席、要么失语。加上事故本身的复杂性,有关事故的原因、爆炸对环境的影响、爆炸物是什么、救援方式是否合理、事故的责任归属、瑞海公司实际控制人是谁等信息迟迟未予公布,引发社会公众广泛质疑。一些网民开始通过传播谣言、批评政府等方式表达不满,事故逐渐由安全责任事故向政民冲突方向转变,演化成一场政府公信力危机。网民的广泛参与又使得事件由社会公共事件转变成网络公共事件。天津市市长黄兴国直言爆炸事故让天津面临一场"前所未有的危机"。② 最终,瑞海公司法人代表和仓库所有人被控制,当地政府有关责任人纷纷被问责,网络舆论逐渐消退。

(二)政府应对失当导致公信力危机

尽管存在一定限制,事故第二天,国内一些媒体和世界主流媒体仍然以封面或头版报道天津大爆炸消息,而全国网民也聚焦于这场灾难。各界人士纷

---

① 《天津港爆炸事故遇难人数升至 165 人仍有 8 人失联》,中国新闻网,2015 年 9 月 11 日,http://www.chinanews.com/sh/2015/09-11/7518566.shtml。

② 《天津爆炸事故舆情全方位分析》,大象舆情研究院,2015 年 10 月 9 日发布,http://www.hnr.cn/news/yuqing/yqjj/201510/t20151009_2121665.html。

纷为事故祈祷,并发起捐款活动。而天津本地媒体,因为在之前发生的蓟县火灾等事故报道中的缺位,及本次灾难中的滞后反应,遭到网民的广泛质疑。尽管《天津日报》等媒体随后报道了此次爆炸事故,但媒体报道中过多的领导指示和感动事迹再次引发公众的不满。

在天津爆炸事件中,本地媒体在事故报道中扮演的是当地政府代言人的角色,而非公众代言人的角色,也没有发挥出沟通当地政府和公众的桥梁作用。本地媒体舆论场与网络舆论场之间出现了分离甚至对立,助长了网民的不信任情绪。天津爆炸事故引发网民积极参与的动因,除了事件本身的规模、影响力和与公众安全的直接关联性,当地较为封闭、保守的媒体环境也是原因之一。

从官方应对来看,尽管在事故发生后的 12 天里当地政府一共举行了 14 场新闻发布会,但出席前 6 场新闻发布会的官员明显缺乏危机应对的技巧,注重单向度的信息传播,对现场记者和公众提出的尖锐问题则选择回避或避重就轻。据统计,前 6 场新闻发布会,记者的提问超过 60 个,超过一半未予答复,且每次都产生 4 个以上次生舆情,成为网民吐槽的热点①。前 6 场发布会,记者提问的环节均未能完整直播,而分管安全的天津市副市长迟迟未出席发布会,当地政府的种种不当应对引发公众的强烈质疑。天津爆炸事件说明,一些地方政府的危机管理理念仍然相当落后,地方政府对公共危机的不当应对本身也是危机扩大化为网络公共事件的重要原因。

在政府信息沟通不畅,本地媒体未能发出权威声音的情况下,负面舆论包括谣言传播就成为网民抗议的主要手段,对事件的负面评价占据了大多数。据大象舆情研究院监测平台监测"天津爆炸事故发布会"情感分布显示:负面情感占比过半为 50.8%,正面情感仅为 34%。② 由于事件真相迟迟不公开,一

---

① 《天津爆炸事故舆情全方位分析》,大象舆情研究院,2015 年 10 月 9 日发布,http://www.hnr.cn/news/yuqing/yqjj/201510/t20151009_2121665.html。

② 《天津爆炸事故舆情全方位分析》,大象舆情研究院,2015 年 10 月 9 日发布,http://www.hnr.cn/news/yuqing/yqjj/201510/t20151009_2121665.html。

些网民开始通过传播谣言表达不满,如"天津大爆炸死亡人数至少1000人""方圆一公里无活口""天津已混乱无序、商场被抢""天津市主要领导调整"等谣言不断传播,微博、微信成为谣言集散地。据统计,截至8月14日,国家互联网信息办公室共查处360多个在事件中传播谣言的微博微信账号,并实施关停①。尽管如此,网民对政府的不信任情绪依然在蔓延,本属受害居民与违规企业之间的冲突逐渐转化为网民与当地政府之间的对立,一些网民质疑事故背后存在官商勾结和腐败行为,甚至质疑整个经济发展模式,如网民@qiuqp750325微博评论道:

> 中国快速发展的恶性的必然结果! 所谓的应急响应根本就是矛盾的,难道制定的预案里没有提出危化品要远离市区和居民区吗? 若是没有提出,请问国家制定的危险品管理法里也没有提出吗? ……监管部门干嘛去了? 企业只是一个执行单位而已!

通过建构"腐败框架""发展模式框架",一场责任事故逐渐被赋予更多的含义,并上升到制度的层面。天津爆炸事件被当成地方政府片面追求发展,忽视环境保护和公共安全的标志,当成官员腐败、以权谋私的典型。作为"符号性事件",天津爆炸事故触发了社会公众的"仇官""仇富"情绪,进而由单纯的突发事故转变为网络公共事件。直到8月17日,《人民日报》发表《天津港爆炸进入第5天　27个谣言全汇总》,各种谣言才逐渐消退,网络舆论趋于理性。天津爆炸事件说明,公共安全事件尤其是责任事故在一定条件下,也可能转化为政民冲突,甚至引发政府公信力危机。网民积极参与此类事件,一方面反映了公众对一些地方于转型期社会风险和公共安全问题的集体焦虑;另一方面反映了公众对一些地方政府执政方式和媒体宣传模式的不满,许多网民不过是借题发挥,借机宣泄内心的不满情绪。

公众对安全问题的极度关切、当地政府和媒体的危机沟通观念陈旧、真相

---

① 《传播涉天津港爆炸事故谣言　逾300微博微信账号被查处》,《中国青年报》2015年8月15日。

的姗姗来迟、网民对当地政府的不信任情绪等因素结合在一起,推动网民积极关注和参与事件。互联网的相对开放和外地媒体的介入,突破了当地相对封闭的舆论环境,为网络公共事件的产生提供了政治机遇。从网络舆论来看,网民除了向遇难者祈福,向消防官兵致敬,更多的是向当地政府表达质疑和不满,要求尽快公布事件真相。在真相迟迟不明的情况下,网民就通过发布谣言、批评政府等方式表达不满,利用微博、微信等新媒体平台扩散谣言,并通过建构"腐败框架""发展模式框架"等方式实现"框架共鸣",从而将一场突发灾难建构为一个大规模的网络公共事件。天津爆炸事件说明,有关部门更新危机管理理念,加强对话沟通,及时公开信息和真相是避免灾难事故演变为政民冲突的首要前提。

四、小悦悦事件

(一)事件梗概

2011年10月13日,广东佛山市南海黄岐广佛五金城发生一场惨剧,2岁的小悦悦(本名王悦)在街上玩耍时,先后被一辆面包车和一辆小型货柜车碾压。令人震惊的是,在随后的7分钟内,18名从旁经过的路人无一伸出援助之手,甚至没有一人报警,全都默默离去。直到第19位路过的陈贤妹看见,才终于出手相救,然而因伤势过重,小悦悦最终抢救无效死亡。

此事经传统媒体报道和网络舆论发酵,迅速成为国内外关注的焦点,并引发一场全国范围内的道德反思。网民纷纷谴责见死不救的路人,也有部分网民将批判的矛头指向肇事司机和小悦悦父母,甚至有人质疑陈贤妹救人也是为了出名或者炒作,还有少数网民将不满指向当地政府,或者从精神文明建设和公民道德建设高度分析原因。一些网民围绕如何惩罚见死不救、如何鼓励见义勇为、是否应采用法律手段解决这类问题等议题展开争论。一些网民和公众还采取实际行动反思事件。事故发生后,许多社会人士自发前往医院探望小悦悦。10 月 23 日,佛山市 280 名市民自发前往事发地悼念小悦悦,宣誓"不做冷漠佛山人"。随后广州也有上万市民自发开展悼念活动,并开展"拒绝冷漠唤醒真爱"为主题的反思活动,官方也为小悦悦举行了追悼会和告别仪式。为了避免悲剧再次发生,广州律师朱永平主张采用法律手段惩治"见死不救"行为,广东省政法委则主动向社会征求意见,准备出台相应的救济、奖惩机制。

2012 年 9 月 5 日,法院最终判决肇事司机胡军犯有过失致人死亡罪。为了消除社会公众的质疑,小悦悦的父母选择将一部分社会捐款捐给了他人。

(二)社会冷漠引发集体反思

小悦悦事件是当今社会道德滑坡和信任危机的一个标本。近年来媒体不断曝光的南京彭宇案等"扶老人被讹"和"碰瓷"事件,让公众感觉到了救人助人潜在的风险,加剧了公众的道德恐慌。应该说,小悦悦事件的发生,与媒体不恰当的舆论导向存在一定关联。事件发生后,网络舆论几乎一致批判这种社会冷漠症,谴责见死不救现象,呼吁为救死扶伤行为提供制度保障。社会公众对当今社会道德滑坡和诚信危机的现状忧心忡忡,小悦悦事件恰好提供了一个契机,成为公众情绪的宣泄口。小悦悦的不幸遭遇和社会的冷漠触发了网民的"同情""愤怒"等情感,完成了事件的情感动员。

与前文三个案例不同的是,小悦悦事件属于社会内部的道德争议和集体反思,网络舆论的矛头不针对政府,因此也获得相对宽松的舆论环境。传统媒体舆论场和网络舆论场较为接近。从有关小悦悦事件的微博、论坛、博客等网络言论来看,网络舆论主要包括对小悦悦的同情、对社会冷漠现象的批判和对如何避免这种悲剧的反思。以下是几种代表性的网民观点和立场①:

一是对小悦悦的同情和祈福,如:

---

① 相关言论来自微博搜索"小悦悦事件"。

@深菲悦-SFY:孩子坚强一定要好起来啊！我们在远方默默地为你祈祷。作为父母的我们一起为这2岁的小孩祈祷,希望她能早日脱离危险期,祝福。

二是对18个路人的谴责和攻击,如:

@潘旋88:良心的泯灭,就算不出手相助,担心祸及自己,打个电话报警或者打给120总可以吧。最基本的道德底线都没有了,这些人还配做人吗?

三是对肇事司机的指责和批判,如:

@大贺天官一号:我也每天开车,我也有孩子。我们在开车时多加一分小心,启动马达前想想自己的亲人,也许就能避免事故的发生。如果人心不再冷漠,也许孩子的命就能保住。

四是对小悦悦父母的质疑和指责,如:

@西部儿童猫妈:为什么没人指责过父母的疏于照管?监护人没有监护好孩子,要不要负责?

五是从反思悲剧到质疑整个社会价值观,如:

广东 lirong:反思现时社会,虽然改革开放给中国带来了巨大的变化,GDP 跃升到世界第二位,但我们的社会价值观已经退步了,我们放弃了太多……一边是路人漠然而去,一边是好心人被诬陷,当今社会的公共道德良知再次被严厉拷问。

六是从制度和法律层面探讨对策,如时任广东省委书记汪洋对事件的反思被网民广泛转发:

我们每一个人都要用良知的尖刀来深刻解剖自身存在的丑陋,忍住刮骨疗伤的疼痛来唤起社会的警醒与行动。在公众参与下创造扬善惩恶的制度条件和社会环境,努力提升全社会道德水平和每一个人的道德良知,以避免类似事件的再次发生。

从网民评论来看,网民批评的最主要对象是18个路人,使用最多的词汇有"见死不救""冷漠""冷血"等。除此以外,也有少数网民借机发泄对社会的不满。从网络舆论的品质来看,网民的发言不乏理性的思考,但也充斥着情绪化的、暴力的言论,动辄展开道德审判和人身攻击。比如,有人对18个冷漠的路人进行人肉搜索,一些私人信息被网络曝光,有人因此被谩骂、攻击,有人甚至要求18位路人在媒体上"公开忏悔",连最终伸出援助之手的陈贤妹也被部分网友指责为"想出名、炒作",媒体的狂轰滥炸对其正常生活构成了干扰。小悦悦事件说明,尽管当代中国网民的参与积极性较高,但网民参与素质参差不齐,公民意识有待提升,网络表达很容易演变为语言暴力和情绪发泄,甚至发展为人身攻击和暴力行动。因此,加强网络秩序建设,提升公众素养至关重要。

从参与主体来看,传统媒体、普通网民和舆论领袖(尤其是法律界人士)是小悦悦事件的主要参与主体,事件的当事人则成为网络舆论的评论对象。传统媒体主要报道事件的最新进展,通过调查采访为网络舆论提供信息源;普通网民的自发参与主要出于同情和泄愤的心理,其言论往往较为感性和情绪化;法律界人士则主要围绕制度建设和法律保障展开分析,探讨对策,其言论最为理性。因此,发挥传统媒体和舆论领袖的引导作用,是治理网络非理性言论的重要一环。

第三节 案例比较与反思

一、四个事件的比较分析

钓鱼岛事件、茂名 PX 事件、天津爆炸事件和小悦悦事件分别代表民族主义事件、政民冲突事件、公共安全事件和道德隐私事件。四个网络公共事件既存在明显差异,又存在某些共性。下文将主要从公众参与和动员机制角度分析其共性与差异性,并探讨如何减少网络无序参与的破坏性。

（一）共性

首先,从网络公共事件的客体即内容或议题来看,四个事件的客体都具有符号性意义,能够代表某种普遍的社会现象,激发某种普遍的社会心理、社会情绪或集体认同感,具有公共性和争议性,这是事件吸引网民参与的内在原因。从经验角度看,并非所有的事件或议题都能发展为网络公共事件,只有那些能切中社会矛盾要害,牵动社会公众神经的议题或事件才有机会脱颖而出,吸引较多网民关注和参与而发展为网络公共事件。

针对集体行为的产生,美国社会学家特纳(Jonathan H. Turner)曾提出"突生规范理论",认为集体行为的产生需要某种共同的心理,如怨恨,这种共同心理形成的关键是某个共同规范的产生,而在共同规范产生的过程中,一个符号性事件或相关的谣言往往会起到关键作用①。杨国斌研究中国的网络集体行动发现,符号政治是中国网络行动的必备条件,没有象征性的政治事件发生,网络行动也很少会发生。② 也有研究证实,引发网络公共事件的突发事件具备的最基本要素就是:具有象征意义、能够激起网民的集体认同③。

钓鱼岛事件是当前中日关系的一个象征符号,触发的是中国网民朴素的爱国主义情感,以及因中日历史问题和领土争端而长期累积起来的愤怒情绪和"仇日"情绪。钓鱼岛事件只不过是中国网民发泄民族情绪的一个契机,也是引发网络抗议和游行示威的一个符号性事件或触发性事件。茂名PX事件等一系列"PX危机"则是近年来中国环境污染问题突出及公众环保意识增强的标志,同时也反映出一些地方公共政策的出台尚缺乏民意基础,民众政治参与积极性的增强与参与渠道的缺乏形成强烈对比。天津爆炸事件象征着转型中国风险社会的来临,公共安全形势日趋严峻,一些地方政府片面追求经济发

---

① 赵鼎新:《社会与政治运动讲义》,社会科学文献出版社2012年版,第64页。
② 杨国斌:《悲情与戏谑:网络事件的情感动员》,《传播与社会学刊》2009年(总)第9期。
③ 熊光清:《中国网络公共事件的演变逻辑》,《社会科学》2013年第4期。

展,忽视公共安全的制度建设,导致公众的不安全感和焦虑感上升。小悦悦事件是"见死不救"现象的一个典型符号,深层次上反映了当前社会公共道德滑坡和社会信任危机蔓延的现状。

早期对社会运动的心理研究中,美国社会学家斯梅尔塞(Smelser)曾提出著名的价值累加理论(value—added—model),认为社会运动和集体行动的发生主要取决于以下几个因素:结构性诱因、结构性怨恨、剥夺感或压迫感、一般化信念、促发因素或事件、有效的运动动员及社会控制能力的下降,这些因素逐个形成,发生集体行动的可能性也逐渐增加。① 其中,怨恨、剥夺感等心理因素是引发集体行动的社会心理动因,而触发因素或事件是集体行动发生的导火索。这些促发因素或事件具有典型性和普遍性,能够激发普遍的社会心理和社会情绪,因此也容易形成集体认同感,吸引众多网民参与而演变成网络公共事件。

其次,地方政府的不当应对、传统媒体的不作为是符号性事件转化为网络公共事件的外在原因,也是网络公共事件演变为暴力行为的重要条件。由于维稳思维作怪,以及危机管理经验的欠缺,一些地方官员面临突发危机事件时仍习惯沿用传统的信息封锁、压制舆论的做法,忽视对话沟通的重要性,导致地方政府与民众之间的关系恶化。在事件发展过程中,传统媒体又未能发挥地方政府与民众之间的沟通桥梁作用,未能及时公开事实真相,正确引导网络舆论,导致网络抗议转化为破坏性的暴力行为。

在钓鱼岛事件中,面对日方的公然挑衅和国内汹涌的网络舆情,网民群情激愤,自发开展游行示威活动。主流媒体直到一些地方出现打砸抢烧违法暴力游行之后,才开始大规模发声,呼吁参与者保持理性克制,但为时已晚,境外媒体已然报道国内的暴力事件,对我国国际形象造成了负面影响。有关部门和主流媒体未能敏锐预判网络舆情走势,提前采取预防和引导措施,是导致游

① Smelser,Neil,J.1962.*Theory of Collective Behavior*.New York:Free Press.

行示威事态失控的重要原因。在茂名 PX 事件中,当地政府和媒体虽预判到 PX 项目的敏感性,提前开展了科普宣传,甚至也召开了网友见面会,但单向的宣传和缺乏诚意的沟通难以服众,而当地政府不当的信息封锁和网络删帖等做法损害了政府的公信力,激化了矛盾,导致了线下行动的发生。在天津爆炸事件中,当地政府的前几次新闻发布会都不尽如人意,甚至产生了次生舆情,而当地媒体的反应和表现更是广受批评。小悦悦事件的发生,则与某些媒体不当的舆论导向有关,由于过度渲染"救人者被讹诈"现象,一定程度上加剧了公众的道德恐慌。而在事件发生后,一些媒体的报道存在煽情和道德审判等倾向,激化了公众情绪①。

此外,在茂名 PX 事件和天津爆炸事件中,当地媒体的立场均与当地政府保持高度一致,未能扮演地方政府与民众之间的沟通者和协调者角色,导致网络舆论场与主流媒体舆论场的分裂甚至对抗。

再次,从四个网络公共事件的参与主体来看,由于缺少组织性,网民的参与素质普遍较低,事件都伴有谣言并存在一定的破坏性。从网络舆论来看,四个事件都是理性与非理性并存,且都伴有谣言传播。钓鱼岛事件和茂名 PX 事件都产生了暴力行动,天津爆炸事件和小悦悦事件尽管没有发展为线下暴力行动,但网络话语的暴力化和无序性仍然较为严重。从这些事件来看,中国网民的参与积极性较高,但由于缺少社会组织的引导,参与者的素质普遍较低,年龄结构偏向年轻化,加之网络参与的动机多元化,网民的表达能力参差不齐,导致网络讨论的非理性、群体极化等倾向较为严重。

最后,从四个网络公共事件的外在形式来看,网络话语及其传达的情感、情绪在动员网民参与中发挥了关键作用,互联网则是网民开展话语互动和情感动员的场域和平台,尤其是社交媒体发挥了关键作用。有研究证实,当一个社会运动组织力量很弱时,情感性行为往往会主宰该运动的发展②。四个网

---

① 陈世华、邵满春:《传媒"道德审判"新探》,《中国出版》2012 年第 18 期。
② 赵鼎新:《社会与政治运动讲义》,社会科学文献出版社 2012 年版,第 71 页。

络公共事件都是由网民自发参与的,没有社会组织的发动,其外在形式主要是话语表达,而话语都是带有情感和情绪的,这些情感和情绪通过网民之间的话语互动相互感染,推动网民积极参与事件讨论和行动。在符号性事件传播过程中,网民竞相发言,形成多元话语的竞争,其中一些符合大多数网民心理特征,能激起大多数网民情感共鸣的话语得以脱颖而出,成为强势话语并被广泛传播,形成集体认同,进而引发集体行动,这是当代中国网络公共事件的主要动员模式。

在钓鱼岛事件中,爱国主义话语夹杂着民族主义话语,理性和非理性的表达同时存在,对日本右翼的"愤怒"和"仇恨"等情绪是引发游行示威的情感动因,而参与打砸抢烧的人员大都是借机发泄对社会不公和自身命运的"怨恨"情绪。在茂名PX事件中,对PX项目危害的"焦虑"和"恐慌"情绪和对当地政府的"质疑"情绪相互交织,最终演变为暴力抗议。在天津爆炸事件中,网民表达的主要是对遇难者的"同情"和对当地政府执政方式的"不满"。而在小悦悦事件中,网民除了"同情"小悦悦的不幸遭遇,更多的是对见死不救行为的"愤怒"和对社会公共道德危机的"忧虑"。大多数网民与事件本身并无直接的利益关联,但由于社会共同情感和心理认同,拉近了他们与事件当事人之间的心理距离。

杨国斌认为,网络事件发生的关键因素,是事件本身的震撼性和描述事件的方式①。笔者以为,网络公共事件的震撼性主要取决于事件的符号象征意义,而描述事件的方式实际是一个框架建构的过程。框架理论(Framing Theory)由戈夫曼(Goffman)、加姆桑(Gammson)等人提出。所谓框架(Framing),一般指个人或社会组织对事件的主观解释与思考结构。根据框架理论的思想,人们对社会事件的解释是一个建构的过程,本身是一种社会生产,因此,框架分析至关重要,而框架分析从属于话语分析的范畴。从网络

---

① 杨国斌:《悲情与戏谑:网络事件的情感动员》,《传播与社会学刊》2009年(总)第9期。

公共事件角度看,事件尽管存在客观性,真相只有一个,但网民和政府、媒体对事件的解释可能千差万别,不同的事件描述建构出不同的解释框架,而每个网民对事件的理解也受自身的认知框架影响。只有当事件的解释和描述符合网民的认知框架,才能形成框架共鸣,实现有效的社会动员。因此,政府、媒体和网民之间围绕网络公共事件的博弈,主要是框架建构和框架竞争的过程。

在网络公共事件中,网民对事件的描述形成话语,而不同的描述方式决定着话语的动员能力。斯诺(Snow)等人认为,社会运动中的话语形成过程实际上是一个运动组织者为了成功地动员参与者而建立策略性框架的过程①。网络公共事件缺乏领导和组织,但一些网民为了宣泄不满情绪,自发建构出能够激发网民情感共鸣的叙事框架,甚至不惜为此制造谣言。由于社会公众的"仇官""仇富""相对剥夺感""怨恨""同情弱者"等心理或情绪较为普遍,从官员贪腐、经济发展模式、底层"抗争"等角度建构的叙事框架,常常能取得较好的动员效果。在茂名 PX 事件和天津爆炸事件中,尽管议题性质不同,但网民对事件的叙述都强调"官场黑暗""为求增长不顾环境"。甚至在小悦悦事件中,也有部分网民质疑当前的经济发展模式,认为当地政府一味强调经济增长,导致社会道德滑坡。

网络公共事件的外在表现形式主要是话语表达,而网民的活动场域是网络论坛、博客、微博、微信等互联网公共空间。网络公共事件的组织动员过程就是网民在网络公共空间的话语互动过程,通过相互之间的关注、跟帖、转发、评论等互动形式,实现情感共鸣和情绪共振,形成某种集体认同感。经由现实社会的人际网络扩散,越来越多的网民加入事件的讨论,形成强大的网络舆论,加上传统媒体的报道,事件的社会影响迅速扩大,进而发展为网络公共事件。

---

① 转引自赵鼎新:《社会与政治运动讲义》,社会科学文献出版社 2012 年版,第 42 页。

（二）差异性

第一，四个事件尽管都具有公共性，但由于议题性质不同，所处的舆论环境也有所不同。钓鱼岛事件和小悦悦事件分别属于国家之间、社会内部的冲突和争议，议题具有一定的合法性。因此，国家—社会关系较为同一，国家（政府）的容忍为此类事件的产生提供了政治机遇，网络公众参与和组织动员获得较为宽松的舆论环境，网民可以较为自由地参与事件的讨论和行动，网民、政府和主流媒体的立场较为一致，网络谣言也相对较少。而茂名PX事件和天津爆炸事件由于议题相对敏感，主流媒体尤其是本地媒体的报道自由度有限，这反而激化了网民的不信任情绪，导致网民将矛头对准当地政府和主流媒体，并大量传播谣言以示对抗，网络舆论场与主流媒体舆论场明显分化。因此，事件或议题的合法性是影响网民参与和社会动员的重要变量。

第二，从网民参与的目标和动因来看，四个事件的诉求目标和驱动因素存在差异。网民参与钓鱼岛事件主要为了维护国家利益，网民参与小悦悦事件主要为了维护社会公德，两者都没有个体利益诉求，主要受情感因素驱动。而茂名PX事件涉及环保，事关当地居民的切身利益，网民参与天津爆炸事件既有对真相的追求，也有对环保和公共安全等社会普遍问题的担忧，两者主要受利益因素驱动。"一般而言，理性主导型的行动者一般是直接利益相关者，情绪主导型集体暴力的主要参加者是无直接利益相关者。"①尽管钓鱼岛事件和小悦悦事件也涉及国家利益和个体利益，但对普通的网民而言，他们属于无直接利益相关者。因此，他们容易受情感和情绪所左右，导致集体暴力，而且由于参与者成分复杂，网络舆论也相对多元化。而在茂名PX事件和天津爆炸事件中，参与者的主体是当地居民，属于直接的利益相关者，他们参与事件是希望能推动事件解决，维护自身权益。因此，参与者往往凝聚力较强，也较为

---

①　王国勤：《社会网络与集体行动》，中国社会科学出版社2013年版，第5页。

理性,比较容易达成共识。参与者试图将行动置于国家法制范围内,并动用体制内的话语和资源为行动谋求合法性。只有在当地政府采用不当应对、网民情绪被激化的情况下,集体行动才可能演变成暴力。比如,茂名 PX 事件的抗议者在 3 月 30 日白天的游行中一直比较理性、平和,当晚才发生了小规模的暴力行为。

科塞认为,当群体在现实问题上卷入冲突,他们更有可能寻求妥协,暴力水平较低,而在非现实问题上,情感唤起或卷入程度高,更可能形成暴力①。中国的大部分网络公共事件起于现实的权益之争,不针对体制,只有少数社会泄愤事件和道德隐私事件缺乏明确的利益诉求。从这一角度看,大部分网络公共事件可以通过利益协商和对话加以解决,其余则应加强组织和协调,消除其暴力性和破坏性。

第三,四个事件的性质有所不同。钓鱼岛事件除了网上讨论,还发展为大规模的示威游行,可视为弱组织或无组织的集体行动。茂名 PX 事件具有一定的组织性,当地一些有影响的"意见领袖",并在网络讨论和线下行动中起到组织带头作用,行动有明确的目标,成功改变了当地政府的决策。因此,茂名 PX 事件尽管没有正式社会组织发起,但可以视为中国情境下的社会运动。天津爆炸事件和小悦悦事件的主要形式都是自发的网络讨论,话语是其主要的表达方式,尽管后者也引发一些悼念活动,但主要属于"网络舆论事件"或"话语事件"。

二、讨论和反思

根据社会资本理论,集体行动的组织者和参与者所掌握的社会资本会影响行动的暴力程度。集体行动的社会资本从本质上说就是社会资源,是个人通过社会网络获取的资源,主要有三类,即信息资源、组织资源和社会支持

① 科塞:《社会冲突的功能》,孙立平等译,华夏出版社 1989 年版,第 34—40 页。

(情感和信任等),这些资源掌握的多寡与集体行动的暴力程度成反比。① 从上述四个案例可以看出,互联网为网民参与网络公共事件提供了社会资本。互联网为网民扩散了有关符号性事件的信息,并承担起组织动员的职能,通过网民之间的话语互动和情感共鸣,形成强大的网络舆论,将符号性事件转化为网络公共事件。而当政府采取封锁消息、压制舆论的做法,网民所能获得的信息资源减少,对事件真相的渴求促使一些网民采取对抗性行为,传播谣言、暴力游行就是其常用"抗争"手段。在茂名 PX 事件和天津爆炸事件中,由于当地政府的不当应对造成信息的不对称,导致网络谣言满天飞。而在钓鱼岛事件中,由于组织资源的缺乏,一些地方的示威游行演化成了暴力行为。

网络公共事件的治理,不是要消除事件,而是要减轻事件的暴力性和破坏性。为此,应尽可能地为参与者提供较充分的信息资源、组织资源和社会支持等。这就要求相关部门及时提供事件信息,公布真相,为公众参与网络公共事件提供合法性,保障公民享有依法维权和表达诉求的自由,并发挥社会组织的引导和组织作用,通过事件相关主体之间的互动沟通实现情感交流和信任重建,使事件朝着合法化、组织化方面发展。

对于网络公共事件当事人而言,其积极参与事件主要是为了维护切身利益。而大多数网民与事件当事人之间并无直接利害关系,是什么因素吸引他们参与其中呢? 根据美国社会学家兰德尔·柯林斯(Randall Collins)提出的"互动仪式链"理论,人们通过互动可以产生情感能量,因此没有利益驱动的人们也乐于参与某些对象或活动。② 通过参与网络公共事件的讨论和行动,网民可以借此宣泄情绪,获得情感满足,这是网民参与网络公共事件的情感动因。"情感的道德真实性往往成为了比哈贝马斯所说的现代西方市民社会的理性沟通方式更为强大的规范性力量,驱动着集体的政治参与"。③ 相应地,

---

① 王国勤:《社会网络与集体行动》,中国社会科学出版社 2013 年版,第 48—49 页。
② 兰德尔·柯林斯:《互动仪式链》,林聚任、王鹏、宋丽君译,商务印书馆 2012 年版。
③ 林郁沁:《施剑翘复仇案》,江苏人民出版社 2011 年版,第 228 页。

对网络公共事件的治理,也不仅是个利益协调的问题,还应着重从网民的情感结构入手,充分应用人际传播手段,通过网上网下的交流互动为网民提供情感支持,逐渐实现政府与网民的情感共鸣。

根据奥尔森《集体行动的逻辑》一书的观点,集体行动产生的一个前提就是必须克服"搭便车"行为。[①] 网络公共事件是否存在搭便车现象,又是怎么避免"搭便车"效应的呢？从上述案例来看,网民参与网络公共事件,多数是出于对公共利益、国家利益或社会公平正义的价值认同。从经济学角度看,这些都属于"公共物品",而"公共物品"的共享性意味着有些人可以自己不参与,从别人的努力中坐享其成,这就是奥尔森所谓"搭便车"行为。应该承认,在网络公共事件中,的确存在搭便车现象,网络讨论中的围观者和潜水者占据多数。但当参与某一集体行动的人越多时,人们对参与行动的顾虑就越少,而不参与所需承受的压力就越大,这就是所谓集体行动的临界点机制。[②] 加上社交媒体动员的小规模、"微小贡献"策略,公众参与的风险显著降低,在一定程度上减少了网络公共事件的"搭便车行为"。加上微博、微信等传播手段的裂变性和扩散性,信息一旦传播出去很难追寻源头,也加大了网络管控的难度。

综上所述,网络公共事件吸引网民参与的内在动因,在于事件本身的符号意义及网民的情感认同。在强国家—弱社会格局下,网民参与具有较强的自发性,主要依靠互联网作为联络和动员手段,情感和情绪在组织动员中发挥了关键作用。由于网民的参与素质较低,公共理性缺乏,加上缺少组织、信息等社会资源的支持,中国的网络公共事件容易演变为情绪宣泄和语言暴力。减轻事件的暴力性和破坏性,既有赖于利益格局的调整,也需加强对事件的组织和引导,同时还呼唤国家—社会之间的情感沟通和关系重构。

---

① ［美］奥尔森:《集体行动的逻辑》,陈郁等译,上海人民出版社1995年版。
② 赵鼎新:《社会与政治运动讲义》,社会科学文献出版社2012年版,第160页。

第四章　网络公共事件的传播机制及政府回应

从新闻传播学的视角看,网络公共事件(及其相关概念)主要是一种网络舆情或舆论传播现象。比如,杜骏飞认为:"网络群体事件的本质是网民群体围绕某一主题、基于某种目的,以网络聚集的方式制造社会舆论、促发社会行动的传播过程。"①一些研究者直接称其为"网络舆论事件""网络舆情事件"或"网络公共舆论"。网络公共事件研究因此与网络舆论研究相交叉,或者作为网络舆论研究的一个切入口。

从现有文献来看,新闻传播学的网络公共事件研究主要从舆情分析入手,探讨网络公共事件的舆情传播规律及其机制,进而主要从舆情预警、监控和舆论引导角度寻求对策。显然,这种研究仍然采取自上而下的、单向的维稳思维,主要站在管理者立场上看待问题,采取对策研究的范式。这类研究大都强调信息管控、舆论引导在网络公共事件应对中的重要性,忽视社会结构、社会心理、社会认同等宏观社会因素在事件处置中的重要意义。网络公共事件的处置不是一个简单的技术问题,也不是一个单纯的传播问题,必须从社会转型、国家—社会关系调整的高度去关照,才能做到标本兼治。网络公共事件的信息管理和舆论引导当然重要,但也应区分不同情境,对于网民正常的意见表

---

① 杜骏飞:《网络群体事件的类型辨析》,《国际新闻界》2009 年第 7 期。

达其至情绪宣泄,更宜采取宽容态度。对待网络舆论更应重视"回应"和"公开",通过及时的信息公开和适当的政府回应,引导网络舆论朝理性方向发展,发挥网络舆论减压阀作用。

从研究方法来看,新闻传播学科有关网络公共事件的研究,多属现象描述和经验总结,较多采用个案分析的方法,个案本身的特殊性和复杂性容易被忽略,影响了研究结论的可靠性和普适性。近年来,也有少数学者对一定数量的案例开展了实证分析,如钟瑛、余秀才对 1998—2009 年间 160 件重大网络舆论事件传播特征的分析①,钟智锦、曾繁旭对 2002—2012 年的 182 个重要网络事件的发生诱因、表现和结局的分析②等。这些研究有助于人们加深对网络公共事件的认识,但现有研究注重分析事件本身的特征尤其是传播特征,对事件中的网民参与和政府回应缺少分析。网民是网络公共事件的主要推动者,政府的态度也在很大程度上决定事件的走向,因此有必要在把握事件特征基础上,深入探究网民参与事件的机制和政府回应事件的方式。

本章将选取一定数量的网络公共事件案例,对其起源、类型、涉事群体、诉求目标、政府回应状况和事件结果等开展量化分析,着重研究其传播机制及政民互动状况。在此基础上,分析网络公共事件的政府回应和非理性言论的引导策略,同时也进一步验证本书前三章的研究结论。

第一节　网络公共事件的计量分析

一、研究问题与编码分类

1995 年 5 月,我国互联网服务正式对公众开放,当年就发生了影响至今

---

① 钟瑛、余秀才:《1998—2009 重大网络舆论事件及其传播特征探析》,《新闻与传播研究》2010 年第 4 期。

② 钟智锦、曾繁旭:《十年来网络事件的趋势研究:诱因、表现与结局》,《新闻与传播研究》2014 年第 4 期。

的"朱令铊中毒事件",这是中国最早的网络公共事件。2003 年被称为中国网络舆论年,网络媒体开始跻身主流媒体,博客等自媒体形式出现,网络传播进入 Web2.0 时代,孙志刚事件等一系列公共事件爆发,使网络公共事件开始成为引人注目的社会现象。2007 年被称为中国网络公共事件年,华南虎事件、最牛钉子户事件、山西黑砖窑事件、厦门 PX 事件等一系列重大事件接连发生,网络公共事件开始呈井喷之势。从 2007 年开始,人民网舆情监测室每年发布"中国互联网舆情分析报告",并根据发帖量等数据统计出该年度最受网民关注的 20 个事件。本研究提取人民网舆情监测室发布的 2007—2014 年间160 件影响较大的网络公共事件作为样本库,剔除其中与本书研究问题无直接关联的或难以分析的案例 58 件①,最终获得本研究的案例 102 件(见表4-1),具体分析以下问题:

1. 网络公共事件的主要类型有哪些,事件涉及哪些群体?

2. 事件起源和首发媒体分布情况如何?

3. 事件的主要诉求目标是什么,事件处理结果如何?

4. 网民的参与方式、事件的组织性和破坏性分析;

5. 政府回应的现状如何? 政府回应的主体、速度、形式和效果分析。

表 4-1　本研究的分析案例

年份	案例	合计
2007	华南虎事件、山西黑砖窑事件、重庆钉子户事件、超女唐笑怒踢武警、南京彭宇案、太湖蓝藻、纸馅包子、广州警察开枪打死副教授、牙防组事件	9
2008	拉萨骚乱、毒奶粉事件、范跑跑事件、王石捐款门、杨佳袭警、南方雪灾、艳照门事件、圣火受阻与抵制家乐福事件、哈尔滨警察打死大学生、瓮安事件、许霆案、红十字会善款善用问题、地震中校舍倒塌	13

---

① 包括一些本身就由政府主导的事件,如上海世博会、北京奥运会等;一些文化娱乐事件,如贾君鹏事件、网络红人凤姐等;还有一些民生、经济类事件,如汽油涨价、股市上涨、阿里上市等;以及少数发生在境外的事件,如斯诺登棱镜门;等等。

续表

年份	案例	合计
2009	湖北巴东邓玉娇案、云南"躲猫猫"案、上海"钓鱼执法"、网瘾标准与治疗、"绿坝"之争、杭州市飙车案、吉林通钢暴力事件、央视曝光谷歌涉黄、"开胸验肺"、逯军"替谁说话"、"小学生卖淫"案、成都公交车燃烧事件、河南灵宝王帅案、访民"精神病"说、罗彩霞事件、习水嫖宿幼女案、湖北石首骚乱	17
2010	腾讯与360互相攻击、我爸是李刚事件、富士康员工跳楼、袁腾飞言论惹争议、北京查封天上人间、郭德纲弟子打人、唐骏学历门、宜黄拆迁自焚事件、方舟子遇袭、张悟本涉嫌虚假宣传、校园袭童案、安阳曹操墓真伪之辩、山西问题疫苗、赵作海案、王家岭矿难救援、唐福珍自焚	16
2011	温州动车事件、小悦悦事件、郭美美事件、药家鑫案、上海地铁追尾、抢盐风波、钱云会案、故宫失窃事件、上海染色馒头、双汇瘦肉精	10
2012	钓鱼岛与反日游行、周克华案、北京特大暴雨、毒胶囊、电商价格战、"表哥"杨达才、乌坎事件、四川什邡事件、陕西孕妇引产事件、哈尔滨塌桥事件	10
2013	薛蛮子嫖娼、李某某案、厦门公交大火、上海法官集体嫖娼、农夫山泉质量门、曾成杰被执行死刑、陈永洲事件、黄浦江死猪事件、夏俊峰事件、山西神木房姐、南方周末事件、海南校长开房事件、长春盗车杀婴事件、甘肃初中生发帖被拘事件、罗昌平举报刘铁男事件	15
2014	昆明火车站暴恐案、昆山爆炸事故、麦当劳肯德基供应商黑幕、柯震东房祖名吸毒被抓、兰州自来水苯超标事件、山东招远血案、广西玉林狗肉节事件、郭美美赌球被拘、湖南产妇死亡、黑龙江杀人越狱事件、广东茂名PX事件、21世纪报系涉嫌新闻敲诈案	12

针对上述问题,本书设定编码分类标准如下:

(1)网络公共事件的主要类型和涉事群体:根据笔者的研究,网络公共事件的主要类型分为民族主义事件(涉及民族矛盾、外交争端、领土完整、暴力恐怖等议题)、政民冲突事件(包括反腐揭黑型、权益抗争型、社会泄愤型等)、公共安全事件(包括公共卫生、食品安全、自然灾害、责任事故等议题)、道德隐私事件(涉及名人争议、社会公德、娱乐恶搞、网络红人等议题)等。网络公共事件的涉事群体,这里指的是事件的直接利益相关者即当事人和涉事机构(组织)相关人员,一般是指网络舆论声援或攻击的主要对象。根据中国社会科学院社会学研究所的研究,当代中国社会群体包括国家与社会管理层、经理人员、私营企业主、专业技术人员、办事人员、个体工商户、商业服务人员、产业工人、农业劳动者、城乡无业、失业和半失业人员等十大群体①,本研究以此为基础,作为涉事群体编码分类标准。

（2）事件起源和首发媒体:借鉴李苏楠的观点②,本研究将网络公共事件的起源分为"现实与虚拟并存型"（指网络舆论和现实行动并存,网上网下互动形成的事件,如华南虎事件）、"现实诱发型"（指源于现实社会的公共事件引发网络舆论,如躲猫猫事件）和"网络诱发型"（指源于网络空间的议题或网帖引起现实社会的关注,如郭美美事件）。网络公共事件的首发媒体是指最先发布事件信息的媒体,本研究分为传统媒体和网络新媒体两大类。

（3）事件的诉求目标和处理结果:事件的诉求目标是指参与者（主要是网民）发起事件讨论或行动的直接目的,根据对部分案例的观察,事件的诉求目标主要有维护个人或集体权益、表达情感或泄愤、寻求事实真相、反思社会问题、娱乐消遣等。网络公共事件的结果是指事件的最后处理结果,包括事件得到解决（指诉求目标得到实现）、事件没能解决和无法获知结果。

（4）网民的参与方式、事件的组织性和破坏性:网民的参与方式包括网络话语表达（如发帖、跟帖和评论）和线下行动（如游行示威）。事件的组织性分为网民自发参与、舆论领袖发动、网络推手策划、社会组织发动等。网络公共事件的破坏性是指事件对社会秩序和社会稳定的破坏作用,这里主要分析谣言传播、隐私权和名誉权纠纷、暴力行动的情况。

（5）政府回应主体:政府回应主体即通过媒体等渠道出面回应事件的机构或人员。参考方付建、汪娟的相关研究③,本书将政府回应的主体分为涉事机构或官员、当地政府机构及职能部门（主要包括当地政府宣传机构、公检法等纪检监察机构和其他相关职能部门）、上级政府机构或职能部门、第三方组

---

① 陆学艺主编:《当代中国社会流动》,社会科学文献出版社 2004 年版。
② 李苏楠:《网络群体性事件的应对》,《中国党政干部论坛》2010 年第 4 期。
③ 方付建、汪娟:《突发网络舆情危机事件政府回应研究》,《北京理工大学学报》（社会科学版）2012 年第 3 期。

织和"其他"。其中,第三方组织是指"体制外"的社会组织或公众代表,如躲猫猫事件中的"网民调查团"。

政府回应速度:政府回应速度是指事件发生后政府首次回应社会舆论的时间,即政府回应的快慢。有人用系统动力学建模分析发现,非常规突发事件舆情热度变化趋势是在1—3天舆情热度急剧上升,第3天或第4天达到峰值,随后逐渐消退,10天左右趋于平稳。因此,政府治理的最佳时机应是事件发生10天内[①]。本研究设置以下编码标准:一天内回应、二至三天内回应、四至十天内回应、十一天以后回应、无回应或不确定。

政府回应形式和渠道:有研究者认为,网络公共事件的政府回应主要包括话语性回应、行动性回应和制度性回应三个方面,政府回应将遭遇到价值、技术、制度和能力等方面的紧张状态[②]。本研究参照上述分类标准,将政府回应方式分为话语回应、行为回应和制度性回应,话语回应是指通过发布信息或沟通交流回应网民诉求,行为回应主要指问责官员或采取实际措施解决问题,制度回应则是通过改变政策或制定相关制度来回应。政府回应的渠道有在传统媒体回应、网络新媒体回应(官方网站、政务微博、微信公众号等)、召开新闻发布会、召开现场见面会等。关于政府回应的社会效果,本书定义为政府回应后对事件处置和社会舆论产生的直接后果,回应效果分为:正面、负面和"其他",正面效果是指政府回应有效解决了事件,促使网络舆论降温或消退,负面效果是指政府回应激化了矛盾,促使网络舆论升温,或产生了次生舆情,"其他"指效果较为复杂或很难判断回应效果。

同时,为深入讨论政府回应的现状和问题,本研究还将进一步分析政府回应的诸要素与回应效果之间的关系,尤其是政府回应中的信息发布和协商对话状况,并比较这两种不同层面的政府回应的实际效果。

---

① 张一文:《网络舆情与非常规突发事件作用机制》,《情报杂志》2010年第9期。

② 李放、韩志明:《政府回应中的紧张性及其解析》,《东北师大学学报》(哲学社会科学版)2014年第1期。

设置编码分类标准后,成立研究小组[1],分头查阅有关文献资料,了解事件来龙去脉和相关信息,通过文本分析和内容分析,将分析结果输入 SPSS 软件进行统计。本研究的案例信息均来自公开发布或出版的各类数据和资料,主要来源于百度搜索、相关舆情监测数据(如人民网舆情监测室发布的研究报告)、报刊有关报道(主要从中国期刊网报纸数据库检索)和相关研究著作、论文等渠道。

在实际操作过程中,研究者发现,由于事件本身的复杂性、相关信息的不足和网民行为的主观性,个别案例很难进行准确评判。为确保研究结论相对准确和客观,本研究对于无从辨别或缺乏资料的部分,尽量归入"其他"选项,对于同时能满足多个选项的则采用多项选择。

二、研究发现

(一)网络公共事件的主要类型和涉事群体

研究发现,网络公共事件的主体是政民冲突事件,在 102 个案例中达到 46 件,占比达 45%[2](见图 4-1),主要包括官员贪腐、公权滥用、公民维权、社会泄愤等议题,公权力部门及其官员与社会公众之间的对立冲突是其主线。这些数据反映当今中国的网络公共事件主要源于社会转型期国家(政府)—社会(公众)的关系变化,政民之间、干群之间、社会强势阶层和社会弱势阶层之间的矛盾冲突较为突出,而社会各群体之间的利益协调和分配机制尚未完善,相关的民意诉求、冲突化解、协商对话等制度建设滞后,导致政民冲突事件数量多,影响大。

民族主义事件数量最少,仅占案例数的 6%,表明民族主义事件已不是当

---

[1]　惠州学院中文系的詹诗惠、蔡丹丽、林扬、陈白虹、林映敏等同学参与了本研究部分数据的分析和统计工作。

[2]　本研究百分比均采用四舍五入法折算成整数。

今中国网络公共事件的主流。不过在 2002 年以前,国内网络公共事件是以民族主义事件和道德隐私事件为主,2003 年以后,政民冲突事件才占据越来越重地位。

公共安全事件和道德隐私事件分别有 25 件(占比 25%)和 13 件(占比 13%),这两类事件历年来发生较为均衡,呈常态化趋势,表明社会道德水准整体下降,公共安全形势严峻,这是网络社会、风险社会的标志。

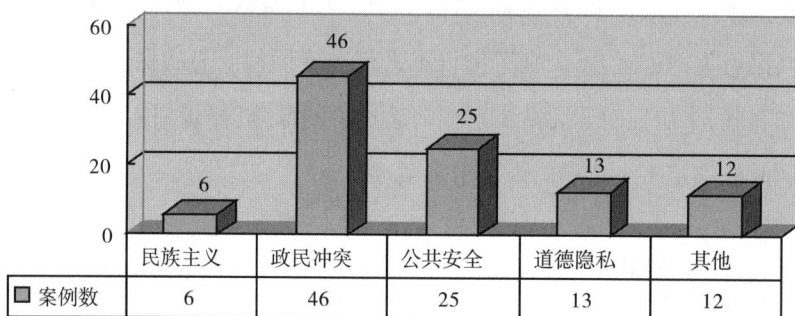

	民族主义	政民冲突	公共安全	道德隐私	其他
案例数	6	46	25	13	12

图 4-1　网络公共事件的主要类型

关于网络公共事件的涉事群体,研究发现,网络公共事件的涉事群体相当广泛,各社会群体均可能成为事件的当事人或涉事者。其中,国家与社会管理层是最为常见的涉事群体,57% 的网络公共事件涉及这一群体,表明国家与社会管理层(公权力部门及其执法者)的贪污腐败、滥用职权、行为失范是网络公共事件的重要诱因,这也从另一个侧面印证了国家(政府)与社会(公众)的矛盾冲突是诱发网络公共事件的重要根源。大部分网络公共事件的舆论指向公权力部门及其执法者,甚至在一些民族主义事件、公共安全事件中,网络舆论的矛头也指向地方政府,地方政府的政策失当及对事件的不当应对往往使事件更趋激化。

除了地方官员及执法者,专业技术人员也是网络公共事件较为常见的群体(约占 19%),尤其是明星、名流的言行举止经常面临公众的监督,远的如超女唐笑怒踢武警,近的如柯震东房祖名吸毒被抓,均属此类。此外,农业劳动者、城乡失业、无业人员及产业工人、农民工等群体在社会生活中相对弱势，这些群体往往因征地拆迁、工资拖欠、社会歧视等遭遇，成为网络舆论同情的对象，从而成为网络公共事件的涉事群体（见表4-2）。

表4-2　网络公共事件的涉事群体①

涉事群体	国家与社会管理层	经理人员	私营企业主	专业技术人员	办事人员	个体工商户	商业服务人员	产业工人	农业劳动者	城乡无业失业人员	其他
案例数	58	0	1	19	7	2	3	6	4	5	16
百分比	57%	0	1%	19%	7%	2%	3%	6%	4%	5%	16%

（二）事件起源和首发媒体

从图4-2可以看出，网络公共事件大都起源于现实的社会问题（占比61%），完全由网络议题引发的事件只占很小比例（占比7%）。表明网络公共事件实际上是现实社会矛盾冲突的网络镜像，反映的是现实社会关系和利益格局。同时也间接反映出社会转型期积累的种种社会矛盾日益凸显，这些问题往往在现实生活中得不到有效化解，遂成为网民热议的对象。研究还发现，由网络诱发的事件大都被传统媒体转载和报道，或者引起人们对社会现实问题的关注，比如郭美美事件引发网民对慈善事业的关注，"表叔"杨达才事件指向反腐问题，等等。由于网络的碎片化和注意力的分散，纯粹由网民发起的议题很难吸引大多数人的注意力，除非引起传统媒体关注，否则很难发展为大规模的网络公共事件。

首发媒体方面，由传统媒体率先报道的案例占比49%，证明网络公共事件并非单纯的"网络事件"，很多时候是传统媒体和网络互动的结果，或者传统媒体曝光以后引发网络舆论发酵。由网络、手机等新媒体首先曝光的事件占40%，表明互联网在我国社会舆论中的影响力越来越大。进一步研究还发现，类

---

① 个别事件的涉事群体不止一个。

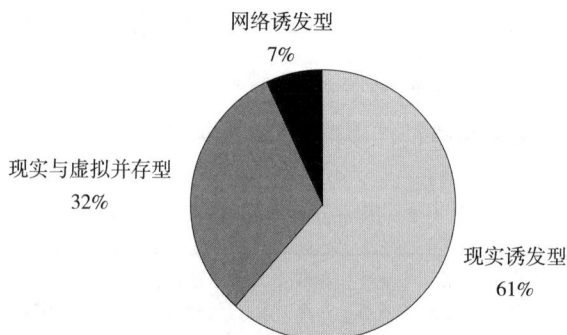

图 4-2　网络公共事件的起源

似乌坎事件、瓮安事件涉及干群矛盾的群体性事件由于较为敏感,传统媒体报道往往滞后,事件多由网络曝光。另外,诸如郭美美炫富这类网络娱乐事件也往往在互联网空间发酵,形成强大网络舆论才迫使传统媒体介入。因此,尽管传统媒体和网络媒体在事件中的角色、地位不尽相同,甚至在很多案例中均出现传统媒体舆论场和网络媒体舆论场分裂的现象,但大部分网络公共事件都是发生在"扩展了的媒介生态体系"之中①,没有传统媒体和网络媒体的互动,网络公共事件很难产生影响力。总体来看,传统媒体、论坛、微博以及后来出现的微信都是网络公共事件的重要信源(见表 4-3),尤其是微博、微信由于其信息传播的裂变性和爆炸性,近年来日益成为网络公共事件的主要信源。

表 4-3　网络公共事件的首发媒体

首发媒体	案例数量	所占比例
传统媒体	50	49%
网络论坛	15	15%
微博	18	18%
博客	4	4%
微信	3	3%
其他	12	12%

① 邱林川、陈韬文:《新媒体事件研究》,中国人民大学出版社 2011 年版,第 7 页。

（三）事件的诉求目标和处理结果

严格说来,事件的诉求目标是一个相对主观的指标,研究者很难作出准确判断。不过结合对每个事件案例的过程分析和话语分析,大致可以判断出,大部分事件同时存在多个诉求目标,网民参与这些事件往往同时具备维权、揭黑、泄愤、反思和寻求事实真相等多种目的(见表4-4)。其中,"表达情感或泄愤"及"维护个体或集体权益"是网民参与网络公共事件的最主要目的,在所分析的案例中占比排在前两位,表明中国网民的权利意识增强,对社会公平正义等现实问题极为关注。此外,"对真相的追寻""对社会问题的反思"也是一部分事件的主要诉求目标,如周老虎事件的争论主要围绕虎照真伪,小悦悦事件则是反思社会冷漠问题。相比之下,纯粹出于娱乐消遣目的的网络公共事件较少,此类案例主要体现在艳照门事件这类道德隐私类事件中。

表4-4 网络公共事件的诉求目标[1]

诉求目标	案例数	百分比
表达情感或泄愤	74	73%
维护个人或集体权益	45	44%
寻求事实真相	38	37%
反思社会问题	17	17%
娱乐消遣	9	9%
其他	13	13%

从事件的最终处理结果来看,超过一半的事件(54件,占比53%)能得到解决(见图4-3),显示网络舆论对政府介入事件有较大影响力。仍有接近一

---

[1] 有些事件同时包含多个诉求目标。

半的事件最后没能解决,或者不了了之,或者无从知晓结果,表明一些地方政府应对事件仍不够积极,有的采取封锁、压制的策略,有的采取敷衍、拖延的策略,并且有些时候封锁或拖延的确能使事件的舆论降温,直至逐步淡出人们的视野,但这种结果显然是以损害政府公信力为代价的。

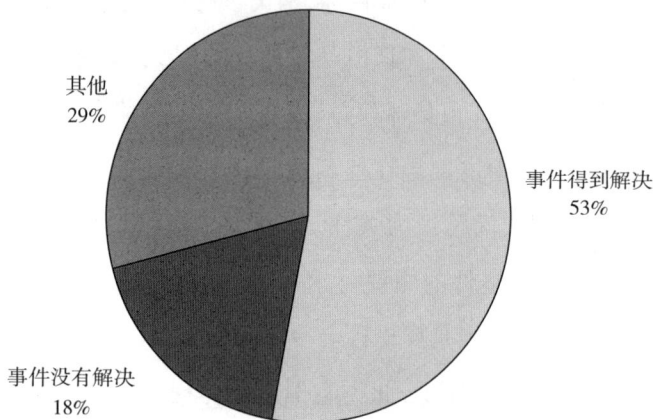

图4-3　网络公共事件的处理结果

（四）网民的参与方式、组织性和破坏性

从图4-4可以看出,网络话语表达是网民参与网络公共事件的主要形式,话语及其承载的舆论是网络公共事件的外在形态,只有少数事件能产生线下行动(17件,占比17%)。从这一角度看,网络公共事件主要是一种"话语事件"或"网络舆论事件",不宜夸大其对社会秩序的破坏性或冲击力。事实上,网络公共事件要发展为现实的集体行动,尚需具备组织、资源、政治机遇等许多客观条件,且面临合法性困境、搭便车困境等现实难题,因此大部分事件局限于网络公共空间的话语互动和围观,较少发展为线下行动。不过,由于网民的情绪化及群体极化效应,网络话语交锋极容易演变为情绪宣泄和语言暴力,甚至发展为人肉搜索、黑客攻击等网络行动,一旦发展为线下行动则又容易失控。

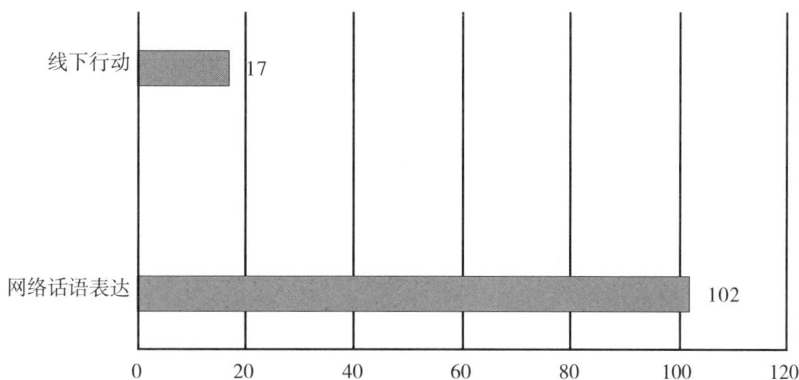

图4-4　网民参与事件的主要形式

从事件的组织性来看(见图4-5),绝大部分事件都是网民自发参与的(91件,占比89%),只有少数事件由网络推手、"意见领袖"或社会组织发动,表明网络公共事件的组织性很低。根据赵鼎新的定义,集体行动和社会运动的最大差异就在于组织化的高低①。当代中国的网络公共事件大多属于组织化、制度化程度很低的集体行动,或者初级集体行动,严格意义上的社会运动很少。网民的自发参与容易造成事件的无序甚至失控,如何促使自发性、无组织的集体行动向制度化、组织化的社会运动转变,是减少和消除网络公共事件破坏性的关键一环。

在当代中国,NGO等各类社会组织独立性有限,组织发动集体行动或社会运动面临合法性困境和较大风险,因此在网络公共事件中经常缺席。纯粹由网络水军、网络推手制造、炒作出来的事件虽然较少,但在很多公共事件舆情中他们都发挥了推波助燃的作用。类似天仙妹妹、芙蓉姐姐、"蒜你狠"、"豆你玩"等由网络推手炒作或制造出来的事件具有较强的商业性,扰乱社会舆论,造成网络公共空间的失范,这类事件属于典型的伪公共事件。

---

① 赵鼎新:《社会和政治运动讲义》,社会科学文献出版社2006年版,第2页。

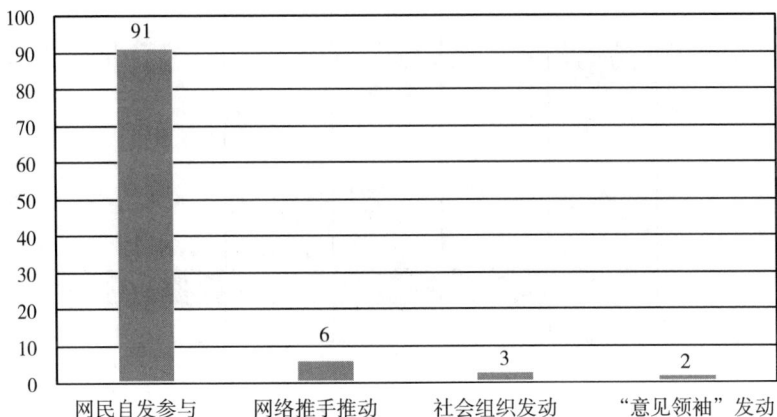

图 4-5　网络公共事件的组织性①

网络公共事件的破坏性是指事件对社会秩序和社会稳定的破坏作用,主要包括传播谣言、产生隐私权和名誉权纠纷、发生暴力行动这几种情形。从研究结果来看,大部分网络公共事件属于正常的话语表达、情绪宣泄和社会抗议,只有少数事件会对社会产生负面效果。其中,最为常见的负面效应是传播谣言,在102个案例中发现了39例,占比38%,即超过1/3的事件中存在谣言。进一步分析发现,在温州动车事件等突发公共安全事件中,经常出现谣言满天飞的现象,在政民冲突事件、道德隐私事件和民族主义事件中,当事件真相迟迟未明,传播谣言的现象也很常见。很多情况下,谣言的产生并不仅仅源于事件本身的复杂性,一些网民出于对政府信息封锁的抵制、对自身命运的不满有可能会主动传谣。一句话,谣言有时候就是一种社会抗议②。

其次是由于人肉搜索、网络曝光等导致的侵犯隐私权、名誉权等侵权纠纷(14件,占比14%),在道德隐私事件中较为常见,如铜须事件、艾滋女事件等,一些明星、名人、网络红人也常常是此类事件的受害者。打砸抢烧等暴力行动

---

① 本研究将无法确定组织发动者的事件均归入"网民自发参与"。

② 胡泳:《谣言作为一种社会抗议》,《传播与社会学刊》2009年(总)第9期。

的社会破坏性最大,但在样本中占比较少(11件,占比11%),暴力行动在社会泄愤事件中最为常见,如瓮安事件、石首事件等。侵权行为和暴力行动两者加起来才占样本总数的1/4,说明大部分网络公共事件的破坏性有限,谣言应对应是治理网络公共事件的首要任务(见图4-6)。

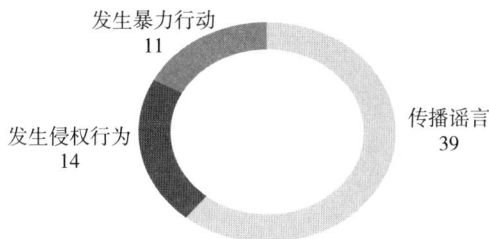

发生暴力行动
11

发生侵权行为
14

传播谣言
39

图4-6　网络公共事件的破坏性

(五)政府回应的主体、速度、方式和效果

从传播学角度看,网络公共事件的政府回应主要是政府针对公众关心或质疑的问题开展的传播活动,因此政府回应是否有效,取决于信息传播和沟通交流是否有效。效果研究是西方传播学行政学派研究的核心,根据相关研究,传播者(主体)、传播时机(速度)、传播媒介(渠道)、传播方式(单向传播或双向互动)等元素都会影响传播的效果[①],因此政府回应的效果如何取决于很多主客观因素。

关于政府回应主体,研究发现,大部分事件的政府回应涉及多个主体,表明回应主体向多元化方向发展。从图4-7(图中数据为案例数和百分比)可以看出,当地政府机构及职能部门是最为常见的事件回应主体,其中由当地政府宣传部门出面回应的有61件,占回应主体总数的19%,由公检法等当地纪检监察机构出面回应的有41件,占13%,由当地其他职能部门出面回应的有

---

①　传播的内容、受众、地点、技巧等元素也会影响传播效果,因数据采集有较大难度,留待后续研究。

73件,占23%。相比之下,上级政府机构或职能部门、第三方组织较少出面回应,并且有相当部分事件是由涉事机构或官员出面回应(56件,占比18%)。问题是,由涉事机构或官员出面回应往往隐瞒真相、回避问题,而当地政府机构及职能部门立足于维护地方形象和社会稳定,往往推卸责任、避重就轻,因为事件需要时间调查,回应往往滞后,难于获得公众信任。有研究证实,在回应主体上,第三方或更高层级主体的回应效果较好。① 因此,要提升政府回应的效果,有必要鼓励第三方社会组织参与,并建立领导负责制,每遇重大网络公共事件,相关部门尤其是上级政府机构及职能部门的领导应第一时间出面回应。

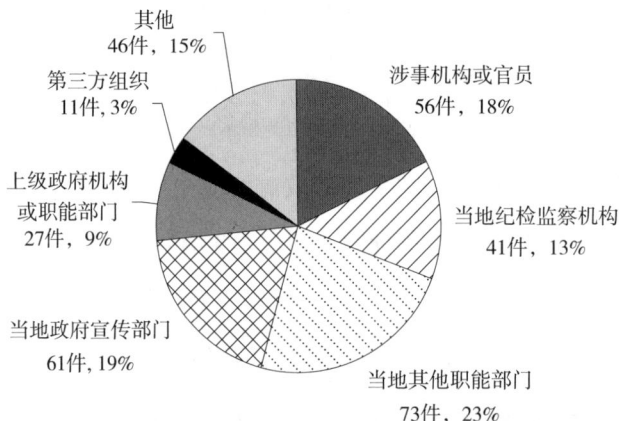

图 4-7　网络公共事件的回应主体

从政府回应的速度来看,总体上反应较快,近年来呈现越来越快的趋势,这一方面是由于社交媒体时代网络公共事件传播、扩散越来越快,逼迫有关部门尽快作出反应;同时也表明地方政府的治理理念发生变化,反应速度越来越快。一半以上的事件在三天内就作出了回应,70%的事件能在发生10天内得到回应,说明地方政府大都能把握住舆情应对的有利时机,只是应对态度、技

① 李放、韩志明:《政府回应中的紧张性及其解析》,《东北师大学报》(哲学社会科学版)2014 年第 1 期。

巧等存在问题。同时,仍有三成的事件回应慢或无回应(见图4-8),说明少数地方政府漠视民意的现象仍然存在,仍有少数地方政府或官员心存侥幸心理,面对网络舆论习惯采取"拖延"或"沉默"的方式加以应对,从而错失治理的有效时机或激化网络舆论。

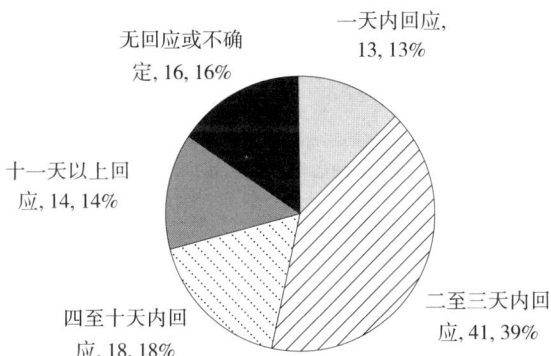

无回应或不确定, 16, 16%

一天内回应, 13, 13%

十一天以上回应, 14, 14%

四至十天内回应, 18, 18%

二至三天内回应, 41, 39%

图4-8　网络公共事件的地方政府回应速度

从政府回应方式来看,话语回应结合行为回应是政府回应的最常见方式(见图4-9)。在有回应的86个案例中,63个事件(73%)有话语回应,主要是通过媒体发布事件信息,回应网民质疑,引导社会舆论。48个事件(56%)有行为回应,包括追究涉事机构和官员责任,维护当事人权益等。类似躲猫猫事件、厦门PX事件这种通过改变政策和相关制度,回应民意诉求的制度性回应较少出现(9个案例,11%),说明网络公共事件的政府回应较为随机,其出发点是为了维护社会稳定,消除负面影响,而不是从制度上、根源上解决问题。

研究发现,排在前三位的政府回应渠道依次是传统媒体、政务微博和官方网站(见表4-5),尤其是在当地传统媒体上发布信息,回应民意,是最为常见的一种回应渠道,说明地方政府仍然较为重视传统媒体的舆论引导作用,传统媒体在事件处置中具有影响力大、容易把关等优势,较受地方政府青睐。同时,随着网络新媒体日益强势,有关部门越来越重视利用新媒体渠道发布信息、引导舆论,尤其是2009年以后,政务微博、微信公众号的应用增长很快。

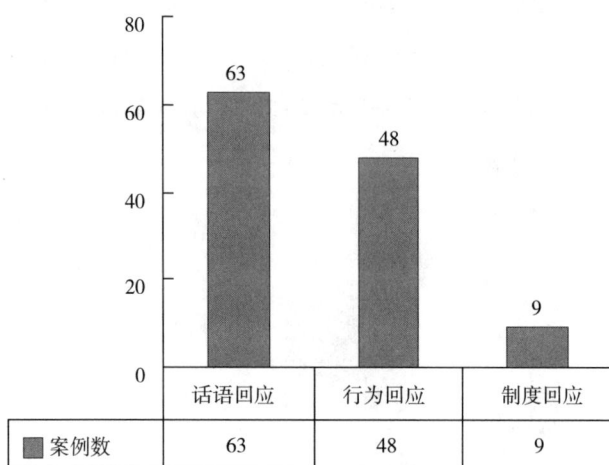

	话语回应	行为回应	制度回应
■ 案例数	63	48	9

图 4-9　网络公共事件的政府回应方式

相比之下,召开现场见面会、听证会、办公会等渠道仍很少见,说明有关部门仍然欠缺平等沟通意识,忽视面对面协商对话在网络公共事件处置中的重要意义。深入分析一些案例可以发现,无论是通过传统媒体、官方网站、新闻发布会,还是通过新兴的政务微博、微信公众号来回应,有关部门均比较重视单向的信息发布和舆论引导,对于双向的交流对话不够重视,或者流于形式,影响了事件处置的效果。

表 4-5　网络公共事件的回应渠道①

回应渠道	传统媒体	官方网站	政务微博	微信公众号	新闻发布会	现场见面会	其他
案例数	46	34	36	16	24	11	30
百分比	53	40	42	19	28	13	35

最后,从回应效果看(见图 4-10),政府回应产生负面效果(33%)的案例几乎与正面效果(38%)相当,说明当前政府回应的效果较差,政府回应不当本身就是激化矛盾或产生次生舆情灾害的重要因素。地方政府亟须改变网络

①　有些事件同时从多个渠道作出了回应。

公共事件的回应策略和态度,加强政府回应人才队伍建设和技能训练,提升政府回应的质量和效果。

关于网络公共事件政府回应的主体与回应效果之间的关系,由于大部分事件是由多个主体共同回应,并且不同回应主体的回应内容、时机、技巧、态度千差万别,难以判断各个主体与回应效果之间的精确关系。但结合一部分案例深入分析,可以初步判断由涉事机构和官员出面回应的效果最差,由上级政府和第三方回应的效果最佳,由当地政府机构及职能部门出面回应的效果较为复杂。

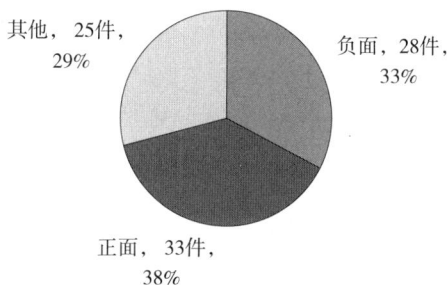

图 4-10　网络公共事件政府回应的效果

关于政府回应速度和效果之间的关系(见表 4-6),研究发现,两者之间呈现微弱的正相关关系。总体来看,回应慢的事件回应效果相对较差,尤其是 10 天以后回应的效果更差,但回应速度快的事件也未必回应效果就好。研究说明网络公共事件的回应效果取决于很多主客观因素,回应速度只是其中一个方面。

表 4-6　政府回应速度和效果之间的关系

	1 天内	2—3 天	4—10 天	11 天以上	合计
正面	6	19	6	2	33
负面	4	13	4	7	28
其他	3	9	8	5	25
合计	13	41	18	14	86

关于回应方式和效果的关系,大部分事件都采用了话语回应和行为回应相结合的方式,正面效果和负面效果大致各占一半。而在实施了制度性回应的9个案例中,回应都产生了正面效果,事件得到解决,网络舆论很快消退,说明制度性回应事件的效果更佳。

三、反思和讨论

本节结合实例,分析了网络公共事件的主要类型和涉事群体、事件起源和首发媒体、事件诉求和处置结果、网民参与方式、组织性和破坏性、政府回应的现状与效果,揭示出当今中国网络公共事件的大致面貌。从事件根源、网民参与和政府回应三个角度看,当代中国的网络公共事件呈现以下面貌:

首先,来自转型社会的群体差异、贫富分化是网络公共事件的深层社会根源,大部分网络公共事件可以归结为社会群体之间的矛盾冲突。这些来自现实社会的矛盾冲突经由网络媒体和传统媒体的互动迅速传播扩散,成为在虚拟空间和现实空间都有重大影响力的网络公共事件。同时,由于网络文化的特点、网络技术的进步,越来越多的议题、事件通过微博、微信等社交媒体渠道传播,使网络公共事件呈现瞬间爆发、裂变式传播等特点,其社会后果越来越具有不可控性,加大了事件处置的难度。

其次,网民参与网络公共事件的最主要目标是表达和维权,"情感"和"利益"均在网络公共事件形成中发挥了重要作用。中国的网络公共事件既有"理性选择"的一面,也有"情感动员"[①]的特点,而且"理性"与"情感"往往同时发挥作用,错综复杂,必须区分不同的议题,具体议题具体分析。一方面,网络公共事件的频发反映当代中国公众参与和民意表达的渠道受阻,大部分网民均与事件没有直接利益关系,他们积极参与其中是想借助"符号性事件"(触发性事件)来发泄自身的不满情绪,事件发展过程中经常出现的"新闻搭

① 杨国斌:《悲情与戏谑:网络事件的情感动员》,《传播与社会学刊》2009 年(总)第 9 期。

车"或借题发挥现象就证明了这一点。从这一角度而言,"符号性事件"其实就是"表达性事件"或"话语事件",情感表达或情绪宣泄也是网络公共事件的重要社会功能,可以发挥"解压阀"的作用。另一方面,确有相当部分的参与者(尤其是事件当事人)是为了维护具体的权利或利益。但由于组织、资源、政治机遇等元素的缺位,大部分网络公共事件缺乏有效的社会组织,网民参与主要是自发的,受情绪和认同等因素左右,事件有可能演变为暴力性的集体行动。

总体来看,中国的网络公共事件受"情绪""情感"等因素的影响比较大,为减轻其负面社会效应,应赋予参与者更多的合法性和组织性,使其朝理性表达方向发展。

最后,从政府回应角度看,尽管政府回应网络舆论的速度越来越快,回应渠道也趋于多元化,但仍限于话语回应和行为回应,立足于尽快消除事件影响,维护地方政府权威,制度化解决问题的机制尚未建立。这种短期行为或许能暂时平息事件,但未能从根本上解决问题。同时仍有相当部分事件没有得到解决或者干脆不予回应,说明一些地方政府漠视民意的现象仍然存在。

深入分析发现,大部分网络公共事件的政府回应以单向的信息发布为主,且信息发布也常常未能令人满意。对真相的孜孜以求吸引网民持续围观事件,而"信息不公开""没有真相"往往成为谣言的温床,导致网络次生舆情灾害不断。多数地方至今仍未意识到对话协商在事件处置中的重要性,尤其是政民之间面对面的平等协商、沟通极为少见,导致事件的回应治标不治本。一些地方政府与民众之间缺乏认同、互信的问题并没有得到有效解决,一个事件暂时平息了,新的事件又不断产生。

第二节 网络公共事件的传播机制

关于舆论传播在网络公共事件产生中的重要性,不少学者结合实例进行了研究。比如,有学者指出:网络舆论的强度、恒度和发展动力,是发生网络群体性事件必须具备的三个条件①。通常,网民之间围绕某个具有象征意义的议题或事件展开话语互动,当越来越多的网民加入讨论,形成强大的、持续的网络舆论,在虚拟和现实空间都产生较大影响,事件或议题就演变为网络公共事件。但是,网络空间的议题或事件众多,什么样的议题或事件才能脱颖而出,吸引大量网民关注和讨论而演变成网络公共事件? 需要具备哪些条件,网络舆论才能维持其强度和恒度? 本节要讨论的是网络舆论的形成和传播问题,即网络公共事件的传播机制问题。应该承认,每个事件都有自身的特殊性和复杂性,要想总结出一套固定不变的理论模式是不现实的,只能从掌握的案例出发归纳出某些共性。

一、网络舆论的形成和传播

(一)议题性质:形成网络舆论的前提条件

从经验角度看,并非所有的社会议题都能引起网民议论,也并非所有现实生活中的公共事件都能吸引网民关注。根据第一节的分析,议题或事件要激发网络舆论,转化为网络公共事件,至少应具备以下三个条件。

首先,事件或议题必须具备某种象征意义,能够激发普遍的社会认同,这类事件通常应具有争议性、抗争性、公共性,即所谓"符号性事件"或"触发性事件"。这类事件背后,通常涉及某种普遍的社会现象或制度弊端。事件发生后,网民除了质疑事件本身,往往还反思社会和制度存在的问题。如孙志刚事件反映了我国收容遣送制度存在的问题,深层次上则涉及权力的滥用和弱势者的无助。

其次,"符号性事件"或"触发性事件"要在网上公开传播,还必须为当地政府所容忍,政府的态度也很重要。决定政府态度的主要是议题的敏感性,一

---

① 林凌:《网络群体事件传播机制及应对策略》,《学海》2010 年第 5 期。

些危及执政党和国家安全的议题是不允许在网上公开讨论的,比如恐怖主义、极端主义、境内外敌对势力利用网络造谣、中伤、煽动,理应加以封锁。而大部分民族主义、公共安全和道德隐私事件并不涉及政民关系,通常能获得较为宽松的传播环境。至于占主体的政民冲突事件,由于涉及当地政府与民众的矛盾和政府问责,早期当地政府往往采取信息封锁和舆论控制手法加以应对,近年来一些地方日益认识到这种维稳模式存在的弊端,加上新媒体的开放性等技术优势,对此类事件的传播限制越来越少,因此也越来越多地出现在网络公共空间。

此外,随着当代中国的社会转型,不仅社会内部出现群体和利益分化,造成网络公共空间的碎片化和多元化,影响议题讨论的走向,而且中央政府与地方政府出于不同的利益考量,也会对某些事件或议题产生不同看法,从而采取不同的策略或政策。比如,许多地方性的政民冲突被当地政府严密封锁,而一旦被上级或中央政府知晓,事件就能合法传播并经上级介入得以解决。此时,地方政府考虑的是规避责任和风险,避免影响地方形象或官员仕途,上级或中央政府考量的则是维护社会稳定大局,或借助民间力量推进反腐进程。可见,由于国家—社会关系的变化及国家、社会内部的分化,为符号性事件转化为网络公共事件提供了一些政治机遇。

最后,事件要在现实空间扩大影响,往往离不开传统媒体的报道。事件或议题是否具备新闻价值,决定该事件或议题能否为传统媒体所关注,一些缺乏新闻价值的事件或议题很难为传统媒体所报道,因此也难以演变为网络公共事件。

(二)传统媒体和网络媒体的互动:扩大舆论影响的主要路径

网络公共事件的活动空间是网络公共空间,但并不意味着网络公共事件只在网络媒体传播,事实上,事件要产生较大的社会影响,必须由线上传播到线下,由网络空间延伸到现实空间。因此,有人将新媒体事件的传播媒介称为

"扩展了的媒介生态体系"①。传统媒体与网络媒体的互动和协作,是网络公共事件扩大社会影响,由网络舆论发展为社会舆论的主要路径。同时,由于各自的技术特点和运作模式的差异,传统媒体与网络媒体在网络公共事件中的角色存在较大差异②。而且,传统媒体和网络媒介各自也存在不同类型、不同层次,不同类型和层次的传统媒体及网络媒介在事件中的作用与角色同样存在分化,试做进一步分析。

第一,传统媒体与网络媒体在网络公共事件中往往扮演不同角色,产生两个舆论场的分裂现象。网络媒介由于相对开放、去中心化、即时性和互动性等优势,常能快速传播事件信息,传统媒体则往往滞后,大部分事件和议题首先在网上发酵,当网络舆论形成较大声势,传统媒体才介入报道,从而进一步扩大事件的社会影响。同时,相较于网络舆论的无序性和非理性,传统媒体的报道往往显得较为慎重和理性,其报道立场和角度常与政府保持一致,网络舆论则常能代表民众发声。由于立场、角色的差异,传统媒体和网络媒体舆论场往往产生分裂,基于对政府和传统媒体的不满,反过来激发网络舆论,导致事件升级或失控。

第二,就传统媒体而言,党媒与市场化媒体、中央媒体与地方媒体、本地媒体与异地媒体、境内媒体与境外媒体之间也可能存在角色差异,在网络舆论形成中的作用也不尽相同。比如,在茂名 PX 事件、天津爆炸事件等案例中,本地媒体往往成为当地政府的传声筒,异地媒体则扮演公众代言人和政府监督者角色。这种传统媒体内部的差别,有助于突破当地政府的信息封锁,为事件的扩散和传播创造机会。

第三,就网络媒体而言,网络论坛、博客、QQ、微博、微信等技术形态各异,在网络公共事件舆论形成和传播中的作用也有所不同。网络论坛是较早的网络公共事件讨论平台,但其把关和审查相对严格;博客、微博、QQ、微信等自媒

① 邱林川、陈韬文:《迈向新媒体事件研究》,《传播与社会学刊》2009 年(总)第 9 期。
② 许鑫:《论网络媒体与传统媒体的角色差异》,《惠州学院学报》2011 年第 2 期。

体形态则兼具草根媒体和社交媒体的特点,一些重大网络公共事件中的博客、微博用户通过发表评论、相互关注等形式,可以在极短时间内形成网络舆论;QQ、微信兼有人际传播和群体传播功能,在一些地方性议题和事件中,常常成为当地居民相互联络和动员的工具;2010 年以来,具备即时互动、裂变式传播、方便快捷等技术特点的微博、微信日益普及,成为网络公共事件传播的主要载体。

第四,人际网络与媒体传播的结合,进一步推动网络公共事件信息和舆论的扩散。根据美国社会学家拉扎斯菲尔德的"两级传播理论"及相关的"多级传播理论",大众媒体传播的信息必须经过"意见领袖"等中介的传播,才能逐级向下扩散。同理,在网络公共事件舆论传播中,信息和舆论首先由大众媒体或网络媒体发出,经由舆论领袖及网民的人际网络逐步扩散,影响社会舆论。人际网络与媒体传播的结合,使事件的社会影响进一步扩大。

(三)网民和"意见领袖":推动网络舆论传播的主要力量

网络议题的形成和传播,离不开各种社会力量的主导和推动。从案例分析来看,网民是最主要的网络舆论推动力量,社会精英或组织、网络推手、境内外敌对势力也是一部分网络公共事件舆论的推动力量。

网民是网络舆论的传播主体和主要推动力量。绝大部分网络公共事件是由网民自发参与和推动产生。网民又可分为普通网民和"意见领袖",前者主要通过围观、跟帖、转发等方式参与事件,后者主要通过发帖、评论、转载等方式关注事件。"意见领袖"通常由媒体记者、明星学者、知名人士和少数有号召力的网民组成,这些人掌握的社会资源较多,影响力较大,其发言常能吸引较多网民关注,产生较大社会影响。普通网民之间也存在群体差别,有着不同的身份和地位,他们参与网络公共事件的动机和形式各不相同,立场和兴趣也不尽相同,导致网络舆论往往形成"众声喧哗"的局面,难以形成共识,因此普通网民的自发参与存在较强的无序性和非理性。相比之下,"意见领袖"的参与则较为理性,常能发挥舆论引导作用。"意见领袖"和普通网民的协作,推动事件或议题形成强大的网络舆论,迫使有关部门回应民意,采取措施解决问题。

也有少数事件是由各类社会精英或组织、网络推手或境内外敌对势力所主导。比如2011年的"微博打拐"和"免费午餐"事件就是由社会精英和社会组织联合发起的,这类事件由于组织性较强,通常更为有序,正向效果明显。"免费午餐"是由几十家国内媒体及邓飞等数百名记者联合中国社会福利基金会等公益组织发起的一个公益项目,引发网民的广泛关注和参与而成为网络公共事件。此外,天仙妹妹、贾君鹏等许多网络红人和娱乐恶搞事件的背后,都有网络公关公司和网络推手在策划推动,这类事件是市场力量介入网络空间的结果,市场的介入造成公私边界的模糊,人为制造的"网络公共事件"(伪公共事件)挤占了公共空间,以"公共"之名谋求私利,对其的规范和治理有待加强。

(四)议题发掘及真相追寻:维系网络舆论热度和恒度的保证

关于网络公共事件的发生过程和阶段,有的学者将其分为发生期、扩散期和消退期三个阶段[①],也有"四阶段说""五阶段说""六阶段说"等。不论怎么划分,网络舆论都有发生、发展、高潮、消退等几个阶段。在每个阶段,网民讨论的议题不尽相同,最初的触发性事件或议题只不过是一个导火索,在事件的发展过程中,不断会有新的内幕曝光和议题产生,加上真相姗姗来迟,网民的诉求始终未能得到满足,吸引网民持续关注事件。在议题延伸和真相未明情况下,网络舆论的热度和恒度得以维持,事件持续发展,一般要到真相大白和问题解决,或者事件不了了之,又有其他热点事件出现,网络舆论才逐渐消退。

---

① 彭辉、姚颉靖:《网络舆情传播规律与治理策略》,《河南社会科学》2014年第2期。

（五）舆论压力和抗争行动：促使政府回应民意的主要动力

通常，网络公共事件发生后，经过一段时间的舆论发酵，形成强大的舆论压力，多数地方政府相关部门会做出回应。但仍有少数地方政府无视民意，采取拖延策略或不予正面回应。一些网民转而通过网络舆论动员，在网上或线下采取实际抗争行动，将事件"闹大"，促使事件升级。其抗争行动的"剧目"（形式）包括人肉搜索、曝光黑幕、网络签名、黑客攻击、传播谣言、散步游行、暴力打砸等等，迫使有关部门正视网络舆论，公布事实真相或提出解决方案。

二、个案分析：翟天临事件

2019 年 2 月 6 日，"翟天临问知网是什么"被推至微博热搜榜第一。刚刚被录取为北京大学博士后的人气明星翟天临，被质疑取得博士学位却不知知网，不合常规。在接下来的十多天，翟天临被质疑未达博士资质却顺利毕业，引发舆论地震，网民质问教育不公现象，涉事各方的学术腐败、学术不端等问题不断被揭露。直至 2 月中旬，涉事高校陆续公布处理结果后，网络舆论才逐渐消退。

首先，从议题性质看，翟天临事件属于敏感度较低的符号性事件。翟天临事件涉及学术不端、教育不公、教育管理层腐败等问题，具备"符号性事件"的争议性、抗争性和公共性等基本要素，并借助融合媒体技术的优势裂变式传播扩散，引起了全网关注，迅速由学术圈、网络空间的讨论演变成一场全民参与的舆论风暴。同时，翟天临事件主要涉及高校，事件主角是明星，事件最初被定性为个人学术不端现象，因此得以在网上和网下公开讨论。

由于翟天临属当红明星、社会上层，并具有学霸标签，却不懂知网是什么，且涉嫌论文剽窃，网络舆论最初主要围绕学术不端现象展开讨论。但很快网民就质疑翟天临的博士学位和博士后录取通知是怎么得来的？事件很快被定义为教育不公问题,成为当前某些人利用权力垄断教育资源的符号和象征。出于对权力侵占教育资源和教育不公行为的不满,网民开始对类似的现象和议题进行发掘。随着涉事高校领导层的学术不端、个人作风等问题不断被揭发,网络舆论的议题逐渐指向教育管理层的腐败现象。事件由单纯的个人学术不端问题演变为教育不公、社会不公问题,网络舆情事件发展为社会公共事件。短短几天内,翟天临事件就由单纯的个人学术造假问题符号化为社会不公问题(见图4-11)。

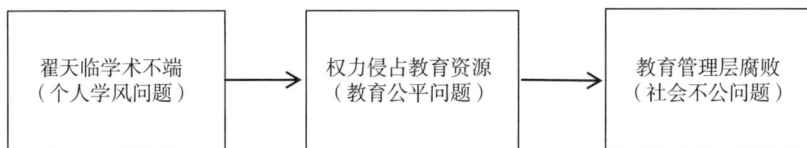

图 4-11 翟天临事件的符号化

其次,主流媒体和自媒体结合,成为扩大舆论影响的主要路径。综合几家舆情分析平台信息发现,2019 年 2 月 8—23 日期间,微博、微信、网络媒体三大平台共发出二千多条相关信息。其中包含了《新京报》《中国青年报》等主流媒体开设的微博账号、网站发布的信息。本该由专业媒体跟进调查的事件,却在舆论爆发不久,即由网民自发开展调查掘密。有的网民公布翟天临论文查重结果,有的网民将翟天临以往言行曝光,更有网民将调查对象指向了相关高校管理层。还有网民详细梳理了事件疑点并与其他网民协作,从多方面搜集证据,如北京电影学院博士毕业要求、翟天临论文存在的问题、翟天临读博期间的表现、翟天临 19 名同届博士同学的论文等,用事实证据质疑翟天临的学术造假行为。这一过程彰显了新媒体格局下自媒体和社交媒体的强大力量。广大网民、草根主动发掘信息,不断提供最新事实,补充细节,助推事件向前发展。

随后,主流媒体的介入使事件由网上发展到网下,经由网络空间延伸到现实人际网络,扩大了事件的影响力,使网络舆情事件发展为影响重大的社会公共事件。尽管主流媒体于涉事高校发出第一条官微声明后,才开始密集发声批判学术造假、教育不公行为。相比搜狐、网易等门户网站和其他自媒体,主流媒体介入时间滞后、报道量较少,且多为评论性信息,但主流媒体的发声代表全社会对事件的关注,并直接引起教育部门的重视,推动了事件的最后解决。

再次,网民对议题的发掘和对真相的探索,维系了翟天临事件的舆论热度和恒度。翟天临事件事关学术不端和教育公平,若在过去,公众唯有等待官方调查结果,而调查是需要时间的,公众的热情和舆论的热度有可能在等待中消退,如果官方调查结果迟迟不公布,一旦出现新的热点议题或事件,网民的注意力转移,事件很有可能不了了之。

在融合媒体语境下,网络技术赋予网民强大的搜索能力,公众没有耐心等待官方结果,主动在网上搜索翟天临的论文和言行。在官方调查翟天临的同时,网民友继续发掘议题,将翟天临的博士生导师、所在学院院长出现的学术问题、生活作风、翟天临的高考成绩、相关高校的负面新闻等问题公布出来,维系了事件的恒度。

从表4-7可以看出,在事件的不同进程中,有关事件的信息不断爆出,网络讨论的议题不断深化,有关部门的回应相当被动,调查结果姗姗来迟。

表4-7　翟天临事件的舆论演变过程

事件进程	信息发布	网络舆论	媒体立场	相关回应
发生: 1月31日— 2月6日	1月31日,翟天临晒出北大博士后录取通知书,上了热搜榜。 2月6日,知乎用户@潜龙的问题《为什么翟天临博士毕业了,却没有发表论文》被转发,引发争议。	舆论分化,一部分网民(大多是翟天临粉丝)极力维护翟天临;另一部分人质疑其博士学历存在水分。	主流媒体尚未发声。	涉事方暂无回应。

续表

事件进程	信息发布	网络舆论	媒体立场	相关回应
发展: 2月7日— 2月8日	2月7日,翟天临问"知网是什么"的视频被爆出。 7日,微博账号@PITD亚洲虐待博士组织连发9条微博质疑翟天临学术资质,引发广泛关注。 7日,翟天临刊于《广电时评》的一篇论文被扒出,该刊并非核心刊物,未达到所在高校要求。	舆情热度提升,越来越多网民质疑翟天临学术不端行为。	主流媒体仍未介入。	2月7日,翟天临首次回应称"我说不知道1+1=2也有人信吧"。 8日,翟天临工作室发表声明称翟天临并无任何学术不端行为。 8日,四川大学官网将翟天临列入"学术不端案例"栏。
高潮: 2月9日— 2月15日	2月9日,翟天临一篇论文被指涉嫌剽窃。 9日,被抄袭者黄立华教授出面证实论文被翟天临抄袭。 9日,翟天临高考成绩被质疑。随后,翟天临同届19名博士论文被曝光。 13日,翟天临硕士论文被指抄袭陈坤。	舆情持续发酵达到高潮,大部分网民质疑翟天临学术造假,网民自发开展调查,曝光一系列问题。	主流媒体一改沉默态度,《科技日报》、《人民日报》、《新京报》、澎湃新闻等媒体密集发声,要求严肃对待学术不端行为。	2月11日,北京电影学院声明将对此事开展调查。 11日,北大光华管理学院声明将根据调查结论做出处理。 14日,官微@北京电影学院声明学校已着手调查。 14日,翟天临发出《致歉信》,表示将积极配合调查。 14日下午,@北京大学光华管理学院表示将依法依规处置。 15日,教育部回应将对学术不端行为零容忍,绝不允许任何破坏教育公平的行为。
消退: 2月16日 以后	北京电影学院院长张辉生活作风问题被公开。一些高校类似问题被曝光。	网络舆论重心转移,除继续谴责翟天临,要求公布真相,批评矛头转向教育管理层的腐败。	主流媒体密集发布调查结果,引导舆论。	2月16日,北京大学确认翟天临存在学术不端行为,同意其退出科研站。 19日,北京电影学院宣布撤销翟天临博士学位,取消其导师博导资格。

最后,涉事机构的回应和处置最终促使网络舆论逐渐降温。网络舆论的消退,主要有两种机制,一种是事件得到解决,网民的诉求和目标得以实现,另一种是事件不了了之,网民的热情消退,加上其他事件的吸引,网络舆论逐渐退热。翟天临事件虽属第一种,但它是在强大舆论压力下,依靠上级教育主管

部门的介入才解决,是以高校教育管理层形象损伤为代价的。事件发生后,涉事两所高校迟迟不回应,导致网络舆论被激化。直到两所高校宣布事件处理结果,网络舆论才逐渐消退。

在这一过程中,涉事机构全程处于被动回应地位,从一开始的矢口否认,到承诺展开调查,到最后宣布调查结果并作出处置决定,始终走在网络舆论后面。尽管如此,涉事机构的调查和处理,起到了舆论降温的作用,虽然是以自身的形象和公信力为代价。

网民的注意力是有限的,从近年来的网络公共事件来看,并非任何议题或事件都能引发网民的广泛关注,只有那些能反映社会深层矛盾,带有公共性、象征性、普遍性、争议性的事件,才有发展为社会公共事件的潜质。翟天临事件表面上涉及个体学术不端,实际反映出社会存在教育不公、权力寻租的现象,事关各阶层公众利益。应对网络舆论,头痛医头、脚痛医脚是不行的,必须将事后应对转向事前预防,做好网络公共事件的日常预警工作,根据对舆情趋势和社会心理的分析,及时化解潜在矛盾和冲突,从根源上消除网络公共事件滋生的社会土壤。舆情是社会的皮肤,反映社会深层问题①。在新媒体格局下,传统的单向度的信息防控、舆论引导等应对手段效果有限,应立足于解决社会深层矛盾,从社会结构调整、社会认同建构的高度去寻求治本之策。

在新的媒体格局下,人人具有发掘信息的能力,涉事方的调查往往滞后于网民发布的信息,这种情况下,要有效阻止事态扩大或恶化,必须第一时间作出回应,回应态度应当诚恳。对于需要取证、调查的事件,政府或涉事方无法做到第一时间发布真相,则可以选择"少量多次"、由浅入深地发布信息。即掌握较少真实信息时,要首先表明与公众的沟通意愿和诚意。随着真相的深入挖掘,再持续公布最新消息。翟天临事件中,涉事高校若能第一时间表明立场和态度,再着手调查,并实时更新调查进展,就不至于损害自身公信力。

---

① 喻国明:《网络舆情治理的基本逻辑与规制构建》,《探索与争鸣》2016 年第 10 期。

翟天临事件说明,在新的媒体格局下,依靠拖延策略应对网络舆论,寄希望网络舆论自然消退越来越难,反而可能弄巧成拙。就算上级部门最终介入解决问题,网络舆论消退,涉事机构公信力的损伤也很难在短期内修复。主动回应民意,第一时间公开信息,才是政府及涉事机构应对网络舆论的上策。

第三节　网络公共事件的政府回应

政府回应理论源自西方,其理论渊源最早可追溯到亚里士多德的法治论。西方的政府回应理念强调其价值,即回应性,我国学者则将其视为一种政府行为和政治过程①。20 世纪 80 年代以后,西方政界和学界兴起一场新公共管理运动,旨在提高政府公共管理绩效,在此背景下,政府回应重新成为国内外学者研究的对象。根据美国学者格罗弗·斯塔林的观点,"政府回应意味着政府对公众接纳政策和公众提出诉求要做出及时的反应,并采取积极措施来解决问题。不仅包括回应公众事前的表达需求,更应洞悉先机,以前瞻性的行为来研究和解决问题"。② 随着研究的深入,研究者日益认识到政府回应的重要性。有学者提出,"公共行政面临的核心问题在于,确保公共行政管理者能够代表并回应民众利益"。③

近十年来,政府回应成为中国行政管理学界研究的热点。网络公共事件作为社会公共生活中一种新的社会现象,近年来日益引起地方行政管理部门的重视,也成为公共管理学界研究的热点议题。有学者将政府决策回应的模式概括为四种:鸵鸟模式(网民参与、政府不予回应)、杜鹃模式(民意先发、政

---

① 李严昌:《政府回应:中国的理解和实践》,《行政与法》2011 年第 11 期。

② [美]格罗弗·斯塔林:《公共部门管理》,陈宪等译,译文出版社 2003 年版,第 132 页。

③ [美]戴维·H.罗森布鲁姆、罗伯特·S.克拉夫:《公共行政学:管理、政治和法律的途径》,中国人民大学出版社 2002 年版,第 9 页。

府被动回应)、蜂王模式(政府主动、民意部分参与)和鸳鸯模式(政府主导、政民高度互动),认为杜鹃模式是目前我国地方政府决策回应的主要形式①。也有人结合实例分析,发现回应形式多样、回应次数多的事件通常应对效果较好。②但总体来看,对网络公共事件的政府回应研究尚处于起步阶段,尤其是有关政府回应的实证研究有待加强。

在新闻传播学科看来,网络公共事件本质上是一种舆情传播现象,因此网络公共事件的政府回应最重要的就是政府对社会舆论尤其是网络舆情的回应,包括信息传播和沟通交流。有研究表明,政治和民生问题是网络舆论事件的主要议题③。这些问题直接或间接涉及地方政府,政府的态度和处置直接影响事件的发展和结局。新闻传播学科有关网络公共事件政府回应的研究,多属现象描述和经验总结,较多采用个案分析的方法,影响了研究的深度和广度。只有个别学者对一定数量的样本展开过实证分析,如钟智锦等人结合182个网络事件案例,讨论了事件中的政府回应方式,发现在大多数情况下,地方政府能进行积极的回应,但还没有形成制度化的危机管理机制④。有学者基于2008—2015年170个网络反腐案例数据进行检验,研究发现,在超过半数的网络反腐事件中政府回应不及时⑤。

在本章第一节中,案例分析发现,政府回应网络舆论的主要形式有话语回应和行为回应,回应速度总体较快,且近年来显得越来越快,但仍存在回应慢和不回应现象。网络公共事件的主体是政民冲突事件,网络舆论的矛头主要

---

① 翁士洪、叶笑云:《网络参与下地方政府决策回应的逻辑分析》,《公共管理学报》2013年第4期。

② 方付建、汪娟:《突发网络舆情危机事件政府回应研究》,《北京理工大学学报》(社会科学版)2012年第3期。

③ 钟瑛、余秀才:《1998—2009重大网络舆论事件及其传播特征探析》,《新闻与传播研究》2010年第4期。

④ 钟智锦、曾繁旭:《十年来网络事件的趋势研究:诱因、表现与结局》,《新闻与传播研究》2014年第4期。

⑤ 文宏、黄之:《网络反腐事件中的政府回应及其影响因素》,《公共管理学报》2016年第1期。

针对地方政府,政府的回应可以决定事件的走向。研究还发现,政府回应的速度与事件的破坏性成反比。本节在回顾我国网络公共事件政府回应现状基础上,重点分析政府回应的形式及策略。

一、网络公共事件政府回应的现状

近十年来,随着网络公共事件频发,影响越来越大,引起了地方政府的重视,对网络公共事件的回应趋向积极,由压制舆论转向回应舆论,由无回应转向有回应,回应速度也越来越快。2016 年,中共中央办公厅、国务院办公厅等多个部门连续发出通知,要求地方加强舆情公开与政务舆情回应,公共事件政府回应的频度和速度明显进步。国务院办公厅要求对特别重大和重大突发事件最迟应该在 24 小时内召开新闻发布会,其他政务舆情应在 48 小时内回应。据统计,在 2016 年舆情热度最高的 400 个事件中,政府回应率达 85%,事发 24 小时回应率达 55%,其中借助政务新媒体回应的占 41%。① 与本章第一节研究结果相比,2016 年网络公共事件的政府回应有了明显进步。但由于维稳思维和官僚主义作风依然存在,政府回应的现状仍不容乐观,主要存在以下不足。

第一,地方政府回应仍较为被动。除了前文分析的政府回应形式较为单一,事件的回应普遍还较为被动。仍有一定比例的网络公共事件政府没有回应,或者采取删帖、封锁信息、压制舆论等方式来应对。尽管越来越多的地方政府用回应取代了压制,但基本都是在面临强大舆论压力下的被动回应,回应总是滞后于网络舆论,其基本模式如下:

事件发生→网络舆论发酵→传统媒体介入→形成强大舆论压力
→政府被迫回应

由于地方政府回应的滞后性,往往错失解决问题的先机,使简单问题变得

---

① 《〈2016 年社会治理舆情报告〉在京发布》,人民网,2017 年 1 月 19 日,http://yuqing. people.com.cn/n1/2017/0119/c408627-29036654.html。

复杂化。由于地方政府迟迟不表态,一些网民的质疑和不满情绪增强,往往采取发布谣言或批评地方政府的方式予以抗争,使地方政府公信力下降,待地方政府出面回应,其效果将大打折扣。

第二,回应主体不够明确,回应人员的素质较低。网络公共事件发生后,应该由谁来回应? 这方面往往缺乏统筹协调,没有一个权威的、统一的、稳定的回应主体。目前国内网络公共事件多由涉事机构的负责人或当地宣传部门官员出面回应,但涉事机构的回应常常掩盖真相、推卸责任,当地宣传部门的回应立足于维护地方稳定和政府形象,往往例行公事,避重就轻,且因级别不够,发言缺乏权威性,难以服众。比如在 2015 年天津爆炸事件中,尽管当地政府先后召开了十多次新闻发布会,但前 6 次负责安全生产的副市长均未露面,每次发布会参会官员都有变化,"不清楚""不知道""不掌握"等搪塞推脱之词一再出现,引起了网民的不满。

另一方面,目前国内网络公共事件的回应人员一般由当地官员或新闻发言人组成,他们大都缺乏危机管理和舆情应对技巧,信息发布和沟通素质较低,容易造成回应中的次生舆情。比如在 2011 年的温州动车事件中,铁道部新闻发言人在回答记者疑问时竟然说"至于你信不信,我反正信了",让其成为网民口诛笔伐的对象。此外,如 2009 年郑州市规划局副局长逯军在接受采访时质问记者"你是准备替党说话,还是替老百姓说话",成为当年的网络流行语,类似的官员"雷语"都反映当前政府回应人员的素质有待提升。

第三,注重单向的信息传播,忽视双向沟通和互动。从地方政府回应的形式来看,目前大部分都是单向的信息传播,比如在传统媒体和政务新媒体发布信息,虽也提供了反馈的渠道,但当地政府与民众之间没有面对面沟通,难以实现有效的对话。新闻发布会、记者招待会通常也由政府主导,何时发布、发布什么、谁来发布都是政府单方面决定的。网民见面会或现场办公会的互动性强一些,政民之间较为平等,但目前很少应用,而且也不是毫无限制。

以茂名 PX 事件为例,当地政府为了平息民间对 PX 项目的质疑,可谓煞费苦心,不仅发动官方媒体广泛开展PX科普知识宣传,也曾主动邀请部分知名网友见面。问题是,政府方面的出发点并非听取民意,而是借此推广PX项目,引导舆论。推广会上,政府方面先播放了《焦点访谈》有关正确认识PX项目的节目,随后负责人就PX项目做了解读,解读完毕就想离场,后被网民要求留下回答问题,但该负责人只回答了网民的三个问题,且均未能令网民满意。也就在这个会场上,网民相互交换了联系方式,为几天后的游行示威创造了条件。可见,哪怕是网民见面会,政府方面也只注重单向的信息传播,忽视民意疏导,且态度不够坦诚,缺乏诚意,因此失去了一次很好的沟通协调的机会。

第四,地方政府回应动机不纯,难以满足网民诉求。政府回应目的应是回应公众和网民的质疑,尽快公布事实真相,推动事件解决。但从有关案例来看,一些地方政府将回应视为宣传政府主张,引导舆论的形式,对网民关心的问题却推三阻四,或答非所问。

第五,地方政府回应随机性较强,缺乏规范,相关的制度和机制建设滞后。尽管越来越多的网络公共事件发生后,有关部门能作出回应,且回应速度越来越快。但大多数情况下都是在网络民意沸腾,政府公信力面临挑战情况下临时作出的对策,缺少相应的制度安排和应急管理机制。从相关案例来看,政府回应以话语性回应为主,行动性回应动作迟缓,制度性回应很少。多数地方政府都没有建立起系统的舆情预警、信息公开、舆论回应、风险防控和善后工作制度和机制,导致事件发生后,相关责任主体缺失,处置没有规范,应对混乱无序。

二、深圳的经验和启示

广东是我国改革开放的窗口,深圳是第一个经济特区,处于改革开放的最前沿,在处理突发事件方面也走在全国前列,深圳的成功经验对于其他地方有借鉴意义。在政府回应的制度建设方面,深圳在2009年最早规范了新闻发布制度,在全国率先实施了新闻发布问责制,建立了首个政府门户网站的在线发布厅"服务型新闻办"。深圳第一个修订了政府信息公开规定,明确"重大突发事件政府应持续主动公开"。2015 年,深圳又建立了实时监测、统一指挥的部门联动的舆情应对综合协调工作机制,制定《深圳市重大舆情应对工作方案》,建立集新闻发布和监测功能于一体的"深圳市舆情应对综合协调中心",建立舆情信息互通机制,将监测到的舆情信息分类报送相关职能部门,并成立了重大舆情应对处置领导小组,统一领导和协调舆情处置工作。为了加强问责,深圳市建立了舆情应对能力考核机制,要求相关人员做到"民生帖必办,问题帖必复,恶意帖必删",并邀请第三方机构和专业人士参与,定期发布"深圳市网络舆情应对能力排行榜"。由于深圳市在舆情监测和政府回应的制度建设方面的努力,在有效应对网络舆情方面积累了较多经验,作出了有益的尝试。

2015 年 12 月 20 日,深圳光明新区发生一起滑坡事件,造成重大人员伤亡。经国务院调查组认定,事故是一起特别重大生产安全责任事故,相关责任人都被依法惩处。事故发生后,深圳有关部门迅速启动救援应急预案,成立现场救援指挥部,组成包括现场搜救组、现场监测组、医疗保障组、核查人员组、新闻发布组、自身灾害防范组、外围警戒组、交通疏导组、通讯保障组、后勤保障组等在内的 10 个工作小组。整个事故处置工作有条不紊,没有发生大的次生舆情灾害。总结起来,深圳的经验主要有以下几点。

一是成立事故处置领导小组,统筹协调前后方。救援指挥部负责指挥现场救援,省委宣传部领导后方的舆论和宣传工作。前方事故救援和后方舆论引导相配合,整个救援工作有条不紊,应急机制顺畅有序。

二是信息发布积极主动,政府回应开诚布公。事故发生后,相关宣传部门反应快速,回应人员态度诚恳。事故发生 1 个多小时,政务微博就开始发布事故信息,5 小时后就召开了第一次新闻发布会。此后每天召开一次新闻发布会,6 天内共召开 10 场,及时通报事故进展,市委书记也在会上公开道歉。由于官方的态度诚恳,获得了媒体和公众的谅解和认可,没有发生政民冲突的情况。

三是努力做好媒体服务,主动接受公众监督。与国内许多地方政府不同,深圳市在面对重大责任事故时展示出自信和负责任的形象。除了主动发布信息,政府也没有封锁网络舆论,网民和公众可以较为自由地参与事故讨论。政府不仅没有动用警力对付媒体和公众,还主动为媒体报道和公众监督提供便利。记者只需办证即可采访,公众也可通过网络表达看法。宣传部门设置的议题与媒体报道的议题密切相关,网络舆论场和传统媒体舆论场较为一致。

四是掌握传播机制和新闻规律,宣传和报道方式合理妥当。为了增强舆论工作的科学性,宣传部门非常重视专家意见。前四场新闻发布会,考虑到事故原因尚未查明,宣传人员只发布信息,不接受提问。在重大人员伤亡面前,深圳有关部门的宣传和报道显得温情而不煽情,既表达了对死难者的哀悼,又防止过度煽情。事实上,在事故现场,曾有救援人员"火线入党",也有救援人员"救出一只鸡",但有关部门制止了新闻媒体对这些细节的报道,以免给网民和公众造成煽情、炒作的印象。反观2015年6月1日发生的"东方之星"沉船事故①,当时有媒体报道"救援一线,中国最帅的男人都在这儿啦""孩子别哭,我在长江,已经回到母亲怀抱",这种煽情报道,引起网民的极度反感。

五是设置网络议题,正面引导网络舆论。为了引导网络舆论,开通"我在找你—失联者寻亲平台",在当地政务新媒体发起"弘扬正能量""以人为本,尊重生命"等主题讨论,发布一系列正面宣传的网文。

深圳的经验说明,应对网络公共事件,需要把握事件传播机制,积极回应网络舆论,坚持信息公开,主动接受监督,通过政府与公众之间的坦诚沟通,达成谅解,避免冲突。

---

① 2015年6月1日,重庆东方轮船公司的东方之星客轮在从南京驶往重庆途中突遇罕见强对流天气,在长江中游湖北监利水域沉没,遇难者达442人,造成特别重大灾难事件。

三、政府回应的策略和技巧

根据网络公共事件政府回应的现状,结合深圳的成功经验,本书认为,地方政府要有效回应网络舆论,应遵循"第一时间,第一现场,第一领导"的原则,即事件发生后,当地主要领导应尽可能第一时间深入事件现场了解情况,发布信息,安抚群众。具体而言,需要从以下几方面努力。

首先,转变观念,由被动回应转为主动发布,由事后回应转为事前沟通。一方面,摒弃维稳思维,主动回应民意,实现信息公开是应对网络舆论的关键。在当今新媒体时代,封锁信息、压制舆论已经很难奏效。删帖、打压等做法只会激化网民情绪,损害政府形象,明智的做法应是由压制转向回应,主动公布事实真相。网络公共事件发生后,相关职能部门应第一时间出面回应,使权威声音走在网络舆论和小道消息前面,从而占据主动。当然,网络公共事件的调查需要时间,真相不可能短时间内弄清,尽管如此,政府部门还是应尽快站出来,将所掌握信息公之于众,对于需要时间调查的问题则坦诚相告,求得网民谅解。无论如何,第一时间发声是稳定人心的关键。一些地方政府之所以迟迟不回应,有的是受官僚主义作风影响,有的是事实真相还没有弄清,担心说错。当然,在事实真相尚未弄清情况下,相关部门也不能单凭主观臆测或碎片化信息胡乱发声,更不能掩盖事实真相。事实上,乱回应有时比不回应负面效果更大。网络公共事件的发布要像突发事件报道一样"速报事实、慎报原因,符合逻辑"①。

另一方面,加强与网民和公众的日常沟通,重建信任,建立良好的政民关系,是有效应对网络舆论的根本。网络公共事件的发生,根本上说,是由于社会转型期国家—社会关系的变化,政府与民众之间沟通不畅,导致政府决策中民意表达的严重缺失,政民之间缺少互信。增强政府网站、政务微博、微信公

---

① 崔以琳:《"快报事实,慎报原因":突发事件报道的良策》,《新闻记者》2010 年第 5 期。

众号等网络问政平台的互动性和有效性,将网络民意纳入决策依据,并改革上访制度等现实民意表达渠道,增强政府公共决策的合法性,是从根源上治理网络公共事件的有效策略。

其次,由单向传播转向双向沟通,强调在事件现场开展面对面的沟通和协商。由于少数地方政府公信力较低导致政民关系较为紧张,单向的信息传播很难令网民信服,应创新政府回应的形式,由单向的媒体报道、新闻发布等形式转向综合应用多种回应形式,尤其是针对网民的疑问开展双向交流和沟通至关重要。一方面,地方政府应充分利用新媒体渠道,在网上广泛倾听民意,了解网民诉求,并及时告知事件进展,解答网民疑问;另一方面,为增强互信,应尽可能在事件发生现场和网民或公众开展面对面的沟通和交流,求得社会的理解和支持。

无论是网络沟通或面对面交流,都应遵循坦诚、倾听、完整的原则。坦诚即坦率说明情况,不隐瞒真相,也不讳言存在的问题,以真诚的态度对待网民的质疑。倾听即认真听取网民的诉求和意见,给予网民质疑和表达不满的机会。完整即发布信息力求完整、全面、详细,充分满足网民和公众的知情权。

再次,落实责任主体,建立快速反应部队,制定一把手负责制及相应的考评和问责制度,提高有关人员素质。为有效应对网络公共事件,各级地方政府应结合实际建立一支专职网络舆论管理的快速反应部队,聘用专业的舆情管理人员,从事日常的网络舆情分析、研判和应急处置等工作。这支队伍最好由地方政府一把手直接领导,赋予其一定的自主性和权威性,有权独立开展事件调查并公布事实真相。为加强队伍管理,应根据其应对网络舆情的表现和业绩实施考评,实施问责制度,并与当地相关部门建立协作关系。为提升舆情管理人员的素质,应加强与媒体、高校等舆情分析和研究部门合作,吸收相关领域专家学者为政府舆情管理顾问,或直接聘用,增强政府回应的科学性和专业性。

最后,将网络公共事件的政府回应制度化,常规化。建立一套系统的网络公共事件政府回应制度,把预防和应对网络公共事件作为政府相关部门的一项日常工作,制定相应的舆情预警和回应机制。党的十七大提出了建设服务型政府的新目标,服务型政府本质上就是回应型政府。国务院在 2005 年 6 月针对群体性事件问题发布了《国家大规模群体性事件应急预案》,2006 年 1 月,国务院再次发布《国家突发公共事件总体应急预案》及一些专项的应急预案。但总体而言,这些应急预案一般仅涉及现场的处置原则、处置措施等,主要针对现实社会的群体性事件或突发公共事件,网络公共事件的处置还需考虑网络环境的特殊性。同时,政府对于群体性事件的职责并不仅仅是现场的处置问题,还应当积极地预防和减少群体性事件的发生。说到底,网络公共事件的有效治理,有赖于现代政府转型,创新社会管理模式,建设服务型政府、回应型政府和责任政府。

四、非理性言论的回应和引导

关于网络公共事件的社会影响,学术界存在积极和消极两种看法。积极的看法认为网络公共事件是扩大公众参与的契机,将促进公共领域的建构和网络民主(协商民主)的实践,消极的看法则认为网络公共事件中网民的非理性参与会加剧社会群体断裂,阻碍社会共识的达成,甚至造成社会民主化的障碍。两种看法都可以从案例中找到依据。因此,网络公共事件的社会影响是双重的,网络公共事件是成为民主决策的助推器,还是成为暴力的源泉,很大程度上取决于政府的态度和应对策略。

网络公共事件的负面社会效果,从深层来看,有可能加大国家(政府)和社会(公众)的对立,损害政府公信力,加剧社会信任危机。网络公共事件的直接负面效果,则包括侵犯他人权利、传播谣言、引发暴力行动等。不同的负面行为应采取不同的措施予以应对,对于侵犯他人权利,最常见的是侵犯他人的名誉权(诽谤)和隐私权,这在网络红人、娱乐恶搞、网络炒作等道德隐私事件中较为常见。对这些行为应制定相关法律加以规范,尤其要解决网络侵权行为的认定问题,区分正常的言论表达和侵权之间的边界。同时,合理规定网络推手、网络水军的行为边界,打击恶意炒作和违法行为,这属于法学领域研究的课题。而对于打砸抢烧等暴力行动,尤其是涉及国家安全和公众生命的网络暴恐事件,则应由公安司法等机构去果断处理。

前文已分析,网络公共事件最为常见的负面效果是传播谣言,谣言应成为网络公共事件治理的重点,下文将重点分析网络公共事件中谣言的政府回应。

要有效治理谣言,首先需正确认识谣言的本质。尽管谣言的定义形形色色,但多数学者倾向于认为谣言是主观捏造的信息,目的在于扰乱社会秩序或恶意毁谤。据周裕琼统计,中国从 20 世纪 80 年代开始发表的近百篇相关论文,无不对谣言持否定态度。① 不过,也有少数学者认识到谣言是一种客观存在的社会现象,甚至可以说具有一定的"真实性",或者说是"真实的谎言"②。应该说,谣言的产生反映了某种社会现实,正是因为现实生活中真相往往难得,社会公众才通过传播谣言来表达不满。由于民意表达渠道不畅,理性的表达(如上访)又往往难以引起决策者的重视,一些人就通过传播谣言来发泄情绪。从这一角度而言,谣言也可视为民意的另一种表达,反映出当前普遍的社会心理和情绪。谣言同时也是一种社会抗议手段。③ 当社会公众对政府极端不信任,或者事件真相迟迟不公开,网民就通过传播谣言来抗争,迫使政府尽快公开真相。

其次,认清网络谣言的产生根源。法国著名的谣言研究者卡普费雷有段论述被广为引用:"当公众对一切都无法相信的时候,那么他们就会相信一切。"④某种意义上说,谣言的存在是社会转型期不可避免的。在社会信任危

---

① 周裕琼:《1998—2008:艾滋谣言在互联网上的演变与传播分析》,《中国传媒报告》2008年第 3 期。

② 周裕琼:《真实的谎言:抵制家乐福事件中的新媒体谣言分析》,《传播与社会学刊》2009年(总)第 9 期。

③ 胡泳:《谣言作为一种社会抗议》,《传播与社会学刊》2009 年(总)第 9 期。

④ [法]让-诺埃尔·卡普费雷:《谣言——世界最古老的传媒》,上海人民出版社 2008 年版,第 82 页。

机蔓延的时代,在信息爆炸时代,真相和谣言往往扑朔迷离,使得社会公众无所适从。在这个事实和谎言"内爆"的时代,各种辟谣和否认往往显得很无力,使得谣言的应对变得更为复杂。

谣言的产生有着深刻的社会背景和心理、技术根源。不可否认,确有一些不法分子借传谣来混淆视听、扰乱社会,而社会生活的复杂性、网民和民众的从众心理又加剧了谣言的传播和扩散。加上新技术的应用,谣言的传播非常迅捷,而真相的调查需要时间,辟谣总是落后于传谣。并且由于政府公信力较低,就算是政府公开了事实真相,网民也未必相信。一旦有涉及官员贪腐、公权滥用、权益抗争、责任事故等事件发生,公众的第一反应就是"习惯性质疑",这与少数公权力部门的"习惯性封锁"形成鲜明对比。中国青年报的一项调查显示,71.8%的受访者确认身边普遍存在习惯性质疑者,41.1%的人坦言自己就有"习惯性质疑症"[1]。社会公众对权力的极端不信任加大了辟谣的难度,所谓"谣言止于公开""谣言止于智者"等传统信条面临挑战,势必要求第三方的调查和公开才有效。

最后,面对谣言等非理性言论,政府该如何回应? 不可否认,确实有一些网络公共事件发生后,政府的信息公开无法快速消除谣言,但这并不能否定信息公开的价值,恰恰相反,这只能证明信息公开还没做到位。不仅在事件发生后或谣言出现后要尽快公开事实真相,而且在日常的政府决策中也应坚持信息公开,以此来提升政府公信力,缓解社会情绪。另外,信息公开应讲究策略和技巧。在社会信任危机蔓延的情境下,谁来公开、何时何地公开、公开什么、如何公开都大有讲究。信息公开的策略和技巧直接关系到辟谣的成败[2]。那些公开而未奏效的案例大都是由于平时决策信息封闭,一遇危机才被迫公开,公众由于对政府的不信任而无法接受官方解释,或者是政府信息公开的太晚,

---

① 卢迪迪、向楠:《万人民调:71.8%受访者确认身边遍存习惯性质疑者》,《中国青年报》2012年7月5日。

② 许鑫:《谣言应对需要新思维》,《青年记者》2013年第4期。

或者公开的信息不完整、不彻底，无法取信于民。因此，信息公开的主体，应尽量选择第三方，或者由当地主要领导出面，以提升信息公开的权威性和可信度。公开的时机和地点，应选择第一时间发布信息，尽量在事故现场与公众面对面交流。对于尚需调查的问题，则应坦诚相告，求得公众谅解，对于已经掌握的事实，则应完整、彻底地公开，毫无保留。有关部门在信息公开的过程中，应做到平等沟通、态度真诚，尽最大可能满足公众诉求。

进而言之，在社会信任危机蔓延的时代，仅仅依靠辟谣是不够的，需要把谣言治理提升到政民关系调整的高度来看待，在平时做足功课。有关部门应当加强与社会公众的沟通和交流，重建与公众之间的联系和信任。对于容易引发冲突的社会问题，应重视公众诉求，给民意以表达的渠道，尤其不能采用信息封锁、压制舆论的做法。删帖、打压、动辄使用防暴警察只会火上浇油，加剧社会公众对政府的不信任情绪，一旦这种不信任情绪产生，信息公开的效果就大打折扣了。

综上所述，本书认为，网络公共事件的政府回应和舆论引导应倡导范式创新：首先，回应和引导要从重视短期效果到长期效果，从寻求平息舆论到信任重建；其次，既要重视利益调整又要强调情绪抚慰，一方面要协调好当事各方的利益冲突，另一方面也要做好网民的情感沟通和情绪安抚工作；再次，要从单向回应、引导到双向沟通互动，强调平等对待媒体和公众；最后，要从对事件的临场应变到构建制度和应急机制，通过制度化、常规化的回应，避免临场发挥的随机性和无序性。总之，网络公共事件的应对，不能只重视短期内解决利益冲突，消除事件影响，平息网络舆论，更应强调通过政民之间的坦诚沟通和真诚相待实现情感共鸣，化解分歧，重建互信，进而构建新型政民关系。

第五章　网络公共事件的对话沟通与民主协商

　　本书的中心问题是探讨如何在对话协商基础上实现网络公共事件的标本兼治。当代中国的网络公共事件主要源于社会转型期政民之间、贫富之间物质利益的分化和冲突，极少涉及体制层面，国家（政府）—社会（公众）之间并非零和博弈。当代中国的国家（政府）和社会（公众）关系既非改革开放前的高度合作、一体化关系，也非西方式的社会对抗国家的关系。因此，要解决国家（政府）和社会（公众）之间的利益冲突，就不能采取压制措施，也不能一味强调抗争，因为压制和抗争只能激化矛盾，造成两败俱伤的局面，而且有可能导致事件失控，转变为危及国家安全的体制性冲突。

　　除了极少数由国内外敌对分子策划实施的网络暴恐事件需要果断处置，一部分网络炒作、网络红人事件需要法制规范以外，大多数网络公共事件完全可以通过政民之间的对话协商来实现调和。通过政府日常运作和决策环节的民主协商、网络公共事件发生后的对话沟通，最终实现社会和谐稳定。本章将围绕网络公共事件的对话协商，从"是什么"—"为什么"—"怎么样"三个方面深入分析。第一节将首先分析对话协商的理论基础，即对话协商"是什么"，第二节阐释网络公共事件"为什么"要通过对话协商才能有效解决，第三节则进一步探讨对话协商的组织实施，即"怎么样"的问题。

第一节　对话与网络危机沟通

一、对话的理论与模式

所谓对话(dialogue),从一般意义上讲,就是两个或两个以上人之间的谈话,因此对话属于人际传播范畴,有时,对话也指双方或多方之间的接触和会谈,比如国与国之间的对话,等等。从哲学高度看,对话是一种思想和理念,指两个不同主体之间的平等沟通和交流,是人类的一种生存方式、交往方式,强调对话双方的平等和用非强权方式解决问题的愿望。

因此,对话与宣传、引导、争论、说服等概念都有区别。对话是双向的,是双方立场、利益的协调和沟通,或寻求一致,或保留差异,宣传和引导都是单向的,是为了将某种意见或观点传达给他人,或者将对方意见导向己方希望的方向。对话与争论也不同,对话不求说服别人,无所谓输赢,争论则是为了赢得对方,使对方认同己方,对话致力于寻求认同或理解,争论则易导致分歧和对抗。"对话中最无效的事情,恰恰是说服他者,当说服实现了的时候,现有的看法和理解将限制进一步的理解。"①

在人类思想史上,对话的思想可谓源远流长,从古希腊苏格拉底(Socrates)的哲学对话,到中国古代思想家孔子的"述而不作",均蕴含了深刻的对话哲理。后世的巴赫金、布伯、哈贝马斯等人则是对话理论的继承和发扬者。在他们看来,对话是解决社会转型中产生的现代性危机,重建认同、信任和社会共同体的基本路径,也是诸多现代性重建方案的基本方法和手段。时至今日,对话协商理论已经深刻影响了哲学、政治学、社会学、传播学等许多学科,并已在协调人与人之间、组织与组织之间、国与国之间关系中得到广泛实践。

---

① Stanley Deetz,"Reclaiming the Subject Matter as a Guide to Mutual Understanding:Effectiveness and Ethics in Interpersonal Interaction,"*Communication Quarterly* 38 (1990),230.

（一）巴赫金等人的对话思想

巴赫金是前苏联著名的文学理论家,他主要结合文学作品分析来阐述他的对话思想,但他的对话理论、对话思想远远超出了文学理论的范畴。他认为,对话首先是人类的一种交往方式,同时也是生活的本质、思想的本质,是人类存在的方式。"一切都是手段,对话才是目的","对话不是作为一种手段,而是作为目的本身"①。可见,巴赫金的"对话"已经超越了某个具体场合或情境下的对话,上升为一种哲学层面的人类生存和生活方式。

在巴赫金看来,对话的对立面就是"独白","独白"无视他人的存在,或者把他人完全作为意识的客体,"最大限度地否认在自身之外还存在着他人的平等的以及平等且有回应的意识,还存在着另一个平等的我(或你)"②。由此可见,巴赫金的对话观本身蕴含着平等的思想,即视对话者为平等和独立的主体,具有胡塞尔所说的"主体间性"。巴赫金对话的原则则是差异与"复调",巴赫金认为,差异是对话的前提和基础,"复调"则是指对话中充盈着"众多的各自独立而不相融合的声音和意识"③,即对话形成的"杂语共生"局面。

另一位思想家马丁·布伯(Martin Buber)则提出了自己的"关系本体论",他将人与对象的关系概括为"我—你"关系和"我—它"关系两种,并认为前者才是人类该有的亲密的关系,体现了"我"对"你"的尊重。在这里,"我"和"你"是自由的、平等的、相互作用的两个主体,"我—你"关系具有直接性、相互性,其实质就是一种对话关系。而"我—它"关系则是一种认识和利用的关系,"它"(客体)只是"我"(主体)认识和利用的对象④。布伯提出"相遇"、"对话"等概念,致力于实现一种人与人之间的相互对话关系即"我—你"关

---

① [俄]巴赫金:《陀思妥耶夫斯基诗学问题》,三联书店 1988 年版,第 343—344 页。
② [俄]巴赫金:《关于陀思妥耶夫斯基一书的修订》,见《巴赫金全集》第五卷,河北教育出版社 1998 年版,第 386 页。
③ [俄]巴赫金:《陀思妥耶夫斯基诗学问题》,三联书店 1988 年版,第 29 页。
④ [德]布伯:《我与你》,陈维纲译,商务印书馆 2015 年版。

系,以达至主体之间的相互理解,即由强调各自的"主体性"转向尊重彼此的"主体间性"。

德国当代思想家哈贝马斯(Jürgen Habermas)也是对话思想的倡导者,他主要从"公共领域""交往行动""话语民主"等角度阐发他的对话思想。哈贝马斯认为,公众就大家共同感兴趣的公共事务在公共空间开展交往、协商、对话,形成公共舆论,可以制约国家权力,实现话语民主。经由对话协商形成连接国家权力与市民社会的公共领域,产生"对话的公共性"。在哈贝马斯看来,交往对话是主体与主体之间以语言符号为媒介的相互作用,这种相互作用是按照必须遵守的社会规范进行的。① 为了对话能有效进行,对话者必须遵循共同的语言规范,即对话有效性的基本原则,这些原则包括真实性、正确性和真诚性等。哈贝马斯强调:"任何交往都不是个人简单地从属于抽象的一般,都不是个人对公开的、所有人都可理解的独白原则上默默的屈从——任何对话都是在主体相互承认的基础上展开的。"②可见,哈贝马斯与巴赫金、布伯等人一样,都强调对话的双方应该处于平等的地位。

哈贝马斯也是协商民主理论的提倡者。在世界范围内,一般认为民主制度主要有代议制民主(间接民主)和直接民主两种,前者由人民推选代表或中介来管理国家事务,后者由人民直接管理国家事务,如全民公决。但是,代议制民主和直接民主都有一定的局限性。于是,哈贝马斯等学者提出第三种民主形式——协商民主,以补充代议民主和直接民主的不足。协商民主的中心思想,是主张在多元化社会背景下,通过官员与公民之间、不同政治势力之间面对面的对话协商,就决策和立法等问题形成共识,强调公民有序政治参与和公共决策的民主协商。因此,多元政治力量之间的平等对话和协商是协商民主实现的主要形式,对话协商和达成共识构成协商民主理论的核心。

① [德]哈贝马斯:《交往行为理论》,曹卫东译,上海人民出版社2004年版。
② [德]哈贝马斯:《认识与兴趣》,郭官义、李黎译,学林出版社1999年版,第134页。

（二）对话的三种模式

在对话思想的继承发展过程中，许多学者基于各自的立场提出了不同的对话观和对话模式。从对话的宗旨或目的来看，主要有两种代表性的对话模式：寻求一致的对话模式和强调差异的对话模式，前者以哈贝马斯为代表，后者以巴赫金为代表①，两者在实践中又各自存在一定的困惑。

哈贝马斯的交往对话是"以理解为目的的行为"②，即达成理解、共识和一致。哈贝马斯认为，"作为私人的公众"聚集在公共空间，就公共事务开展理性的辩论和协商，形成共识，从而制约国家权力，这是公共领域的主要功能。因此，公众之间能否开展平等、理性的协商和对话并形成公共舆论，关系民主的未来。哈贝马斯建构的公共领域理论、交往行动理论、协商民主理论等，都体现了其深刻的对话思想，而这种对话是在"理想言说情境"③下，遵循共同的言说规范，最终达成相互之间的理解和共识，即寻求一致。

巴赫金的对话思想则强调对话双方的差异性是其对话的基础，对话的结果也未必要达成一致。巴赫金所说的对话是"我"既与他人相联系，又与他人相区别的"日常谈话"，主张保留和尊重各自差异，强调对话各方的不同声音和平等性。在巴赫金看来，对话不一定要达成共识或者得出明确结论，对话的行为本身即是对话双方对对方的认同和接纳，是一种为了超越个体局限的共同追求。

结合社会实践来看，哈贝马斯寻求一致的对话模式和巴赫金强调差异的对话模式各有其价值理性，又各自面临一些现实困境。在当今思想多元化时

---

① 唐凌：《全球化背景下的对话》，文化艺术出版社 2012 年版，第 152—154 页。

② ［德］哈贝马斯：《我和法兰克福学派》，《哲学译丛》1984 年第 1 期。

③ 哈贝马斯提出的交往对话的基本原则：一是每个有言说和行为能力的主体都必须被允许参与话语；二是每个人都可以质疑任何论断，都被允许提出任何论断，都被允许坚持其态度、愿望和需要；三是不能以任何一种（内在的或外在的）方式强迫言说者放弃行使第一和第二个原则中所包含的权利。

代,尤其是在去中心化、强调个体性和自主性的网络环境下,公共讨论要达成共识是非常困难的。多数情况下,公共领域的讨论和辩论呈现的是众声喧哗的局面,甚至是相互攻击的场面。公共空间充斥着情绪化的言论和语言暴力,与哈贝马斯的"理想言说情境"相去甚远。而为了达成一致,强势阶层借助所掌握的权力封锁信息,关闭对话渠道,剥夺他人发言和对话的权利,或者将己方观点强加给对方,或者利用掌握的媒体对他人开展单向的宣传、引导,反过来又违反了公共领域的平等、开放、双向等对话规范。因此,哈贝马斯寻求一致的对话模式面临理想与现实的矛盾。

比较而言,巴赫金的保留差异的对话模式更适合多元化时代的现实。巴赫金强调对话双方的差异是对话的前提,对话的目的也并非寻求理解或共识,而是通过与他人的对话反思自身,实现自身的建构和完善,保留自身的独特性和差异性。他把这种对话称为"复调对话",其基本形态是"杂语共生"①。不过,强调对话双方的平等、独立固然重要,网络时代的公共空间也确实表现为"众声喧哗"的状况,但面对社会转型期的各种矛盾冲突时,对话双方如果一味强调各自差异,不努力寻求一定的理解和共识,则对话的价值、动力何在,对立冲突如何化解? 事实上,网络空间的交往和交谈虽然表现为混沌无序,但在某些议题和事件上,多数网民还是能形成相对一致的网络舆论,并且网络舆论对社会舆论和公共决策的影响力越来越大。

因此,思想多元化时代,对话协商的结果存在多种可能,既有可能产生共识,也有可能保持分歧,甚至激化矛盾,但多数情况下,平等协商、互动交流应有助于双方加深理解和互信,而社会认同的缺乏、社会信任危机蔓延恰恰就是导致社会冲突、社会矛盾的重要心理根源。对话的目的应是"求同存异",接近中国古代思想家孔子提倡的"和而不同",这才符合多元化时代网络对话的实际状况。"交流的无奈"②启示我们,真正的心连心的交流很难实现,但我们

---

① ［俄］巴赫金:《陀思妥耶夫斯基诗学问题》,三联书店 1988 年版,第 28—30 页。
② 彼得斯:《交流的无奈》,何道宽译,华夏出版社 2003 年版。

可以用爱心包容别人,真正的共识也很难达成,但我们可以通过对话促进相互理解并建立信任关系,实现对立双方的和谐共处,从而为社会冲突和分歧的化解创造条件。

因此,在寻求一致的对话模式和强调差异的对话模式之外,应倡导一种"求同存异"的对话模式(见表5-1),这种对话模式承认并接受差异,同时又致力于缩小分歧,寻求理解和互信。这里的"同"与其说是一致,不如说是认同、理解、信任。

表5-1 三种对话模式之比较

对话模式	前提	目的	原则
寻求一致的对话	对话双方存在一致	相互理解,达成共识	遵循共同规范,理性协商
保留差异的对话	对话双方存在对立和差异	保留差异,寻求自我建构和完善	杂语共生、复调对话
求同存异的对话	对话双方存在差异,但寻求一致	接受差异,增强认同和互信	理性表达、平等讨论

二、传播与对话

(一)大众传播、人际传播与对话

关于传播与对话的关系,传播学者多有论述,如美国学者马森和蒙塔古的《人类的对话:透视传播》及查尔斯·布朗的《从独白到对话:人际传播的探索》,两本专著都将传播分为"独白"和"对话"两种模式,并且倡导"对话"式传播。关于对话与传播的关系,一些学者将对话视为传播的一种形式,也有学者将对话视为传播的本质①。不过,尽管学术界普遍认同对话在改善传播中的意义,但鲜有学者从本体论高度看待对话在传播中的位置。目前传播学者的对话研究多少"转移了对话本身的分量",一些传播学者"把对话看成一种

---

① 李忱:《对话:传播的本质回归》,《现代传播》2004年第3期。

方法,试图用对话来改善传播,或者使对话成为达到某种目标的工具"①。这种对传播与对话关系的理解过于肤浅和功利,未能从哲学和本体论高度认识到对话在传播中的重要性。

美国传播学者詹姆斯·凯瑞(James W.Carey)曾将传播归纳为两种,即"传播的传递观"和"传播的仪式观",前者将传播理解为信息传递的过程,其目的在于控制和操纵;后者将传播理解为一种仪式和文化,强调通过信息共享和文化仪式来维系一个共同体,强调传播是一种分享与交流。不过,凯瑞对于对话在传播中的地位仍没有足够重视。事实上,早期的人际传播及当今的网络传播更具有"对话"的特质,尽管对话的现状不乐观,但对话式传播具备现实条件。从传播伦理的高度看,传播的对话观更为平等、民主,将有助于从根本上改善传播的现状。

结合传播实践来看,人类传播可以分为大众传播和人际传播,报刊、广播电视等大众传播媒介通常被认为是单向的、点对面的传播,尽管也提供对话的空间和平台,但受到较多限制。在大众传播过程中,传播者将信息传递给分散的大众,目的是影响受众的认知、态度和行为,受众的反馈途径有限,传播体现明显的控制和操纵性,因此属于"独白"性质的传播。人际传播是点对点的传播,是双向互动的,传播双方更为平等,传播渠道多,反馈及时,因此属于"对话"式传播。网络传播则兼具大众传播和人际传播的特点,既存在"独白"式传播,也存在"对话"式传播。较之大众传播,网络传播显得更为平等和民主,对话的门槛也更低。但由于对话主体的虚拟性和匿名性,网络对话容易造成主体"缺场",影响了对话内容的真实性和可信度,降低了对话的质量(见表5-2)。

不过,随着媒体技术日新月异,大众传播方式本身也在发生变化,其趋势之一就是越来越重视对话。不同观点、立场的人们围绕一定主题在报刊专栏、

---

① 王怡红:《人与人的相遇》,人民出版社 2003 年版,第 68 页。

广播电视节目中发言、讨论,也能实现直接或间接的对话。但总体而言,人际传播的互动性更强,更具有平等、直接对话的特质,尤其是新媒体环境创造了对话的便利。因此,在社会冲突的对话协商中,不仅要充分发挥大众媒体的权威性和影响力,更应积极开辟人际传播渠道,开展面对面的沟通和协商,同时,尽可能利用网络新媒体的技术优势,吸引更多的人参与对话。

表 5-2　传播形态与对话之关系

传播形态	传播方式	主体关系	对话特点	优势	局限
大众传播	点对面	独白	直接或间接对话	传播范围广,影响大	单向传播,缺少反馈
人际传播	点对点	对话	面对面直接对话	双向互动,即时反馈	范围、影响有限
网络传播	点对点与点对面结合	独白、对话共存	"共在"对话	平等性,草根性	虚拟性,匿名性,主体"缺场"

结合网络公共事件传播来看,目前我国的大众媒体高度集中,在事件传播中主要扮演信息传播者、舆论引导者和公众代言人等角色,要么代表官方立场发布信息,引导舆论;要么代表民众立场开展舆论监督,很少扮演政府和民众的桥梁和协调者角色,其对话协商的功能尚未充分发挥。人际传播在处理分歧和争端中具有直接、平等、双向等优势,但尚未得到有关部门重视,网络公共事件中很少出现政府与民众直接对话和协商的场面,大都要通过媒体作为中介,影响了传播(对话沟通)的效果。

（二）互联网与对话

网络、手机等新媒体具有互动性、即时性、开放性、去中心化等突出的技术优势,为对话式传播创造了条件。互联网开启了对话时代,"互联网的哲学就是对话"[①]。互联网作为多媒体平台,兼有大众传播和人际传播的特征,但相

---

① 胡百精:《危机传播管理》,中国人民大学出版社 2014 年版,第 86 页。

比报刊、广播电视等传统媒体，网络媒介更具有草根性、平等性等特点，开创了"人人都是传播者"的新时代。马克·波斯特（Mark Poster）把以互联网为代表的互动传播方式称为"第二媒介时代"。可以说，"第二媒介时代"的本质特征就在于其对话性。有人认为，对话是网络同广播、电影和电视等其他电子媒介最大的不同①。在网络环境下，社会冲突的各方可以借助社交媒体开展"面对面"的沟通和交流，并且方便地获取各类相关信息，微博、微信等即时传播方式大大方便了人与人的协商和对话。并且在网络环境下，金钱、身份、职业等等不再成为进入公共领域的门槛，强势群体与弱势群体均能借助互联网表达自身诉求，发布信息，参与讨论。

由单向的宣传、引导转向双向互动的对话、协商，实际上是话语权的重新分配，强势的一方让渡部分话语权力，弱势的一方则获得话语赋权，双方实现话语权的平等。互联网的赋权功能，为单向的宣传、引导向双向的对话协商转变提供了技术可能，互联网本质上具有对话性（互动性），才可以说互联网的哲学就是对话。

因此，网络时代让人们看到了对话解决问题的希望。但应看到，网络对话具有虚拟性、匿名性、符号化等另一面，属于主体与主体之间"共在"的对话，与现实空间中面对面的对话仍有距离（见表5-2）。约翰·汤普逊（John Thompson）将这种网络交流称为计算机中介式交流（Computer-Mediated Communication，简称IMC），依赖计算机和国际互联网技术提供的跨时空而造就的"缺场"性的对话和交流②。在这种主体"缺场"情况下，参与对话的各方缺少面对面交流时的制约，一方面可以更为自由地表达诉求，另一方面也可能因无所顾忌而变得情绪化和极端化，导致网络对话演变为争论甚至攻击。因此，网络对话要提升效果，尚需面对面对话的补充。

随着互联网的日益普及，基于互联网的对话沟通逐渐引起人们重视，相关

① 李智：《论网络传播中的对话精神》，《人文杂志》2007年第2期。
② 胡春阳：《西方人际传播研究的问题系及其由来》，《新闻大学》2007年第2期。

的对话传播实践也在不断探索之中。以色列开放大学的 Oren Soffer 教授将"对话"与"客观"并列,认为当下新闻业中"客观"的空间在缩减,而"对话"的意味在"急剧地增加"。① 西方新闻界近年来兴起的"公共新闻"(public journalism)或"公民新闻"(civic journalism)实践,强调新闻媒体要发起公共对话,为公共事务出谋划策。公共新闻学的兴起,主要也是基于互联网提供的便利条件,类似的对话新闻实践虽尚处探索之中,但已初步显示出其相对"客观新闻业"和"市场新闻业"的独特价值。

(三)对话新闻与新闻的对话观

在我国,早在 20 世纪 80 年代就有学者探讨过"新闻的对话观"问题。1987 年中共十三大报告明确提出建立社会协商对话制度。在此背景下,一些学者先后提出"对话新闻""对话式新闻""对话新闻学"等概念,探讨对话新闻的形式、特点及其意义。不过,这些学者主要围绕对话新闻实践,立足于业务探讨。只有个别学者将对话新闻上升到价值层面进行讨论,意识到对话新闻的"平等协商、相互理解、求同存异、互相纠正和补充"在社会协商对话制度建设中的重要意义②。

近年来,"对话新闻"重新引起国内学者的关注,2009 年李希光教授在全球创意领袖峰会上做了题为《新闻对话与世界和平》的演讲,随后又在清华大学国际传播研究中心发表《对话新闻与新闻自由》一文,倡导对话式新闻。李希光认为"对话式新闻是人与人之间、不同民族、不同文化之间信息的自由流通",并希望借此实现"不同文化和意识形态的人"之间的沟通和交流,避免误解和敌意。③ 史安斌、钱晶晶则在《从"客观新闻学"到"对话新闻学"》一文中

---

① Oren, Soffer. "The Competing Ideals of Objectivity and Dialogue in American Journalism", *Journalism* 2009(10).

② 彭朝丞:《对话新闻编写探要》,《新疆新闻界》1988 年第 4 期。

③ 李希光:《对话新闻与新闻自由》,清华大学国际传播研究中心, http://www.media. tsinghua.edu.cn:1081/2010/1111/502.html。

正式提出"对话新闻学"的概念,提出新闻报道的首要功能是在政治和社会领域内引发建设性的"公共对话",并认为对话新闻主要适用于当前以电子媒体和数字媒体为主体的新型媒介和传播生态①。

21世纪以来,国家层面也认识到协商对话制度建设的重要性。党的十八大报告和十八届三中全会决定中明确提出推进社会主义协商民主建设的目标。可见,对话协商在国家政治生活和社会生活中的重要性,逐渐成为政界、学界和业界的共识。

三、互联网与危机沟通

(一)危机沟通与对话

危机管理是公共管理学研究的重要议题。传统的危机管理理念注重策略制定、组织建构、方案实施、制度安排和资源管理等技术性问题,出发点是恢复秩序,降低危机损害,这种危机管理流派被称为"管理流派"。与"管理流派"相对的是"传播流派",注重针对利益相关者开展宣传、劝服和对话,目的在于形象修复和信任重建,又称"危机传播管理"。"管理流派偏向于'对事',危机传播偏向于'对人'"。② 因此,危机传播实质上就是利用信息传播和沟通对话来塑造或重建良好的组织形象,与事件当事人或冲突方增强理解和互信,建立共识,为双方化解矛盾奠定基础,其中,对话是危机传播管理成功的关键。"对话是危机沟通的实质,危机传播管理的全部问题皆可归结为:通过对话于事实层面促进真相查证和利益互惠,于价值层面实现信任重建和意义分享。"③

危机传播本质上是一种对话,要解决危机沟通面临的问题,必须强调对话

---

① 史安斌、钱晶晶:《从"客观新闻学"到"对话新闻学"》,《国际新闻界》2011年第12期。
② 胡百精:《危机传播管理》,中国人民大学出版社2014年版,第21页。
③ 胡百精:《危机传播管理》,中国人民大学出版社2014年版,第82页。

思想和对话精神。网络公共事件的危机管理,根本上要靠对话来解决。正如巴赫金所说:"一切莫不归结于对话……单一的声音什么也结束不了,什么也解决不了。两个声音才是生命的最低条件,生存的最低条件。"①中国的一些网络公共事件之所以得不到有效化解,原因之一是有关方面受"维稳"思维影响,一味强调信息发布和舆论引导,忽视对话沟通和平等协商,重视危机管理而忽视危机沟通。由于公众的"仇官""仇富"心态严重,少数地方政府的公信力较低,单向的信息传播和舆论引导难以获得公众信任,因此危机管理效果有限。

(二)互联网与危机沟通

随着新媒体在沟通交流中的优势日益凸显,应用互联网开展协商对话和危机沟通成为一些学者探讨的新议题。1998 年,Kent 和 Taylor 首度提出基于互联网的对话沟通理论,两位学者将互联网视为理想的危机沟通和公共关系平台,借此实践组织和公众开展对话沟通的理想。他们认为,网络沟通具有直接性、对等性,是实现平等对话的理想媒介。在他们看来,对话传播是意见和观点的交换;对话传播中,不存在主体与客体;且参与的双方不一定要达成一致意见,对话不是为了说服,而是一个开放、协商的沟通过程②。他们还总结出评估网络对话沟通表现的五项指标:资讯实用性、界面易用度、明确指引或留住访客、对话回路机制和提高再访率③。

Kent 和 Taylor 所提出的对话沟通理论,对于我国的网络危机沟通实践也有一定的适用性,尤其是在网络公共事件的应对和处置中,需要充分发挥互联网的优势,开展网上双向沟通。有学者指出,互联网首次为普通民众提供了直

---

①　[俄]巴赫金:《诗学与访谈》,白春仁、顾亚玲译,河北教育出版社 1998 年版,第 340 页。

②　Kent M L&Taylor M."Building dialogic relations through the World Wide Web".*Public Relations Review*,1998(3):321-334.

③　吴宜蓁、叶玫萱:《对话理论与网络危机沟通:一个探索性的研究》,《传播与社会学刊》2012 年(总)第 22 期。

接面向公共空间表达意见的机会,以及与政府与官员直接沟通、直接发声的渠道,具有"赋权"和解放的意义①。不过,民众的声音能否引起政府重视尚存在不确定性,而政府也很少主动利用网络与民众直接沟通。从部分官方网站及政务微博、微信等社交媒体运营现状来看,目前我国政府机构及社会组织的网络功能仍停留在信息发布阶段,沟通对话功能远未得到开发。观察发现,当前中国的网络问政平台虽然比较重视发布和更新信息,但对于网民的反馈普遍回应较慢,或不予回应,至于在线沟通和交流则难得一见。

第二节　网络公共事件与对话协商

在第四章案例分析过程中,笔者发现,尽管有越来越多的事件最后能够得到解决,但大多数并非协商对话的结果,而是网络抗议导致的舆论压力迫使地方政府作出让步,其过程充满曲折和艰辛,最终的解决往往取决于高层的过问和地方领导的开明,因此存在一定的偶然性。由于是在网络舆论和社会舆论压力下的被动处置,就算事件得到暂时平息,伴随的往往是当地政府公信力的损伤。而且一旦其他矛盾爆发,新的事件还将不断发生。因此,如何在协商对话基础上实现网络公共事件的标本兼治,是各级政府有关人员的一门必修课。

网络公共事件的本质在于公共性,事关公共利益和公共事务,必然要求在公共空间的协商对话中解决。通过对话,既表达了利益相关方的诉求,重建了冲突各方的认同和互信;又为政府部门处置网络公共事件提供了合法性。

一、对话是应对网络公共事件的根本路径

本章第一节分析了网络公共事件协商对话的理论基础。可以说,处理人类面临的各种矛盾、纠纷,只有通过对话协商,才能获得根本解决。压制、宣

---

① Zheng,Y. N. *Technological Empowerment : The Internet , State , and Society in China.* Stanford, California : Stanford University Press , 2008.

传、劝服乃至引导，都难以在对立双方之间建立真正的信任和认同关系，因而也就难以起到长效。危机管理思维和抗争思维之所以都难以奏效，根源在于它们都是单向度的，强调一方的"主体性"而非双方的"主体间性"，因此必然难以建立真正的人与人之间的亲密关系即"我—你"关系。只有充分尊重对方的主体性，承认各自差异，通过对话协调各自立场，寻求利益妥协，才能取得共识或增强理解和互信，为妥善解决事件创造条件。因此，网络公共事件的长效治理，取决于从单向度的"宣传""引导""控制"到双向互动的"协商""沟通""对话"的范式转变。

（一）化解现代性危机呼唤对话

现代性危机问题是社会科学领域一个充满争议的话题，吉登斯、贝克、鲍曼等许多学者都关注过现代性危机，并且都强调多元协商、平等对话在解决现代性危机，重建现代性中的作用。比如，吉登斯强调要以对话民主为基本手段，重建生活世界，达成积极信任，建立现代社会的价值共同体，重建现代性。① 在重建现代性的方案上，吉登斯、贝克、鲍曼等人都认识到社会认同和共同体建构的重要性，而对话在其中发挥了关键作用，是形塑认同、重建共同体的关键手段。

从实践角度看，当代中国网络公共事件的发生，根本上是由于社会转型期阶层分化和利益纠纷凸显，现代性危机集中爆发，网络公共事件就是国家向现代性转型过程中产生的各种风险和危机的集中体现。而国家（政府）与社会（公众）之间缺少能够有效化解危机的对话机制，造成社会矛盾和冲突无法以制度化和常规化方式得到解决。网络公共事件的演变和发展，也往往是由于事件过程中政府与公众的沟通失灵导致的。当前，我国尚处于现代化建设的关键阶段，在继续推进现代化进程的同时，也应警惕业已凸显的现代化危机，

---

① 安东尼·吉登斯：《现代性的后果》，田禾译，译林出版社 2000 年版。

通过建构和完善上访、对话等制度来化解现代性危机,保障现代化事业健康、稳步地发展。

(二)我国的社会协商对话制度尚未健全

我国是人民民主专政的国家,人民代表大会制度是我国的根本政治制度。人民代表大会制度也是有中国特色的民主政治制度,人大代表由人民选举产生,代表人民来管理国家,类似世界上大多数国家实行的代议制。但由于代议制民主本身存在代表性有限的问题,我国的人民代表大会制度也尚未完善,现阶段我国的公民政治参与还有待加强,民意诉求仍存在渠道不畅等问题。因此,建立和完善协商民主制度,进一步完善社会主义民主政治制度,成为一个富有现实意义的问题。

目前,我国已初步建立起有中国特色的政治协商制度,如每年召开的人民代表大会和政治协商会议,代表们来自社会各界,就当年的国家大政方针建言献策。除此以外,我国的社会协商对话制度形式还包括:信访、各地方的领导接待日、重大决策的听证会、网络问政等。不过,由于一些地方政府执政理念的限制,这些协商对话形式在实践中仍存在一定限制,且制度本身尚未完善。比如,群众上访遭遇地方政府阻挠的现象屡见不鲜,个别地方甚至以"精神病"名义来打击上访者,一些地方的网络问政常常流于形式等。总体而言,我国公民参与的制度供给仍然短缺,还没有建立顺畅的民意表达渠道和利益协调机制,社会协商对话制度尚未健全。

由于上述原因,社会转型期产生的各种矛盾冲突得不到及时有效的化解,社会公众长期积累的不满情绪在体制内无法得到疏解,必然采取体制外的表达方式,于是网络议题或事件就成为公众参与和情绪表达的主要渠道。借助网络的技术优势,网民得以较为自由地表达对事件的看法,并且往往超越事件本身,将议题引向更具政治性的官员腐败、公权滥用、公民维权等层面。这样,由"符号性事件"引发的讨论就成为一种体制外的公民政治参与行为,而个体事件也转变为网络公共事件。为了迫使政府回应民意,参与对话,网民还常常通过网络围观、转发等方式把事件"闹大",通过传播谣言、揭露腐败等方式给地方政府施压。因此,在国家—社会关系视角下,大多数网络公共事件的发生都与政民之间、社会群体之间缺乏对话和沟通有关。

以 2008 年的贵州瓮安事件为例,事件源于当地一个少女投河自杀,但当地政府事发后未及时、公开处理事件,导致谣言满天飞,最后发展为针对当地政府机构的大规模打砸抢烧暴力事件。该事件的发生,直接原因是事发后政府对事件的不当处置,与民众之间缺乏沟通,深层原因则是当地长期积累的社会矛盾尖锐,各种社会问题长期得不到解决,少女自杀就成为当地民众发泄不满情绪的出口。贵州省委书记事后总结:"矿群纠纷、移民纠纷、拆迁纠纷突出、干群关系紧张,治安环境不够好,群众对我们的工作不满意。"①而这一切,都可以归结为当地政府与民众之间长期以来缺乏沟通和对话,造成政民矛盾尖锐。

(三)正反两方面经验证明对话是唯一出路

在大量应对失败的案例中,沟通失灵是其主要根源。一些地方政府的删帖、封锁信息、压制舆论等做法激化了矛盾,加剧了公众对政府的不信任,使本来容易解决的问题变得更为复杂,错过了最佳的处置时机。有研究证实,少数地方政府和专家公信力的缺失是导致风险沟通失败的最根本原因②。因此,通过对话沟通重建信任,提升政府公信力是危机沟通生效的前提。

中国的网络公共事件从 1995 年出现,20 年来其类型和传播渠道不断变化,政府的应对策略也有所变化。早期的事件以民族主义事件和道德隐私事

---

① 马振超:《瓮安"6.28"社会骚乱事件的警示》,《新乡学院学报》(社会科学版)2008 年第 5 期。

② 戴佳、曾繁旭、黄硕:《核恐慌阴影下的风险传播——基于信任建设视角的分析》,《新闻记者》2015 年第 4 期。

件为主,网络舆论的矛头并不针对政府,政府尚未充分感受到网络舆论的压力,此时政府的应对策略以主动利用或不加干预为主。大约从 2003 年开始,网络媒介跻身主流媒介,网络公共事件发生频率更高,并开始针对地方政府,政民冲突和公共安全事件成为主流,政府开始感到网络舆论的压力。这一阶段,政府主要把网络公共事件视为"风险""危机",或网络环境下的群体性事件,因此沿用群体性事件、危机事件、突发事件的应对策略来处置,注重维稳,其主要的应对策略包括删除网帖、封锁消息、消除影响等。随着网络公共事件日益常态化,学界和政界的认识逐渐有所改变。2008 年的汶川地震让人们看到信息公开的价值,2009 年,邵道生、邱建新等人先后质疑"网络群体性事件"概念的准确性,认为这些事件并非危机①。此时,一些地方政府开始摆脱早期那种注重"堵"的思维,开始转向"疏",政府回应更为积极,速度更快,但回应方式仍以单向的信息发布为主,协商对话解决问题的机制仍未建立。有针对官方微博的实证研究发现,官员和网民之间的实质性互动很少,官方微博对促进政治稳定只有有限的效应②。

迄今为止,大多数地方政府尚未充分认识到平等对话在网络公共事件治理中的重要性,在众多的事件中,通过对话协商解决问题的依然不多。2007 年的厦门 PX 事件,是一次公众参与政府决策的标志性事件,也是通过协商解决问题的成功范例。针对民间对厦门市兴建 PX 项目的反对,厦门市政府通过召开市民座谈会、开展网络投票,并允许媒体和专业人士广泛讨论,最后尊重民意作出了迁址的决策。有人认为,这是一次政民互动的"里程碑"③。2009 年的躲猫猫事件,当地政府面对质疑主动邀请网民参与事件调查,组成

---

① 邵道生:《"网络民主"十三论:"网络民意冲击波"》,http://guancha.gmw.cn/content/2009-06/09/content_931662.htm;邱建新:《为"网络公众舆论"正名——关于"网上群体性事件"概念适当性的思考》,《江苏社会科学》2009 年第 6 期。

② Esarey, A. (2015). "Winning hearts and minds? Cadres as microbloggers in china". *Journal of Current Chinese Affairs*, 44 (2), 69-103.

③ 笑蜀:《祝愿厦门 PX 事件成为里程碑》,《南方周末》2007 年 12 月 19 日。

"网民调查团",尽管由于各种条件限制调查团并未调查出真相,但也是一次通过对话协商解决问题的有益尝试。有人认为,这次事件标志着政府舆论引导模式由政民对抗转向协商对话①。此外,甘肃省陇南事件发生的第二天,时任省长徐守盛先后同拆迁户代表、陇南市老干部、东江新区开发商等利益相关方座谈,有效化解了冲突。2008 年以后,重庆、海南、甘肃、广东等省先后发生出租车罢运事件,当地政府高层均深入现场与出租车司机和市民开展直接对话,使这一问题在短期内得到解决。此外,处于改革开放前沿的广东,在处置网络公共事件方面积累了较多成功经验,2009 年的番禺垃圾焚烧选址事件、2011 年的乌坎事件和 2015 年的深圳滑坡事件最终都由政民之间开展了对话协商得以成功处置。

从地方政府应对网络公共事件的正反两方面经验来看,由压制、对抗转向对话、协商,建立网络公共事件的对话协商机制,是有效应对事件、避免事件扩大化的根本出路。

二、网络公共事件协商对话的现实可能

根据第四章的实证分析,中国网民参与网络公共事件的主要诉求目标是表达情感或泄愤、利益表达和维护,以及寻求事实真相,这些诉求目标基本不针对中央政府,不涉及国家体制。从参与方式来看,绝大多数事件是网民自发参与的,只有极少数有国内外敌对势力操控,因此其性质主要是人民内部矛盾,而非敌我矛盾,不宜上纲上线。大多数事件表现为网民的话语表达和抗争,很少能发展为线下行动或暴力行动,因此其社会破坏性有限。网络公共事件的这些特点决定其应对和处理不宜采取强制或打压手段,完全可能通过对话协商予以解决。

从社会根源上看,当代中国的网络公共事件是由社会转型期特定的国家

---

① 巢乃鹏:《从"对抗"到"协商"——以"躲猫猫事件"为例探讨政府网络舆论引导新模式》,《编辑学刊》2009 年第 5 期。

(政府)—社会(公众)关系决定的,这种国家—社会关系既非西方式的社会对抗国家的关系,也非改革开放以前的国家、社会高度一体的关系。国家(政府)与社会(公众)之间既存在分离甚至对立,同时也存在协作和同一关系。有实证研究发现,中国的民众对地方政府存在较为普遍的不信任情绪,但对中央政府较为认同,许多矛盾冲突被民众解读为"中央政策好,地方政府执行不好"①。因此,中国的网络公共事件只针对地方政府,带有现实的、工具主义的取向,只要政府尽量满足公众的合理诉求,事件完全可能达成共识和妥协。"从本质上和总体上,当前中国的社会抗争现象是非对抗性的,抗争的目的往往只是实现底层利益,抗争主体对抗争对象往往也是抱有政治信任的,这种非对抗性的社会抗争更多地保留着妥协和协调解决问题的余地。"②

总体看,目前我国的国家—社会关系还处于"强国家—弱社会"阶段,社会尚不至于挑战国家权威,而国家也越来越难于控制负面舆论。因此,压制和对抗均无助于问题的解决,只会激化矛盾。一方面,传统的信息封锁、压制舆论等"维稳"模式面临网络技术优势的冲击难以奏效,网民在长期与政府开展封锁与反封锁的"拉锯战"中也学会了各种迂回、隐蔽的抗争策略,这些策略常常使地方政府的各种措施徒劳无功。压制、封锁不仅很难奏效,而且加剧了社会公众对地方政府的不信任和对抗情绪,导致事件更加难以收拾。因此,"一个成熟的网络监管并不意味着中国政府总能够实施有效的监管,许多因素都可以使得这种监管机制不如预想的有效"③。

总而言之,压制与对抗均可能激化矛盾,只有妥协合作才能实现双赢。国家与社会之间并非零和博弈,通过双方的共同努力,网络公共事件有可能在协商对话中得到妥善解决。当然,政府作为强势的一方,应在推动协商对话中发

---

① 钟杨、王奎明:《关于民众对中央政府信任度的多维度分析》,《政治学研究》2015 年第6 期。

② 刁桐:《当代中国社会抗争与政治稳定》,《云南行政学院学报》2012 年第 2 期。

③ 郑永年:《技术赋权——中国的互联网、国家与社会》,东方出版社 2014 年版,第 91—92 页。

挥主导作用,在推动事件解决过程中也应主动作出让步,一旦政府主动让步,民众是很容易妥协的。

第三节　对话协商的组织实施

上文从理论上界定了对话沟通的内涵和模式,并结合中国网络公共事件的特点阐述了对话协商解决问题的重要性和可能性;下文将具体分析对话协商的基本要素、实施原则和难点。

一、对话的基本要素

从文献检索来看,国内外有关网络公共事件协商对话的专门研究成果很少,但有关中国协商民主和社会协商对话制度建设的研究成果数量可观,这些研究主要集中在政治学和社会学领域。有研究认为,当代中国社会协商对话的要素包括协商对话主体、协商对话客体、协商对话原则、协商对话场所、协商对话形式及协商对话目标六个方面[①]。网络公共事件的协商对话实质上是一个互动传播的过程,根据传播效果研究的发现,传播者、传播内容、传播受众、传播媒介,以及传播的时机、地点等都会影响到传播的效果。综合有关研究,本书将网络公共事件协商对话的要素归纳为目标、主体、内容、形式(渠道)、时机、场所、原则等。

(一)对话目标

网络公共事件协商对话的目标,即经由协商对话期望达成的目的和结果。首先应承认,并非所有事件都能通过对话协商解决,比如网络暴恐、网络炒作、网络传谣、网络侵权等事件,就需要采取法律或行政手段予以处置。其次,目

---

① 赵志宇:《当代中国社会协商对话:要素、特征与功能》,《中央社会主义学院学报》2013年第1期。

标有具体和抽象、短期和长远之分。目前我国地方政府对事件的应对主要追求具体的、短期的目标，即解决事件本身的矛盾冲突，尽快消除事件影响，防止事态扩大。这一目标针对事件本身，具有功利色彩。网络公共事件的协商对话，除了解决事件本身，还应强调人与人之间的情感沟通和关系重构，达成认同和共识，或增进政府与公众之间的理解与互信，为地方的长治久安奠定基础，这是属于抽象的、价值型的、长远的目标。

最后，不同事件协商对话的具体目标存在差异，应根据事件本身的性质确立相应的目标。对于大部分涉及维权和利益纠纷的事件，如番禺垃圾焚烧选址事件、宜黄强拆自焚事件，主要是通过权益双方的协商对话寻求利益平衡，达成妥协，解决问题。但在一些情绪主导型事件，如贵州瓮安事件、重庆万州事件等社会泄愤事件，及抵制家乐福事件等民族主义事件中，参与者并没有明确的利益诉求，主要是发泄情绪，表达不满，对于此类事件，政府部门除了要尽快调查事件，应着重疏解网民情绪，通过对话平息网络舆情，防止出现暴力行动。在类似周老虎事件这类以真相为主导的事件中，各方对话协商的目的应是寻求事实真相，满足公众的知情权。而对于小悦悦事件这类道德隐私事件，政府、媒体与公众之间亦可通过对话反思社会问题，形成共识，共同促进社会道德改善。

（二）对话主体

对话作为一种处理人类争端的思想和方法，在处理国与国之间、人与人之间、群体与群体之间、组织与组织之间关系时都具备适用性。就多数网络公共事件而言，参与对话的主体主要包括当事人、涉事机构、政府及执法部门、媒体、网民和社会公众等。

事件当事人有的是权益受害者，通常也是网络舆论声援的对象，如邓玉娇事件中的邓玉娇、厦门PX事件中的当地居民等。也有的当事人是网络舆论质疑或监督的对象，包括事件中的施暴者或肇事者，如林嘉祥猥亵幼女案中的林嘉祥、"我爸是李刚"事件中的李启铭等,或者是网络反腐揭黑的对象,如周久耕事件中的周久耕、房姐事件中的龚爱爱等,或者是道德争议事件中的主角,如赵薇军旗装事件中的赵薇、毕福剑事件中的毕福剑等。显然,当事人是事件的直接利益相关者,也是对话的关键人物。对于权益受害者,应尽可能让其充分表达诉求,维护其合法权益,对于网络舆论质疑或批评的对象,除了尽快对其开展调查,查清事实真相,也应赋予其澄清、反驳或道歉的机会,成为对话的主体。

涉事机构也是事件的直接利益相关者,如温州动车事故中的铁道部、毒奶粉事件中的三鹿集团、郭美美事件中的红十字会等,这些机构多半是事件的直接责任者,要想获得公众谅解和信任,恢复形象或重建公信力,必须与受害人或社会公众开展诚恳对话,并勇于承担责任。

政府及执法部门有时本身就是涉事机构,成为网络舆论声讨的对象,如孙志刚事件、躲猫猫事件、湖北石首事件等。有时则是事件的执法者或协调者,如山西黑砖窑事件、刘涌案、药家鑫案等。不过,由于执法不公或不当,政府及执法部门常常演变为网络舆论质疑或批评的对象。因此,政府应积极主动与公众、媒体展开对话,并且应成为对话的推动者和主导者。

此外,媒体和网民、社会公众一般不是事件的直接利益相关者,而是事件的监督者和推动者,是事件责任主体和涉事机构的主要舆论压力来源。因此,要有效平息舆论,回应民意,就有必要邀请媒体和公众参与或旁观对话,使对话双方或多方能够受到监督,推动对话的公平公开。

结合实例分析,网络公共事件的对话主体,常见的有当事人与涉事机构为主体的对话,如重庆最牛钉子户事件中,杨武、吴苹夫妇与开发商的对话;有政府与公众的对话,如厦门PX事件中厦门政府与市民代表的座谈会;也有当事人、政府与媒体、公众之间的多方对话,如华南虎事件中,围绕虎照的真假问题,照片拍摄者周正龙、华南虎专家、中科院专家、网民、媒体和陕西省林业厅等多个主体之间开展论辩和对话,成为2007年影响最大的网络公共事件。

（三）对话内容

网络公共事件协商对话的内容，即对话主体之间谈什么，这是影响传播沟通效果的关键要素。在茂名 PX 事件中，当地政府为获取社会舆论对当地兴建 PX 项目的支持可谓煞费苦心，除了利用当地媒体开展科普宣传，还一度邀请网民代表和媒体见面协商，但因主持者只重视发布官方信息，拒绝与网民和媒体坦诚沟通，对话不欢而散，失望的网民现场串联，第二天就发展为街头抗议。可见，对话如实施不当不仅难以取得共识，甚至可能激化矛盾。就协商对话的内容而言，大致应该包括以下几个方面。

首先是完整、全面地公开事件信息，满足公众的知情权。通常认为，知情权是表达权的前提，信息公开是对话协商的题中应有之义，没有完整、全面的信息公开，对话协商就无从谈起。及时、全面地公开信息，也是防止谣言传播的有效途径。用权威信息回应公众质疑，才能阻止小道消息满天飞。

其次是对话双方意见的交流和沟通，充分尊重和满足公众的表达权。政府及涉事机构应充分听取当事人或公众的意见，并开诚布公表明立场，通过观点与观点的理性沟通和论辩，寻求共识，求得相互理解和信任，为解决问题创造好的氛围和条件。

再次是在对话协商基础上寻求双方均能接受的解决方案，满足公众的决策参与权。对于个体与涉事机构之间的纠纷，宜通过当事双方面对面协商解决，政府充当协调者和监督者。对于公众与政府或其他社会机构之间的冲突，则应由政府、公众、社会机构共同协商解决。政府的合法性来源于民意支持，公共决策的合法性来源于公众的民主参与。通过社会公众和决策部门的理性协商，寻求合理有效的解决之道，才能使公共决策具备合法性和科学性。作为掌握信息和权力的一方，政府应在协商对话中发挥主导作用，并充分将民意纳入公共决策中，必要时应主动作出让步，推动问题解决。

最后是政府或涉事机构主动接受舆论监督，承诺追究相关人员责任并开展善后工作,满足公众的监督权。通过对话协商了解公众的诉求,并通过问责官员、赔偿受害者等实际措施予以回应,必要时通过修改政策和制度,杜绝同类事件再次发生。从话语回应到行动回应和制度回应,对话协商的成果才能落到实处。

(四)对话形式(渠道)

按照哈贝马斯等人的观点,位于私人领域与国家政权之间的公共领域,是对话的场域,公众在此就公共事务开展讨论,形成公共舆论,制约国家权力,同时也在国家与社会之间形成缓冲地带,避免国家与社会的直接冲突。网络公共事件的协商对话必须通过一定的形式和渠道来实现,在当今媒介化社会,这些形式和渠道主要指传播媒介。传播媒介是当代中国公共领域的重要建制,是国家(政府)和社会(公众)之间开展对话协商的主要渠道。

本章第一节已经分析过,大众媒体、人际传播媒体和网络媒介在协商对话中各有优缺,应结合起来使用。目前来看,政府回应较为重视对大众媒体和网络媒体的应用,人际传播渠道应用较少,尤其是面对面的对话协商较少。大众媒体虽具有传播范围广,影响力大的优势,其单向度的传播方式很难实现有效沟通,而网络媒体虽具有平等性、开放性、互动性等优势,但由于其主体"缺场"的特点,对话双方较难取得信任和共识。从有关案例来看,地方政府在网络公共事件处置中,无论是对大众媒体还是网络媒体的应用都偏向于信息发布,即"独白"式传播,其对话协商的潜能尚未充分发挥。因此,要增强对话协商的效果,政府不仅应充分发挥大众媒体和网络媒体的对话功能,还应充分应用人际传播手段,开展面对面的对话和互动。

大众媒体虽然是点对面的传播,很难第一时间获取受众反馈,比较适合用于发布权威信息,但也可在传媒公共空间开展面对面交流,不同社会主体之间还可以围绕某一议题或事件开展间接的对话沟通。对大众媒体而言,除了承担信息公开的责任,还应开发其讨论和协商潜能,比如在报刊上开辟的时事讨论和辩论专栏,在广播电视谈话栏目和评论栏目开展的公共话题讨论,等等。目前,这些栏目的协商对话功能尚未充分发挥,主要是言论空间有一定限制,传媒结构较为单一。因此,需要推动传媒体制改革,建构真正的公共媒体,降低公众参与门槛,使其真正成为公共领域和协商民主的平台。

较之大众媒体,网络媒体尤其是社交媒体具有平等、开放、互动、直接、低成本等优势,公众参与对话的门槛更低。所谓社交媒体,通常指通过社会互动以达到传播目的的媒体,包括网络论坛、博客、微博、微信、QQ 等。但有实证研究证实,在应用社交媒体开展网络公共事件处置方面,当前政府机构只是将社交媒体运用为单向发送信息的工具及讨论较不具争议的议题之工具,在社交媒体的信息呈现方式上仍偏向自上而下的思维[①]。对于社交媒体,除了充分发挥其信息传播和民意表达功能,政府还应安排专业的舆情管理和传播沟通人员,及时回应网民提出的各种问题,并与网民开展在线交流。

传统媒体、新闻发布会、现场见面会、政府官网以及网络论坛、政务微博、微信公众号、QQ 及手机短信等社交媒体在网络公共事件对话协商中各具特点,应根据事件本身的特点选择适当的沟通渠道。传统媒体又可分为本地媒体与外地媒体、境外媒体等,各类媒体在事件中的角色、立场经常存在差异。本地媒体受本地宣传部门领导,在政民冲突事件中常代表当地政府立场,因此较难取得公众信任,此时就应主动邀请外地媒体和境外媒体介入报道或者参与调查。新闻发布会(记者招待会)是政府或涉事机构主动面向社会发布信息的重要形式,但目前存在单向发布、信息不全等问题,应注意发布真实、完整、全面的信息,并加强双向互动,给予媒体和公众更多提问机会。现场见面会是最能释放诚意、最具有双向直接沟通优势的对话渠道,政府或涉事机构应尽可能采取这种方式,现场了解公众诉求并化解分歧。政府官网是目前政府发布事件信息的重要渠道,但普遍存在互动不够、信息更新慢等问题,应及时

---

① 吴宜蓁:《运用网络社交媒体以风险沟通》,《传播与社会学刊》2011 年(总)第 15 期。

发布最新情况,并积极回应网民的疑问或建议。

网络论坛、政务微博、微信公众号、QQ 及手机短信等社交媒体具有突出的技术优势,其对于社会协商对话的潜能有待开发。网络论坛的用户广泛,但把关相对较严,政府官员通常缺席论坛讨论,论坛变成网民内部的话语空间而非政民对话渠道。政务微博和微信公众号的优势在于可随时随地发布信息,同时也应积极开发对话沟通功能。QQ 和手机短信作为人际传播的渠道,在处理地区性议题和事件中具有特殊的优势。在躲猫猫事件中,时任云南省委宣传部副部长伍皓专门为事件调查建立的 QQ 群"伍皓网络意见箱",成员达数百人,多为媒体记者和舆论领袖,伍皓在群里发布信息,开展交流,并邀请网民报名参加事件调查,此举获得社会广泛赞誉。在厦门 PX 事件中,当地居民通过手机短信等新媒体形态成功实现了线下行动的网络动员,而当地政府在事件后期也通过向市民群发短信等方式传达政府最新决策,重塑政府形象。

(五)对话时机和场所

根据网络公共事件的爆发时间,政府与社会公众之间的对话可以分为事前对话、事间对话和事后对话。要从源头上消除网络公共事件滋生的社会土壤,政府就应敞开对话渠道,建立政府与民众的常规对话机制,完善领导接待日、决策听证会、信访制度等民意诉求机制,通过日常对话和协商,消除潜在的利益冲突,降低网络公共事件发生的概率。而一旦事件已经爆发,对话协商必须遵循第一时间、第一现场的原则。在事件发生后、网民尚未大规模聚集时,相关职能部门就应迅速反应,主动与事件当事人和公众开展对话协商,及时化解矛盾纠纷,尽可能地将事件影响控制在小范围内,防止事态扩大。所谓第一现场,则是指职能部门应尽可能深入事件现场开展面对面的对话和沟通,表明诚意,取得公众谅解和支持,掌握事件处置的主动性。

事件平息以后,对话协商也不是到此为止,政府还应尽快落实有关承诺,并开展后续对话,消除事件带来的负面影响,重建政府公信力,减少新的网络公共事件发生的可能性。因此,网络公共事件的对话协商应该是一个常态化工作,不仅要有事间对话,也应开展事前对话和事后对话。政府应不断建立、完善社会协商制度和机构,安排专门人员与社会公众开展经常性的对话和协商工作,推动协商民主建设。

(六)对话原则

网络公共事件的对话协商要顺利实施,前提是双方存在差异,同时又都存在对话的愿望,愿意通过对话协商解决问题。此外,对话要取得成效,还需对话双方遵循共同的规范,按照一定的原则开展对话。哈贝马斯认为,对话要有效,必须遵循"有效性要求"——事实描述的真实性、价值规范的正当性、表达意向的真诚性[①]。1989 年,捷克知识分子哈维尔等人在成立"公民论坛"时曾经制定八条《对话守则》,被广为传播,其内容包括:"第一,对话的目的是寻求真理,不是为了斗争;第二,不做人身攻击;第三,保持主题;第四,辩论时要用证据;第五,不要坚持错误不改;第六,要分清对话与只准自己讲话的区别;第七,对话要有记录;第八,尽量理解对方。"[②]这些学者提出的对话原则同样适用于网络公共事件的对话。笔者针对当前网络公共事件的对话现状,着重分析自由、平等、真实、坦诚、开放和倾听等原则。

首先是自由原则。对话的主体必须是自由的、有主体性的人,自由是平等的先决条件,不自由的人无法获得真正的平等。主体的自由也是对话得以实施的前提条件。从政治哲学高度看,自由的最基本含义是不受限制和阻碍,即参与对话的主体能够自我支配,不受外力强迫或控制。为确保对话主体的自由,对话的主持者就不能人为设置条件和门槛,应尊重参与者的发言、辩驳、批

[①] [德]尤尔根·哈贝马斯:《交往和社会进化》,张博树译,重庆出版社 1989 年版,第67 页。

[②] 阿平:《重温哈维尔〈对话守则〉》,《青年时报》2012 年 2 月 1 日,http://www.qnsb.com/fzepaper/site1/qnsb/html/2012-02/01/content_353163.htm。

评、沉默等权利,不能采用信息封锁或剥夺言论自由等方式来对参与者实施控制,也不能将一方观点强加于另一方。

其次是平等原则。平等是对话协商最核心的实施原则,没有主体之间的平等就无所谓对话,或者说主体之间的平等是对话协商的内在要求。哲学上的平等通常指人与人的一种关系,指在权利和义务上的无差别对待。对话协商的平等主要指对话双方的人格平等,而非地位、权力的对等,主要表现为对话过程中双方拥有信息资源的平等和发言权的平等。在网络公共事件的政民对话中,要真正体现平等,政府方面应主动释放善意,提供充分全面的信息,改变官僚主义的作风和居高临下的态度,放弃特权,尊重网民和公众的发言权。

最后,对话还应遵循真实、坦诚、开放和倾听等原则。"真实"主要指对话双方要提供真实的信息,表达真实的想法,而不能以假乱真,混淆视听;"坦诚"即坦率和真诚,指对话双方要真诚相待,坦率表明立场和观点,诚实守信,尊重彼此分歧,做到不隐瞒,不欺骗;"开放"指双方打开心扉与对方沟通,用开放的心态、合作的态度求得共识,"把灵魂向对方敞开,使之在裸露之下加以凝视"①;"倾听"也是有效沟通的基本要求,倾听不仅表明愿意听取对方发言,还应设身处地去理解对方的思想和情感。倾听原则要求对话主体克服自我中心和自以为是,排除偏见,尊重对方,不激动,也不打断对方发言,通过双方的相互倾听,不仅达致相互理解,也能实现情感共鸣和认同。

二、对话的难点和解决之道

有人认为,网络公共事件本身就具有对话的本质,它是对独白性传播模式的重构,"其中的对话并不是纯粹理性的,而是策略性、情绪性的,由此体现对话动力的复杂性"②。的确,网络公共事件的本质就在于公共性,因为事关公共利益,才能吸引众多与事件无直接利益关系的网民参与事件的讨论和对话,

① 李智:《论网络传播中的对话精神》,《北京行政学院学报》2007年第1期。
② 吴维忠:《网络公共事件中的对话与限度》,《学术界》2014年第12期。

发挥公共领域的批判功能。就现状而言,网络公共事件的对话协商存在诸多不足,要实现有效对话,尚有许多难点必须克服。

首先,尽管互联网时代被视为对话的时代,政府和公众却未必有对话的热情和意愿。有研究发现,微博强大的对话潜能远未被政府组织充分发挥。大部分微博帖仍然是单向的信息发布,政府—公众之间的对话关系仍处于初级阶段。① 一方面是少数政府官员受官僚主义作风、维稳思维的影响,对与社会公众平等对话还缺乏思想准备,也没有对话的动力或问责机制约束。一旦事件发生,一些地方政府的习惯性反应仍是信息封锁和压制舆论,缺乏平等沟通、协商对话的诚意。另一方面,广大社会公众的参与意识和素养有限,加上对地方政府的不信任情绪,一旦遭遇不公,往往采取极端化、情绪化方式表达不满,对协商对话解决问题缺乏信心。

其次,对话双方的权力不对称导致对话的实质平等难以实现。由于地方政府掌握事件话语权和主导权,政民之间信息不对称,尽管形式上对话双方是平等的,但实质上往往不平等。有人认为,在 Web2.0 时代,由于普通社会公众在传播过程中地位和力量的上升,在组织面对社会公众进行外部传播活动的过程中,双方的关系正逐渐演变为更为平等的、双向互动的、充满人情味的"对话者"关系②。应该说,政府与公众的"对话者"关系正在构建中,但对话双方远未实现资源、权力、地位的平等。目前社会公众在传播沟通中的地位上升主要受益于新技术的"赋权"功能,但技术赋权对社会权力结构的冲击是有限的,何况新技术在赋权于社会公众的同时,也赋权于政府。换言之,技术赋权实际上是国家与社会的双向赋权③。

再次,对话主体缺乏理性沟通和平等协商精神,很难实现理想言说和有效

---

① 陈先红、陈欧阳:《政府微博中的对话传播研究——以中国 10 个政务机构微博为例》,《武汉理工大学学报》2012 年第 6 期。

② 唐乐:《从"传者—受者"到"对话者"》,《新闻大学》2011 年第 2 期。

③ 郑永年:《技术赋权——中国的互联网、国家与社会》,东方出版社 2014 年版,第 15 页。

对话。有研究证实，微博空间中不缺少自说自话的个人表达，而缺少以倾听、理解、思考为基础，以达成共识为目的的互动交流①。由于对话精神的欠缺，网络空间充斥着情绪化的争论、谩骂和攻击，理性的声音常常淹没在情绪的海洋中。对话双方甚至很难做到平心静气地讨论问题，遑论哈贝马斯的"理想言说情境"。各参与主体竭力想让他人接受自己的观点，而非尊重他人差异并寻求共识，这样，对话就变成了宣传或争论。在这种氛围下，双方的对立分歧有可能加剧，对话双方本来就脆弱不堪的认同和信任进一步被撕裂了。加上詹姆斯·斯托纳（James Stoner）提出的"群体极化"等因素的影响，网络推手、网络水军兴风作浪，网民的观点很容易走向情绪化和极端化，网络舆论也很容易被误导和操纵。

最后，当今时代是思想多元化的时代，网络对话很难达成共识，影响了协商对话的功能和效果。诸多研究证实，网络公共空间的言论表达主要呈现"众声喧哗"的局面。所谓共识往往只存在于某一群体，而网络公共事件往往是不同社会群体之间的对立和冲突，要达成共识殊为不易。对话的目的是求同存异，在尊重差异的前提下，也应力求达成共识，起码要能实现认同和互信。因此，思想、观点的多元化增加了网络公共事件协商对话解决的难度。

针对上述难点，本书认为，要推进网络公共事件的协商对话，并通过对话协商解决问题，需要遵循以下路径。

首先，全社会都需要确立通过对话协商解决问题的理念，提升对话素质和道德水准。尤其是政府要逐步实现转型，推进社会管理创新，通过公共事件舆情应对和处置能力培训，增强地方官员的对话协商意识和技巧，提升官员协商处理网络公共事件的能力。对于其他社会群体，也要大力提倡和鼓励对话协商，不仅在网络公共事件中，在公共空间的其他议题讨论中也应倡导对话协商。这方面，"意见领袖"应发挥带头作用，国家也应通过制度设计，逐步遏制

---

① 丁汉青：《制约微博空间中公开言论协商性的因素》，《国际新闻界》2014 年第 3 期。

社会分化和社会群体冲突趋势,推动社会各群体之间的对话协商。

同时,培养理性协商精神,全面推进依法治国和公共道德建设,提升公众的参与素质和道德水准。尽管新媒体具有平等性、草根化、去中心等技术优势,为公众参与网络公共事件提供了便利,但整个社会的文明程度和道德水准仍有待提升,中国网民又具有年轻化、低学历的特征,目前来看,公众参与的素质较低,理性协商的大环境尚未形成。因此,尚需下大力气培养公众的理性协商和对话精神,提升全社会的法治意识和公共道德水准,而这些不可能一蹴而就,还有很长的路要走。

其次,建立社会协商对话制度,推动协商民主建设。除了已有的人民代表大会、政治协商会议等有中国特色的政治协商制度,在国家层面,1987 年党的十三大首次提出,通过推进政治体制改革,建立社会协商对话制度。其内容主要包括:一是推动政民之间的信息沟通,即实现上传下达,二是推动领导部门的决策咨询制度,三是重大事项有人民参与决策。① 2012 年党的十八大报告又提出,要健全社会主义协商民主制度。作为协商民主的一种表现形式,社会协商对话制度的具体形式包括信访制度、领导接待日、政策听证会、社区议事会、网络问政等等,尽管这些形式已获得国家层面的认可和鼓励,但各地落实的情况存在差异。为形成有约束力的制度,需要制定相应的实施细则和问责机制,促使各地领导和官员尊重民意,将协商对话制度落实到政府日常公共决策中,尤其是在网络公共事件的处置和应对中。

再次,创新对话形式,构建对话协商平台。除了完善已有的社会协商对话形式,还需要不断创新,建立新的对话协商平台,开辟新的对话渠道,增强对话效果。在网络公共事件协商对话中,相关部门应将面对面协商与中介化协商相结合、直接对话与间接对话相结合、大众传播与人际传播相结合、事前对话、事间对话和事后对话相结合。尤其要充分发挥新媒体的技术优势,相关领导

---

① 郑杭生、张建明:《试论社会协商对话制度》,《中国社会科学》1988 年第 2 期。

和官员要主动参与网络问政,积极利用新媒体与网民直接沟通,了解民意,回应诉求,探索形成制度化的网络民意政策回应机制。

2016年,"两微一端"(微博、微信、新闻客户端)成为网络舆论、社会舆论的主要发源地,新媒体对国家政治生活的影响更为突出。在此背景下,国家加大了对政务新媒体的支持力度,政府微博、微信公众号等政务新媒体开始体系化发展,并进入社群化运营阶段,社会协商对话的平台建设迈出了一大步。

最后,尽管多元化时代要达成社会共识有一定难度,但就某些议题、在某一阶层内部达成共识还是有可能的,这就为不同社会群体之间的对话奠定了基础。退一步说,就算全社会的共识难以达成,但通过对话协商,对立冲突的不同社会群体之间学会了理性沟通,增强了理解和互信,也为化解冲突,寻求妥协创造了条件。因此,网络公共事件的协商对话,一方面要努力寻找利益共同点,尽可能达成认同和共识;另一方面也要学会尊重彼此差异,寻求理解、互信但不强求一致。一句话,求同存异,和而不同。

第六章　网络公共事件的预防
战略和治理策略

本书第一章曾经探讨,网络公共事件具有多种类型,其本身处于动态演变中,并且同时具备多重属性。网络公共事件的预防和应对,不仅仅是一个技术问题,也不只是一个舆论传播问题,也是重大的社会、政治和文化问题,因此必须综合应用管理学、传播学、政治学和社会学等多学科理论,结合使用多种策略和方法,才能实现标本兼治。网络公共事件的科学治理,既要建立有效的事后应对和处理机制,也要建立常态化的事前预警和预防机制。本章将在总结网络公共事件发展趋势和应对现状基础上,采用多学科结合的思路,探讨网络公共事件的预防战略和治理策略,并针对不同类型的事件总结相应的治理之道。

第一节　网络公共事件的发展
趋势和应对误区

网络公共事件是近二十年来,随着互联网技术的进步和网络用户的增长而出现的一种社会现象,也是中国情境下的独特的网络文化现象。技术的进步是无止境的,网民的结构、心理、行为也在持续变化,因此网络公共事件的类型、特征在不断演变。相应地,政府的治理理念也不能故步自封,而应根据不断变化的网络技术特点和网民的行为习惯适时作出调整,不断更新应对理念、技术和方法,并针对不同类型的事件采取不同应对策略。

一、网络技术进步与互联网管理理念的滞后

互联网是网络公共事件的活动空间,经过二十多年的发展,中国互联网的技术形态、社会功能、用户结构发生了巨大变化。在技术形态上,互联网经历了从 Web1.0 到 Web2.0 的飞跃,已从早期的门户网站、电子邮件、网络论坛等应用发展到微博、微信、APP 等"新新媒体"应用领域,其影响力扩大、传播速度更快、使用更为便捷。在社会功能方面,则从信息传播、舆论引导为主发展为兼具信息、娱乐、商业、社交等多种服务功能,"互联网+"推动整个社会经济尤其是传统实体经济的结构、形态发生变革,互联网日益成为社会生产、生活和交往的平台,其提供的服务内容、形式日益丰富;在传播渠道方面,移动互联网成为主要的使用终端。互联网用户数量庞大,结构趋于复杂,从最初的草根、底层为主,发展到中等收入群体成为网络舆论主力军。新媒体时代的舆情具有广泛性、互动性、碎片化、急速化、情绪化和泛娱乐化六大特征①。技术的进步使"新媒体"的内涵和外延不断变化,网络舆论呈现爆炸性、多元化、多变性等特征,使得网络社会风险和不确定性增强,对政府的网络管理构成严峻挑战。

反观中国政府的网络管理现状,尽管多年来政府持续加强网络管理工作,无论是投入的人力物力财力都堪称庞大,但从网络公共事件的应对效果来看,政府对网络社会的治理仍颇感吃力,对网络舆论的应对仍显得相当被动。与日新月异的网络技术相比,政府网络管理理念和方式相对滞后,下文将从谁来管(管理主体)、为何管(管理目标)和怎样管(管理方式)三个方面加以分析:

① 袁国宝:《新媒体时代的舆情管理痛点与升维之道》,http://m.sohu.com/a/114137216_101032。

首先,网络管理主体相对单一,同时又存在多头管理现象。党和政府有关部门是网络管理的主体,社会组织、企业、社会公众等各类社会主体在网络管理中的作用尚未得到重视。网络管理以"他律"为主,政府网络管理部门及相关网站的监控和把关是主要手段,网民和社会组织等的"自律"机制尚未得到重视。党和政府作为主要的管理主体,其不同机构、部门之间又存在多头管理,各自为政的现象。不同机构、部门都从各自职责出发,从不同方面对互联网实施管理,相互之间缺乏协同,导致管理规章、条例头绪纷繁,甚至相互抵触。

其次,管理目标重视维稳而忽视维权,重视互联网可能产生的社会风险和负面效果,忽视互联网之于民意表达、公众参与和舆论监督的积极意义。政府的网络管理目标与传统媒体的管理目标大体相同,就是尽可能消除威胁国家安全、社会稳定和政府形象的不利因素,将执政安全和国家安全放在首位,而网民的知情权、表达权、参与权和监督权则强调不够。维稳目标的确立实际上表明,有些管理者仍有意无意地将网络舆论或网络事件视为影响社会稳定的负面现象,主要站在政府立场上,采取自上而下的维稳思维看待网民及其行为。

最后,管理方式偏重行政而非法治,重视"堵"而忽视"疏",相关的网络管理法规还有待完善。目前,我国的网络管理重视对不良信息的屏蔽、封堵、删除,对重点网站或账号的监控,甚至直接关闭某些网站或账号,行政管理的色彩浓厚,需要投入庞大的人财物资源。有关网络管制的法律法规虽多,但多数为各级政府颁布的行政法规,如《中国互联网管理条例》《互联网站从事登载新闻业务管理暂行规定》《互联网信息服务管理办法》等,总数达数十种。这些林林总总的法规、条例由不同管理主体颁发,相互之间缺乏协调,且具体条文往往较为笼统,有的缺乏可操作性。"十二五"以来,我国加快了网络立法进度,据中国互联网络信息中心统计,"十二五"期间我国出台互联网相关法律法规、文件76部,同比增加262%,其中,2014年中央网信小组成立以来有

47 部,占 62%。① 尤其是 2016 年发布的《网络安全法》及《国家网络空间安全战略》,标志着我国的网络法制建设和战略规划取得了重大进展。不过,查阅相关法规条文可以发现,这些法规注重对网民访问敏感内容、网站的限制,敦促互联网服务商和内容提供商加强自我审查,但对网站及网民等主体享有的权利和自由着墨不多,对网络管理部门的管理权力未加限定。而且,从近年来一些网络管理争议来看,有关部门在实施网络管制时,仍需加强法治意识,依法治网。

我国的网络管理重视内容过滤、监控,忽视民意疏导、公众表达。据相关研究,我国已经建立了世界上最先进的网络管理系统,20 年来,我国互联网新闻政策的基本特点是立足于维护和强化主流话语,②依靠强大的人财物资源投入和先进的技术手段,我国政府拥有高效的网络管理效率。政府还通过建设网络评论员队伍和网络警察队伍等措施加强对互联网公共空间的管理。这些措施对于维护执政安全和国家安全有较大作用。

政府加强网络管理当然是必要的,在世界任何国家,政府都负有网络管理的主要责任。问题是,我国政府的网络管理理念和模式尚未跟上时代潮流和互联网技术发展的步伐,网络信息管理与保障网民知情权之间存在某些矛盾,政府管理权力与网民表达权利不够平衡,因此容易招致网民抵制及国内外舆论的批评。

二、网络公共事件的发展趋势与应对误区

二十多年来,随着互联网技术的不断更新,基于互联网空间的网络公共事件类型、特征也在不断变化,这对网络公共事件的管理和应对带来新的挑战。具体而言,近年来网络公共事件呈现以下发展趋势。

---

① 《第 37 次中国互联网络发展状况统计报告》,中国互联网络信息中心,http://www. cnnic.net.cn/hlwfzyj。
② 武志勇、赵蓓红:《二十年来的中国互联网新闻政策变迁》,《现代传播》2016 年第 2 期。

一是发生频率越来越高,传播越来越迅速,封锁事件消息越来越难。2002年以前,中国互联网尚处于 Web1.0 时代,网民人数有限,政府网站占据主导,主要功能是传播信息,网络公共事件的发生频率不高。2003 年以后,随着博客、微博、微信、新闻客户端等社交媒体形态相继出现,网络传播进入 Web2.0时代(有人提出 Web3.0 时代、新新媒体时代等说法),注重个体表达和互动交流,加上中国互联网普及率不断提高,网民规模越来越大,网络舆论的影响力扩大。与此相应,网络公共事件呈现常态化发生趋势,单个事件的周期缩短,传播速度越来越快,对地方政府的冲击越来越大。2010 年以后,移动互联网日益普及,绝大多数网民通过手机上网,随时随地发出事件信息,参与事件讨论。由于移动互联网尤其是社交媒体具备互动性、裂变式和病毒式传播特点,"两微一端"(微博、微信、新闻客户端)成为网络公共事件曝光和发酵的主要平台,封锁事件消息越来越难。"事实上,无论照片、视频或文本,一旦上网,原则上就不可能完全删除。"①

二是议题广泛,类型多样,公私界限、虚拟空间与现实空间的界限日益模糊。2002 年以前,网络公共事件矛头主要对外,民族主义事件是主要类型,中日关系、中美关系、两岸关系是诱发网络公共事件的主要因素。由于拥有共同的国家利益,网络舆论较为一致,国家和社会之间关系较为融洽,政府和网民之间常常协作,共同维护国家主权和民族尊严,因此国家对网络公共事件具有较强的控制能力。2003 年以后,诱发网络公共事件的社会矛盾冲突越发多样化和复杂化,情感和利益均在推动网络公共事件发生发展中发挥了重要作用。政治、民生、文化、娱乐、外交等各个领域都可能产生网络公共事件,网民讨论的议题广泛,事件的类型越来越多样化。

随着政府不断加强网络管理,以及商业力量的介入,网络公共事件的娱乐化色彩明显,公共议题经常被娱乐化表达,私人议题有时也能引发公众讨论,

---

① 保罗·莱文森:《新新媒介》,何道宽译,复旦大学出版社 2014 年版,第 108 页。

公共议题与私人议题之间的界限日益模糊。比如在2016年的雷洋事件中,北京市民雷洋在赴机场途中死亡,警方解释是由于雷洋嫖娼被抓,反抗中突发不适身亡。网民关注的焦点分散,一部分人聚焦于雷洋究竟是怎么死的,一部分人则热议雷洋是否嫖娼,前者涉及公共安全,后者则纯属私人品德。一方面是公共事件与私人议题之间的界限模糊,另一方面,虚拟空间与现实空间紧密相连,网络公共事件在网上网下都产生影响,网络舆论与线下行动的连接更为密切,"话语事件"更加容易演变为"集体行动"。

三是参与主体越来越广泛,政治、商业和公众力量之间的博弈更为激烈,一些事件出现组织化趋势。近年来互联网普及率不断提升,网络公共事件的参与主体日益广泛而多元,网络公共事件背后的权力博弈更趋白热化。首先是政府的网络管制卓有成效,网络舆论引导能力提升。2015年以来的网络空间专项整治、打击大V、封闭违规账号等清网行动,对网络不正之风起到一定的遏制作用。政务新媒体、主流媒体的"两微一端"影响力扩大,民间网络评论员对网络舆论的引导能力提升,网络舆论热度下降。同时,商业和资本力量对网络空间的操控日益严重,网络推手、网络水军操控网络舆论的现象依旧存在。

随着移动互联网日益普及,来自社会各群体的网民均有机会借助网络随时随地发声,网络舆论呈现多元化趋势。随着网民权利意识的增强、公民社会的逐步壮大,一些网络公共事件出现组织化趋势。尤其是在一些环保、司法类议题中,常常出现非政府组织或民间维权人士的身影。互联网上出现了一个"意见领袖"群体,他们借助互联网的技术优势开展网络动员,主动发起或参与网络公共事件。而网络推手、网络炒家、网络水军也趁机开展事件营销,干扰网络空间秩序。各种社会力量围绕网络公共事件展开博弈,使得事件的结果更加不可预知。

四是一部分网络公共事件舆论的政治化和标签化倾向明显,网络公众参与呈现由工具理性向价值理性转变的趋势。事件过程中常出现"多米诺骨牌"效应和"蝴蝶效应",由个体或集体的权益抗争演变为针对整个社会公平正义的价值层面的讨论,由一个事件牵出相关事件或议题,事件延伸、议题搭车现象频繁发生。网络公共事件常常超越"事件"本身,演变为对某种社会现象或现实问题的讨论,个体的不幸遭遇常被解读为制度性的不公,或有关部门的腐败。事件或议题在传播过程中,往往被贴上某种标签,相关的议题或事件被不断发掘,形成连锁反应,一个发生于个体或地方的事件很容易产生全国性影响,增大了事件处置的难度。比如,2011年的郭美美事件被贴上慈善事业腐败的标签、2015年的庆安事件引发当地官场地震、2016年的魏则西事件则激发了公众对百度公司、对"莆田系"医院的不满。而且某种刻板印象一旦形成,当事人或地方政府很难撕下标签、摆脱污名,消除负面影响。比如,2015年的天津爆炸事件、2016年的李文星事件等一系列事件的发生,使天津形象严重受损,被污名化为"一座没有新闻的城市",尽管天津政府采取了各种补救措施,但天津形象依然难以修复。

五是网络舆论分层和分化明显,理性与非理性言论共存,且呈现逐步理性化趋势。一方面,随着社交媒体的主流化,网络社群崛起,尤其是微信群和朋友圈促成网络公共空间的社群化趋势。在社群内部,网络舆论共识有所提升,而在不同社群之间,其对立冲突则可能加剧,社会认同和共识缺乏,网络民粹主义、极端主义、群体极化现象严重,"阴谋论"盛行。不仅主流媒体与社交媒体舆论场出现分裂,网络舆论场内部也出现分层和分化。另一方面,随着中等收入群体逐渐成为网络舆论的主体,网民自律意识加强,"意见领袖"和普通网民的媒介素养有所提升,网络上理性的声音与非理性的声音并存,并显示出逐步理性化的趋势。尽管许多事件中谣言和情绪化言论仍不可避免,但民间也有人自发辟谣,理性的声音也能受到青睐。

关于网络公共事件的管理和应对,主要有五种学术取向:一种是管理学的观点,将事件视为一种公共危机,强调政府回应性与危机管理;二是政治学的观点,将事件视为国家现代化过程中的必经阶段,认为其将随着国家民主政治的发展而逐步消失;三是社会学的观点,认为事件是由于社会转型和社会分化导致的,主张通过社会结构调整和社会群体利益平衡来应对;四是传播学的观点,将网络公共事件视为一种舆情或舆论传播现象,主张通过信息管理和舆论引导来影响事件走向;五是社会心理学的观点,认为网络公共事件主要源于网民情绪失控和心理失衡,主张通过对网民的心理调适和情绪抚慰来平复网络舆论。目前来看,我国政府对网络公共事件的应对缺乏多学科的视角,主要从危机管理和舆论引导的角度去采取对策,因此仍存在诸多问题。有学者总结了网络舆情处置中的十大错误思维:真相思维、单向思维、速决思维、篇章思维、对冲思维、站队思维、讨好思维、删帖思维、蒙混思维、鸵鸟思维①。就网络公共事件应对而言,主要存在以下误区。

首先,网络公共事件根源于社会转型及国家—社会关系的变化,但政府的危机管理对策治标不治本。近年来我国地方政府对事件的回应速度越来越快,形式越来越多样,但网络公共事件仍此起彼伏,频频发生。政府只注重事件发生后的危机应对,忽视日常社会矛盾和冲突的预防和化解,公众参与和民意诉求等相关制度和机制的建设滞后。危机管理措施具有随机性和临时性,注重事后管理和运动式处置,缺少系统的、常规的危机管理制度和机制,如事件预警机制、舆情回应机制和责任追究机制,并且重回应、轻处理。尽管相关管理部门综合使用了技术、经济、行政等各种手段,对网络公共事件的应对能力仍显不足,应对效果有限,应对成本却很高。

从近年来大量网络公共事件案例来看,多数地方政府对事件的回应、调查和问责缺乏制度保障,主要取决于强大的舆论压力和上级政府的介入。尽管其中相当部分事件最后能得到有效处置,但其过程往往充满曲折,并且以政府公信力的损伤为代价。

在事件处置过程中,有关部门通常只求平息事件不求信任重建,强调利益

---

① 《网络舆情处置中的十大错误思维》,搜狐网,2016 年 12 月 6 日,http://m.sohu.com/n/475089608。

补偿忽视认同建构,重视讲清道理轻视情感抚慰,无法从根本上解决问题。当政民之间严重缺乏认同和互信时,试图尽快平息事件的种种努力往往事倍功半。在当今信息爆炸时代和多元化社会,网络信息的不确定性和复杂性增强,"事实的坍塌"和"后真相时代"①的来临使事件真相扑朔迷离,不同社会群体的人对同样的议题和事件有不同的理解。单纯摆事实、讲道理也很难行得通了,情感动员起来的网络公共事件治理更需重视情感抚慰,通过政府与网民之间的情感认同和信任重建,从根本上化解网络公共事件。"在社会沟通和舆论引导中,晓之以理远远不如动之以情,争取人心是舆论工作的第一要义。"②

其次,互联网的技术特点和组织结构与传统媒体迥异,但我国的网络公共事件应对基本沿袭了传统媒体时代的维稳模式,忽视互联网与传统媒体的差异。基于维护社会安全稳定的目标,我国政府在应对网络公共事件时仍注重单向的信息发布和舆论引导,忽视与网民的对话和协商。在传统媒体时代,政府要实现信息管理和舆论引导是完全可能的,而在社交媒体时代,要做到这些很难,而且会越来越难。政府单向度的应对措施难以获得公众信任,网民利用新媒体的技术优势展开反封锁和迂回抗争,又使得政府信息控制和舆论引导的效果大打折扣。

再次,有关政府部门的管理措施注重行政手段,法治意识有待进一步加强。目前,我国的网络管理法规众多,但主要是一些行政法规,其本身存在专业性、权威性不足的局限,实施时还存在可操作性不强等问题。更重要的是,网络管理法规和措施重视维护国家安全和社会稳定,忽视保护公众的知情权、表达权、参与权和监督权。根据现代公共管理学的观点,政府的管理权力来源于公众授权,唯有以公共利益为依归,政府管理才能确立自身的合法性,因此单纯强调执政安全和统治秩序的管理目标有时难以获得公众认同。

---

① 胡泳:《后真相与政治的未来》,《新闻与传播研究》2017年第4期。
② 喻国明:《我对当前网络舆情治理问题的两个基本观点》,搜狐网,2016年7月4日,http://m.sohu.com/a/101103228_242292。

最后,政府对网络公共事件的管理往往一刀切,不区分各类事件的性质、特点。对于网络暴恐事件和群体性事件,采取果断的治安管理措施是毫无疑义的,但大部分社会冲突的性质属于人民内部矛盾,不宜武断定性为"网络群体性事件",也不能轻率认定事件是"不明真相的群众"受境内外敌对分子操纵。大多数网络公共事件并不会发展为暴力性的集体行动,宜区别对待,主要采取协商对话方式解决,尤其要慎重使用警力。对于一部分由网络推手、网络水军策划的网络公共事件,则应加强法制规范,防止其侵犯公民权利。在事件演变的不同阶段,政府的应对措施也应有所不同。总之,具体事件具体分析,是网络公共事件治理的基本原则。

第二节　网络公共事件的预防战略

网络公共事件的产生呈常态化趋势,各级地方政府应将网络公共事件的预防和应对作为一项日常工作,制定常规化的预防和应对制度和相关机制。网络公共事件的产生,根本上是源于市场化改革以来国家(政府)—社会(公众)关系的变化,社会转型、政府转型的步伐落后于经济转型。因此,网络公共事件的应对,不能头痛医头,而应结合社会根源和时代背景,将事前预防与事后应对相结合,国家权力重构与公民社会培育相结合,宏观制度改革与微观机制建构相结合。综合应用管理学、社会学、政治学、传播学和社会心理学等多学科理论,从结构(权力重构)、理性(利益协调)、情感(情绪疏导)、文化(认同建构)和心理(心理调适)等多方面入手治理,实现标本兼治。因此,网络公共事件的预防与治理是一个系统工程,任重而道远。本节将首先讨论网络公共事件的预防战略。

一、推进政府转型,建设公民社会

从社会学视角看,当代中国的网络公共事件正是社会转型期各种社会风险和社会冲突的集中表现。因此,预防网络公共事件的发生就应加强风险防范,从源头上化解各类矛盾冲突,维护公民权利和利益。总体来看,我国社会转型的重点是经济转型,政府转型和社会结构转型相对滞后于经济转型,为了有效化解各类社会风险和社会冲突,就必须积极推进政府转型和社会结构转型,使其能适应经济转型的需要。

从经验角度看,网民热衷于参与和自身无直接关联的网络公共事件,主要是出于对社会公平正义价值观的维护,网民群体的形成就建立在对社会公平正义的价值认同基础上。而要建立公平正义的社会,取决于社会管理的主导力量——政府能否有效发挥作用,承担起公共管理和维护社会公平正义的首要责任,而不是反过来损害公共利益和公民权益。

从社会转型的理论视角看,政府转型相对滞后于经济转型,是网络公共事件频发的重要社会根源,一些事件本身就源于有关部门滥用职权或执法不公,也有一些事件的激化是由于有关部门对事件的不当处置,这就要求地方政府要尽快转型为服务型政府、责任政府和回应型政府。比如孙志刚事件的发生根源在于不合理的收容遣送制度及相关机构不负责任;躲猫猫事件根源于监狱管理制度的缺陷,牢头狱霸现象严重;雷洋事件的发生源于少数警察执法不当,滥用职权。要从根源上解决问题,就必须不断加强制度建设,将腐败和滥用职权等现象关进制度的笼子里。孙志刚事件、躲猫猫事件和雷洋事件均暴露出少数地方执法部门滥用职权,玩忽职守等问题,说明政府转型任重道远,一些地方的法治意识淡薄,公民权利仍缺乏足够保障。从近年来大量案例来看,权益抗争、公权腐败、食品安全、征地拆迁、司法不公、公共道德等领域最容易诱发网络公共事件,这些领域都直接或间接涉及地方政府执政或执法,有赖于政府社会管理理念和方法的创新。

社会结构转型相对滞后于经济转型也是当前我国转型社会面临的一大问题。推动公民社会良性发展,建构公共领域,使社会公众成为网络公共事件的治理主体。同时,作为公民社会的重要标志,各类社会组织的自主权应适当扩大,使其积极参与社会治理。通过公民社会的监督防止地方滥用职权,使地方政府在面临网络公共事件时能充分感受到来自公众舆论的压力,从而采取措施解决问题。网络公共事件的发展演变主要取决于各种社会力量之间的权力博弈,尤其是国家(政府)与社会(公众)之间的权力博弈。在当前强国家—弱社会的总体格局下,网络舆论仍有可能遭遇公权力的傲慢,要使地方政府不得不正视民意,只有推动公民社会有序发展,培养公民意识和公共精神,促进公众理性参与。

二、扩大政治参与,保障民意表达

从政治学视角看,网络公共事件主要是一种体制外的公民政治参与和民意表达行为,而网民之所以采取体制外的网络参与,根源在于体制内参与和表达的渠道有待进一步拓宽。因此网络公共事件的预防,应着重通过制度变革,为公众提供制度内的政治参与渠道,将公共决策建立在民意基础上,并为不同社会群体提供利益表达渠道,保障公众的知情权、表达权、参与权和监督权。

早在1987年的党的十三大上,中共中央就提出"重大情况让人民知道,重大问题经人民讨论",并明确提出要建立社会协商对话制度,依法推进信息公开;2002年党的十六大报告提出"健全民主制度,丰富民主形式,扩大公民有序的政治参与,保证人民依法实行民主选举、民主决策、民主管理和民主监督";2007年党的十七大明确提出保障公民享有知情权、表达权、参与权和监督权。要落实这些决议精神,建设制度化的、更有效的公民参与和表达渠道是关键。目前,我国基层民众数量庞大,直接参与国家政治生活面临规模大、效率低的难题。因此,除了继续完善人民代表大会制度和政治协商制度,加强社会协商对话制度和渠道建设至关重要。通过发展协商民主,弥补我国政治生活中民主参与的不足。

具体而言,首先应在各级政府机构建立决策咨询制度,通过公共事务的听证会、咨询会和评议会等形式,将公共决策建立在民意基础上,实现社会治理能力现代化。其次,完善领导接待和上访制度,使民间的疾苦、冤屈能更快、更有效地为地方领导所知,从而及时采取措施化解矛盾。再次,推进决策透明化,建立和完善公共决策的信息公开制度和公示制度,所有公共决策均应通过各种渠道予以公开。最后,为防止相关制度和机制形式化,应配套建立问责制度,将上述制度的落实情况与相关职能部门领导的绩效挂钩,并建立相应的考评和惩处制度。

社会转型期的各种社会风险和矛盾冲突是引发网络公共事件的主要社会根源,但社会风险和冲突并不一定会演变为网络公共事件。通过制度建设推进公众参与和民意表达,疏导社会情绪和怨恨,是防止社会风险和冲突转化为网络公共事件的重要一环。不仅要完善体制内的公众参与渠道,也应充分发挥媒体尤其是互联网的桥梁作用,使之成为公众参与和民意表达的平台和空间。中国的网络公共事件之所以频发,与传统媒体的高度集中息息相关,互联网由于相对开放,成为中国网民发声的唯一渠道,而网络公共事件就成为民意表达的重要契机。当社会公众的情绪和委屈能充分释放并得到及时回应,潜在社会风险和冲突就不会发展为网络公共事件。"冲突产生于社会报酬的分配不均以及人们对这种分配不均表现出的失望,只要不直接涉及基本价值观或共同观念,那么它的性质就不是破坏性的,而只会对社会有好处。"①因此,要有效化解社会冲突,就应发挥媒体的安全阀作用,允许公众利用媒体表达诉求,宣泄情绪,维护权益,发挥社会冲突的正面功能。

三、加强舆情预警,推动信息公开

从传播学视角看,网络公共事件本质上是一种舆论传播现象。因此,网络公共事件的预防就是要提前做好舆情预警,防止事件和议题演变为大规模的网络舆论聚集,控制网络舆论的社会影响。其中,做好舆情预警对于防止网络

---

① 科塞:《社会冲突的功能》,孙立平等译,华夏出版社 1989 年版,第 197 页。

公共事件的发生至为关键。为此,需要结合网络大数据技术建构网络舆情的分析、研判、上报与应急管理系统,网络问政与政民互动系统,信息公开与舆论引导系统,网络谣言研判与辟谣系统,等等。

首先,各级地方政府应建立一支专业的舆情工作队伍,对本地的社会热点议题和网络舆情开展日常分析、研判和预警,及时将风险反馈给相关职能部门。这支队伍可由地方宣传部门牵头组织,各地方职能部门协调和配合工作,直接对当地一把手负责。这支队伍应由网络舆情分析、计算机信息处理、情报学等领域的专业舆情分析和研究人员组成,应用大数据、云计算等新的信息处理技术,建构和完善网络舆情研判的指标体系与模型,针对网络论坛、博客、新闻网站、微博、微信等传播渠道的信息开展数据收集、整理和分析,确定热点事件和议题的舆情热度、涉事群体、传播渠道和网民态度等指数,分析热点议题转变为网络公共事件的可能性,并为本地相关职能部门提供处置的建议。目前,我国已有不少政府机构、网站、高校利用相关舆情监测软件,开展日常的舆情监测工作,如深圳市网信办的舆情工作室、人民网舆情监测室、中国人民大学舆论研究所等。

其次,从传播学角度看,化解网络舆情的最有效措施是事件或议题的信息公开,满足公众的知情权和表达权。为此,应建立网络舆情的应急响应分级制度、网络新闻发言人制度和信息公开发布制度。英国危机管理专家罗杰斯特曾经提出信息公开的3T原则:主动告知(tell your own tale)、全部告知(tell it all)和迅速告知(tell it fast)。根据3T原则,针对网络舆情的质疑和批评对象,相关职能部门应主动在第一时间完整、全面地公开相关事件或议题的信息,回应公众诉求,防止事件激化为大规模的网络公共事件。同时,对于尚未调查清楚的事实,比如事件原因、性质等,不可武断下结论,而应坦诚相告,求得谅解。

2007年和2008年,我国先后实施《突发事件应对法》和《政府信息公开条例》;2016年,中共中央办公厅和国务院办公厅又发布《关于全面推进政务公开工作的意见》,对各级政府落实政务公开工作做了具体规定。但在现实中,由于一些事件直接涉及涉事机构或官员的问责,涉事机构或官员出于对自身利益的维护,总是千方百计地掩盖事实真相,推卸责任,或者寄希望于新的议题或事件发生,转移网民的视线,从而采取拖延策略应对网络舆论。因此,指望由涉事机构或官员主动公开信息,承担责任是不太现实的。这种情况下,上级政府或领导应迅速介入,及时化解矛盾冲突,并引入第三方调查,追究相关机构或官员的责任,平息事端。为提高舆情回应和信息公开的积极性,应实施地方政府舆情应对能力考评制度,落实信息公开问责制。

最后,针对网民的群体极化等非理性现象及网络谣言泛滥的现实,开展适当的舆论引导也是必要的,为此,应建立针对热点议题和事件的舆论引导机制。2011年,广东佛山小悦悦事件发生后,南海区政府宣传部门积极研究媒体报道趋势,并主动开展网络舆论引导,包括组织网络发言人发表正面言论,发布案情进展、关爱慰问活动等正能量信息,督促佛山本地论坛和微博把握正确舆论导向,等等①。

另一方面,本书认为,网络技术的优势的确是网络公共事件频发的技术原因,但网络公共事件的产生绝非单纯的技术问题,网络公共事件的预防也不能只单纯强调舆论引导的作用。网络公共事件的预防和应对,应实现从"引导"到"对话"的范式转变。某种意义上说,网络公共事件的舆论引导是治标不治本,本书反对单向的舆论引导而不注重对话协商的理念,也反对那种将舆论引导视为灵丹妙药的做法。在当前新的网络舆论环境下,简单强力的网络舆论引导不仅难以奏效,而且容易引起网民反感。但就某一个具体事件而言,尤其是当网络谣言和网络暴力泛滥的时候,适当的、正面的舆论引导也是必需的。网络公共事件的舆论引导,既要改变维稳思维,又不能放任自流,而应寻求有效的舆论引导机制,将舆论引导建立在信息公开和真相发布基础上,通过网络

---

① 《"特殊网友"绝非"五毛"》,《羊城晚报》2012年3月23日。

法制建设规范各方行为。

四、引导社会组织，规范集体行动

在西方国家,社会组织是协调国家—社会关系的重要杠杆,也是化解政府与公众矛盾冲突的核心机制。由于社会组织的主导和参与,西方社会的集体行为逐渐转变为理性、合法的社会运动。从社会学的社会运动视角看,当代中国的大部分网络公共事件其实不同于西方有组织的社会运动,更接近无组织或弱组织的集体行动,或者以互联网为中介的"连接性行动"。当代中国的绝大多数网络公共事件都是由网民自发参与的,受情感、情绪等主观因素影响较大,社会组织在其中发挥的作用极为有限,这也是中国的网络公共事件破坏性更强的直接原因。从这一角度看,组织化、制度化是减少网络公共事件暴力性和破坏性的有效路径。

中国的非政府组织(NGO)大都具有半官方色彩,独立性有限。除了在少数环保类事件、慈善类议题中可以看见他们的身影(如免费午餐),大多数网络公共事件缺少社会组织的参与和组织,导致无序性和破坏性较强。网民和社会组织参与网络公共事件的制度化和组织化,是网络公共事件走向有序的关键。为此可借鉴西方经验,一方面要建立相应的法律法规体系,对社会组织发起和组织网络公共事件进行规范,赋予 NGO 等社会组织一定的独立性,鼓励他们积极介入网络公共事件并发挥主导作用。另一方面也要依法处置传谣、侵权行为及暴力行动。2015 年 11 月 1 日正式施行的刑法修正案(九),首次将编造虚假的险情、疫情、灾情、警情,肆意传播谣言者入刑,加大了对网络传谣的惩处力度。

2008 年汶川地震发生后,中国的各类社会组织纷纷参与救灾、捐款等活动,显示了社会组织在参与公共事务中的重要作用。2011 年的郭美美事件凸显了一些社会组织管理缺位、公信力低下的现实。郭美美事件发生以后,北京、广东等地方政府纷纷出台有关规定,降低非政府组织的登记门槛,简化有关手续,推动社会组织参与社会管理。2015 年国务院总理李克强在政府工作报告中明确提出"深化社会组织管理制度改革,加快行业协会商会与行政机关脱钩,支持群团组织依法参与社会治理",表明高层对社会组织在社会治理中的作用更加重视。

2011 年,中央社会治安综合治理委员会正式改名为中央社会管理综合治理委员会,作为协调和指导社会管理工作的机构,社会管理创新成为热点。2011 年 11 月,广东省政府推出《关于广东省进一步培育发展和规范管理社会组织的方案》,明确社会组织无需业务主管单位预先审批,可以直接向当地民政部门申请成立,原有业务主管单位也转变为业务指导单位,为民间组织独立发展提供机会,并有助于其承担社会管理职能。

五、提升政府信用,重建社会认同

从社会心理学角度看,网络公共事件的产生,与社会公众的"相对剥夺感""怨恨"等心理和情绪有关。从宏观层面看,则反映了当代中国社会信任危机和社会认同的缺失。改革开放以前,中国的政治运动和社会活动基本上是由政府主导的,国家(政府)与社会(公众)之间存在高度的价值认同和信任。市场化改革以后,原来占支配性的共产主义和集体主义意识形态在民间的影响力有所淡化,个人主义、网络民族主义、民粹主义等多元社会思潮和价值观念开始泛滥。国家—社会之间由高度一体转向逐渐分离,社会公众对政府的不信任、不满情绪增强,社会群体矛盾凸显。网络公共事件自然而然成为各种社会思潮交锋和争论的由头,折射出当代中国的社会心理和社会情绪。

社会稳定的根本,在于社会公众和执政者拥有共同的价值观念和精神支柱,彼此信任,同呼吸、共命运,国家与社会之间拥有较强的凝聚力。从这一角度而言,要减轻网络公共事件对社会秩序、社会稳定的冲击,就需要从根本上重建社会公众对国家(政府)发自内心的认同,提升政府公信力。有研究发现,中国民众对中央政府存在较高的认同度,对地方政府信任度普遍较低①。国家(政府)需要将其合法性建构在民意支持基础上,传播能为全社会所接受和认同的核心价值观。同时,经济转型过程中产生的公权滥用、贪污腐败、社会分化等问题会影响政府的公信力,政府除了要继续深入开展反腐败斗争,建设廉洁政府,还需不断加强执政能力建设和社会管理创新,通过一个个网络公共事件的合理处置,逐步提升政府信用。

有人认为,认同可以分为在沟通中形成的信息认同、基于互蒙其惠达成的利益认同、在情感、伦理、灵韵和精神信仰层面达成的价值认同;换言之,认同至少存在三种来源:信息交流、利益互惠、价值同构或意义分享。② 为了建构社会认同,地方政府需要不断加强政民互动,消除政府与公众之间的信息不对称,缓解对立情绪,建立信息认同;通过利益相关方的友好协商,寻求各方都能接受的利益分配和调节方案,达成利益认同;最重要也最难实现的,就是价值认同,通过核心价值观的倡导和传播,使其成为普通民众的精神信仰,这是一项长期的工作,任重而道远。

六、重视媒介素养,提升参与素质

地方政府及其官员如何回应网络舆论,网民采取什么样的抗争策略和手段,往往决定着事件的发展和演变。因此,网络公共事件的有效处置,取决于政府官员及网民双方的智慧和素质。重视官员的媒介素养教育,提升网民的参与素质,是避免网络公共事件失控的重要途径。

一方面,政府是预防和治理网络公共事件的主导力量,有些政府官员的媒介素养低是导致许多网络公共事件处置失败,甚至引发次生舆情的主要原因,亟需通过举办危机应对的知识讲座、经验交流、技能培训、案例分析等方式,提

---

① 《北师大发布 2016 年中国网民的政府信任度报告》,腾讯传媒,2016 年 9 月 26 日,http://news.qq.com/a/20160926/029928.htm。

② 胡百精:《说服与认同》,中国传媒大学出版社 2014 年版,第 2 页。

升政府官员的舆情管理和危机应对能力。首先要转变地方官员的危机管理理念,使地方官员认识到在面对网络公共事件时,应由被动应对转向主动出击,由维稳思维转向对话思维,认识到信息公开和协商对话是处置网络公共事件的最有效手段。其次,转变地方官员的思想作风,增强其服务意识和责任意识,促使其以平等和诚恳的态度对待网民和公众,并学会依法管理网络舆论。最后,要使地方官员掌握危机管理的策略和技巧,增强与媒体打交道的能力,和网民沟通对话的能力,尤其要学会在媒体发言,利用媒体与网民有效沟通,避免乱说话,说错话。

另一方面,网络公共事件的主要参与者是网民,近年来网民的参与积极性不断提升,但参与的素质有待加强,极端化、情绪化的言论还充斥着网络空间。对此网络管理者应尽可能宽容对待网络舆论,同时不断加强法制规范,促使网民理性表达诉求,合法参与集体行动,使网络舆论逐渐走向理性。事实证明网民也具备自律意识,近年以来的网络舆论已逐渐趋于理性。

第三节　网络公共事件的治理策略

国内网络公共事件研究历经十余载,取得了一些成果,对网络公共事件的认识趋于客观和科学。目前对网络公共事件的看法已经由早期的负面化、污名化转向客观化、中性化,在如何应对方面强调社会治理,并开始向多学科交叉研究发展。但总体来看,网络公共事件研究仍不够充分,对策研究作为国内研究的主导范式,现有研究成果仍未能满足实践需求,真正具备学理性和可操作性的对策建议并不多。2013 年,中共十八届三中全会发布《中共中央关于全面深化改革若干重大问题的决定》,首次使用了社会治理的概念,表明治理理念已被国家高层所认可。网络公共事件作为当代中国突出的社会现象,自然是社会治理的重点对象。本节将应用治理理论分析网络公共事件的多元主体治理,重点分析网络公共事件社会治理的理念、策略和技巧。

一、治理理论及其应用

治理(governance)理论是 20 世纪 90 年代以来随着西方新公共管理运动的兴起而产生的重要理论。何为治理？学术界有不同看法，较有代表性的是全球治理委员会的表述：治理是或公或私的个人和机构经营管理相同事务的诸多方式的总和，它包括有权迫使人们服从的正式机构和规章制度，以及种种非正式安排。治理有四个特征：它不是一套规则条例或一种活动，而是一个过程；它以调和而非支配为基础；它同时涉及公、私部门；它并不意味着一种正式制度，但有赖于多主体之间的持续互动。① 在治理理念产生前，政府的管理是维护社会运行和公共生活秩序的主要手段。治理理念则认为社会秩序和公共生活需要政府和其他社会主体共同管理。治理和管理最根本的区别在于：治理强调政府、企业、非政府组织和公民之间的双向或多向的互动协商和协作配合，以法律和制度为根据，管理则是一种单向的政府行为，政府发号施令，其他社会组织或个体处于受支配的地位。管理的目的是维护社会稳定和政府权威，治理的目的是最大限度地增进公共利益。②

针对治理理论存在的多主体之间权责模糊等缺陷，一些学者和国际组织进一步提出"善治"(good governance)的概念，国内俞可平等学者也强调"善治"的重要性。"善治"的最终目的是公共利益的最大化，实质是指政府与公民对公共生活的合作管理过程，强调公共事务的公众参与和民主决策，政府职能也相应要实现转型，由全能政府转向有限政府，政府将一部分管理职能交给公民组织和个人，并强调法治化管理。

网络公共事件的治理属于网络治理的范畴，具体说是网络舆情治理的一部分。根据联合国网络治理工作组(Working Group on Internet Governance)的定义，网络治理是由政府、私营机构和公民社会从他们各自的职责出发，共同

---

① 俞可平：《治理与善治》，社会科学文献出版社 2000 年版，第 270—271 页。
② 刘毅：《网络舆情与政府治理范式的转变》，《前沿》2006 年第 10 期。

形成、发展和运用的原则、规范、章程、决策程序和制度安排,以此影响推进互联网的使用①。也有人将网络治理理解为政府、私营部门、研发机构和公民社会四个部分的协商过程②。可见,网络治理离不开多个社会主体之间持续的互动和协商,本质上是一个对话协商的过程。

当前,网络公共事件的政府管理面临诸多挑战,其中一个重要挑战就是有些地方政府公信力不足,社会公众对政府的网络管理措施缺乏理解和信任。针对这一现实,政府管理机构需要转变观念,网络管理方式应由"管理"转向"治理",管理目标应由"维稳"转向"善治"。依据治理理念的要求,网络治理应强调公民权利的维护,强调应用法制手段,政府及其他社会主体应依法管理互联网,并充分发挥公民组织和个体的责任和自律。

二、我国的网络管理模式及其不足

不可否认,中外政治体制和传媒体制存在差异,因此西方经验未必适合我国,但仍具有一定的借鉴意义。网络治理是一个全球性的议题,西方发达国家在网络治理方面探索已久,有着较为成熟的经验,我国完全可以批判地吸收和借鉴。本章第一节已经分析过,我国互联网管理存在一定程度的忽视网民权利保障的问题,管理主体单一,忽视社会自律,管理者法制意识淡薄,管理措施本身存在合法性争议,主要采用硬控制而非软约束手段。针对这些问题,我国可以借鉴国际经验,探索具有中国特色的网络治理(包括网络公共事件治理)模式。

从管理目标来看,当前我国的网络管理主要是为了确保执政安全和国家

---

① "Internet governance is the development and application by Governments, the private sector and civil society, in their respective roles, of shared principles, norms, rules, decision-making procedures, and programs that shape the evolution and use of the Internet." [EB/OL] WGIG(2005), p. 4. Available at: http://www.wgig.org/docs/WGIGRE-PORT.pdf.

② Wilson III E J. "What is Internet Governance and Where Does it Come From?" *International Public Policy*, 2005, 25(1): 29-50.

安全,对网民权利的保障有待加强。结合互联网的技术特点,我国在制定和修改网络安全法规时,可探索出台网络舆情治理方面的专门法,统一网络舆情治理标准。合理界定网民言论自由的边界,出台谣言及网络侵权的判定标准,规定网络管理机构的执法权限。目前亟需出台专门法,或者在现有法规体系内增加有关条款,保障网民和公众依法享有知情权、表达权、参与权和监督权等,并提供相应的施法解释和实施细则。通过立法手段合理平衡政府、企业和公众的权利,使网络治理依法进行。

我国的网络管理主体主要包括中央网络安全和信息化领导小组、国家网信办、工业和信息化部、公安部、国家新闻出版广电总局等,这些机构和部门都具有官方色彩。2013 年以来,针对日益严峻的网络安全形势,我国加强了网络信息安全和管理工作。2014 年成立的中央网络安全和信息化领导小组,主要是从战略高度,从宏观上把握当前网络安全工作的大局,针对网络安全领域的重大问题,制定网络安全和信息化发展战略规划,推动相关互联网法律和政策的制定和修改,领导全国网络安全管理工作。国家互联网信息办公室成立于 2011 年 5 月,目前成为中央网络安全和信息化领导小组之下的具体负责机构,主要职责包括贯彻落实中央有关网络信息传播的方针、政策,推动网络传播立法、规制建设,指导、协调、督促各网络管理部门开展信息传播内容管理,依法惩处各种违规现象,等等。目前,我国初步形成了中央网络安全和信息化领导小组领导、国家互联网信息办公室主导和协调,各级政府网络管理部门负责具体实施的互联网管理体制。显然,这一管理体制具有高度集中、严密控制的特点,有利于强化国家对网络治理的领导。为了充分调动各治理主体的积极性,需要创新网络治理模式,可以吸收社会力量到各级网络管理部门中,广泛听取社会公众对网络治理的意见和建议,形成政府、企业、社会既相互协作又相互监督的网络治理模式。

在自律机制建设方面,中国互联网协会等行业协会及一些网站先后发布了《全国青少年网络文明公约》(2001)、《中国互联网行业自律公约》(2002)、

《互联网新闻信息服务自律公约》(2003)、《互联网站禁止传播淫秽、色情等不良信息自律规范》(2004)、《文明上网自律公约》(2006)、《博客服务自律公约》(2007)、《中国互联网协会关于抵制非法网络公关行为的自律公约》(2011)、《互联网搜索引擎服务自律公约》(2012)、《互联网终端安全服务自律公约》(2013)等。除了中国互联网协会,相关的行业自律组织还有网络科普联盟、反垃圾邮件工作委员会等。不过,中国的互联网行业协会及网络服务商、内容提供商大都缺乏独立性和自主性,对于来自政府网络管理部门的指令只能被动执行,并且主动开展自我审查,无法充分发挥网络治理的主观能动性,也难以对国家有关部门的网络治理措施实施监督。由于缺乏权威,中国的行业自律组织及其制定的行业规范缺乏硬性约束力,对网络侵权、网络传谣等不法行为无法构成实质威慑,对于网民合法权利也未能发挥保护作用。

从管理方式来看,目前我国的网络管理仍然偏重硬控制而非软约束,重视"堵"而忽视"疏",主要依靠行政手段而非法治。21世纪以来,我国政府制定了一项项网络管理规则和条例,开展了一系列网络空间专项整治行动。比如,2000年制定的互联网信息服务提供者"九不准",2013年提出的网民必须遵守的"七条底线",2014年制定的"微信管理十条",2015年提出的互联网"用户账号十条"和新闻信息服务单位"约谈十条"等。专项整治方面,有2013年的"打击网络谣言专项行动"、2015年的"网络敲诈和有偿删帖"专项整治、2016年的跟帖专项整治,以及"秋风2015""护苗2015""净网2015"等专项治理。

中共十八届三中全会《决定》明确提出,要坚持"积极利用、科学发展、依法管理、确保安全"的方针,加大依法管网力度,完善网络管理体制。2015年以来,我国加快了网络管理法治化的步伐,先后出台了《反恐法》《国家安全法》《网络安全法(草案)》和《互联网信息服务单位约谈工作规定》等。但是,这些法律法规仍然偏重国家安全和执政安全,网民权利保障方面的立法相对滞后。

在技术手段使用方面,我国目前的网络内容审查主要应用防火墙软件、关键词屏蔽和人工审查方式,针对敏感人群和议题,以及有可能发展为群体性事件的网络议题,依靠网络服务商和内容提供商,以及共青团招募的数百万网络治理志愿者,开展全天候、全覆盖的内容监控和过滤。我国也借鉴国外经验,开通了不良信息举报热线,比如2014年9月11日,国家网信办在北京召开全国网络举报工作会议,人民网、新华网、新浪网、百度网等全国一百多家主流网站与会并签署了《积极开展举报工作承诺书》,开展网络负面信息举报工作。近年来,广东(尤其是深圳)等一些地区也开始尝试利用大数据、云计算等先进的技术手段开展网络舆情的监控和预警,发布地方政府"网络舆情应对能力排行榜""网络问政能力排行榜",提升了网络舆情治理的科学性和有效性。

我国的互联网信息管理工作投入了巨大的人力物力,目前对敏感信息的确能够有效屏蔽和过滤。但应看到,随着互联网技术日新月异,网民维权意识不断增强,可以预见,未来的网络信息防控将会越来越吃力,并且效果也不一定能长期保持。我国各级政府网络管理部门亟需更新理念,创新网络管理模式,充分调动各类社会主体的积极性,开展网络协同治理。

三、网络公共事件的治理之道

网络公共事件的治理是网络舆情治理的一部分,因此国内外有关网络(舆情)治理的理念、经验可为网络公共事件治理提供镜鉴。本书第二章已经分析过,网络公共事件是在当代中国社会转型大背景下产生的,是现代性危机的集中体现,反映了国家—社会关系的变化。网络公共事件的有效治理,有待于国家—社会关系的调整,重建现代性。关键是作为治理主导者的政府要转变治理理念,建构多主体协同治理体系,实现网络公共事件治理创新。

为了应对现代性危机,风险社会的理论家贝克提出合作、参与和共同体观念,呼吁政府、企业和各种社会组织应以共同的力量,在国家内部、国家之间建立双向沟通、合作的关系网络,以形成协同的风险治理模式。① 网络公共事件的治理,同样需要各治理主体协同一致,围绕共同的治理目标,各司其职,分工协作,形成既相互合作又相互监督的良性互动关系,在法律框架内,通过对话协商解决各自分歧,形成新型社会治理共同体。

(一)治理目标:兼顾维稳与维权

治理理念的核心是以人为本,因此治理就是要合理解决人与人之间的纷争与矛盾,维护彼此合法权利。网络治理理论认为,网络治理的过程就是寻求建立新型的国家社会关系的过程。② 网络公共事件根本上源于社会转型期国家—社会关系的变化。因此,网络公共事件的治理根本上要靠重新调整国家(政府)—社会(公众)关系,不仅需要调整相关各方的利益关系,也需要消除网民和公众的对立情绪,建立政民信任关系,最终建构社会共同体。为调动社会公众参与网络公共事件治理的积极性,提升治理效果,应尽可能平衡安全和自由的关系,既要消除事件负面影响,维护社会稳定和政府形象,也应保障网民合法权利,尤其是对事件的知情权和表达权。

具体而言,治理目标可分为短期目标和长期目标,短期目标在于采取实际措施回应诉求,平息事件,长期目标在于修复政民关系,重建信任。首先,事件发生后,要尽快平息网络舆论,就应尽快公布事实真相,回应当事人和网民的利益诉求。研究发现,就网络舆情处置而言,责任追究及惩处力度对政府干预效果作用最大,其次是信息发布的准确性和政府重视程度③。其次,网络公共事件的治理,还应力求取得网民和公众的理解和信任,重构政民关系,修复政府形象,提升政府公信力。这不仅需要地方政府改变以往封锁信息和压制舆

---

① 胡百精:《说服与认同》,中国传媒大学出版社 2014 年版,第 240 页。

② 转引自彭兰:《自组织与网络治理理论视角下的互联网治理》,《社会科学战线》2017 年第 4 期。

③ 万克文:《网络舆情影响因素与政府干预效果的研究与分析》,《情报杂志》2015 年第 5 期。

论的做法,尊重网民和公众的知情权、表达权、参与权和监督权,还需要各级政府转变治理理念,坦诚相待,针对网民和公众的不满情绪开展情感抚慰,通过政民之间的对话沟通取得共识,重建认同和互信。

(二)治理主体:既协同配合又相互监督

治理本质上是一个协商对话的过程,需要政府和网络企业、社会组织、公众分工协作,各治理主体发挥自身优势和特长,共同实现治理目标。就网络公共事件治理而言,其治理主体主要包括政府管理机构、网络服务商和内容提供商、行业协会和社会组织、媒体、网民和公众,这些治理主体既存在着各自利益,又存在着共同利益或公共利益。

作为最强势的治理主体,政府应努力扮演治理的主导者、协调者、服务者和监督者角色,其主要职责是协调各治理主体之间的利益关系和分歧,制定规则和立法,监督内容提供商和网络服务商遵循法律法规。在应对网络公共事件时,政府治理机构的职责主要包括:调查事件真相,发布事件信息;协调相关各方,化解利益冲突;开展对话沟通,缓和网民情绪;调整有关政策,修复政府形象;等等。

网络服务商和内容提供商是重要的治理主体,直接对网络公共事件的信息、言论和网民的行为进行管理、监控,是维护网络空间秩序的中坚力量。在网络公共事件治理过程中,网站担负着重要职责,一方面要保护网民的合法权益,防止侵权行为;另一方面也承担着监控不良信息、遏制网络推手等职责。除人工监控外,更需要通过大数据分析、安装过滤软件、设置举报热线等技术手段来实施,提高治理效率。

网民是最基础、最庞大的治理主体。网民是网络社会自律的主要力量,依靠网民自发的努力,可以净化网络,维护网络社群秩序,抵制不正之风。比如,版主对网络论坛秩序的管理和维护,博客和微博博主的自我管理,百度百科词条的编写和修订,QQ 群、微信群及公众号言论秩序的建构与维护,等等,都属于网民的自我管理。甚至一些商业网站的管理,如淘宝、京东,网民也能发挥作用,如淘宝网的"淘宝判定中心",就从网民中招募志愿者来对网络交易中产生的纠纷进行判定。在网络公共事件的治理中,发挥网民的自治能力至关重要。事件常常伴随谣言传播和网络暴力,同时网民自发的辟谣行为、挖掘事实真相的能力和抵制暴力的努力也令人刮目相看。特别是"意见领袖"的发声,能有效引导网络舆论,规范网络秩序,发挥自组织作用。

除此以外,传统媒体、行业协会、非政府组织等各类社会主体也在网络公共事件治理中发挥各自作用。传媒的作用主要是发布权威信息,引导网络舆论,行业协会只要加强权威性和自主性,就可以成为行业自律的倡导者和监督者。尤其是具有较强专业性的第三方社会组织,在网络公共事件治理过程中具有重要意义。由于一些地方政民关系较为紧张,有些部门的调查往往难以被网民采信,此时,第三方组织介入网络公共事件的调查和治理就能发挥特殊效用,可以在政府与网民之间起到缓冲作用,发挥专业优势,提供更为客观科学的调查结论。同时,社会组织的参与既可以监督地方政府,避免政府行为侵害公民权益,也可以引导和监督网民,减少网民的无序参与。当然前提是,这些社会组织应具有一定的独立性,能够依法公正开展调查。

协同治理在本质上"就是一种通过在共同处理复杂社会公共事务过程中多元主体间的相互关系的探究,以此建立共同行动、联合结构和资源共享"①。为有效协调各治理主体的利益和行为,必须合理确定各治理主体的行为规范和权力边界。根据国外网络治理的经验,多主体协同治理的前提就是依法治网,各治理主体之间的关系是既共同协作,又相互监督,各自以法律规范自身行为,处理相互之间的分歧。为此,还需建立多元主体之间的协商对话和相互

---

① 刘伟忠:《协同治理的价值及其挑战》,《江苏行政学院学报》2012 年第 5 期。

监督机制。在网络公共事件处置过程中,各治理主体应成立联合议事机构和决策机构,通过现场协商对话、网络对话等方式沟通信息,协调利益,达成共识。最根本的,是要建立一套强有力的地方政府网络舆情应对考评和问责制度,促使地方政府转变职能,主动与各社会主体合作,防止一些部门或官员因狭隘的部门利益、私人利益而沿袭传统的维稳模式。

(三)治理模式:国家主导与社会自律相结合

有研究指出:互联网具有自组织功能,作为一个自组织的复杂性系统,它具有自我调节,自我发展,从简单到复杂,从幼稚到成熟的成长特性①。因此,对互联网空间的外在干预理应适度,否则很可能适得其反。就我国国情而言,由于网民数量庞大,各种违法犯罪现象的确猖獗,政府加强网络管理是必要的,但采取何种管理模式更加有效则有待探索。本书认为,中国的网络治理包括网络公共事件治理更宜采取国家(政府)主导与社会自律相结合的模式,既强调国家网络管理部门在互联网管理中的主导性和权威性,也充分调动网民和社会的积极性和主动性,提升治理效果。

就网络公共事件治理而言,采取国家(政府)主导与社会自律相结合的模式,首先要求地方政府在治理中发挥牵头作用,协调网络企业、社会组织、媒体和网民的利益并主导治理进程。网络公共事件治理必须由政府主导,这是因为企业、媒体等社会组织均难以摆脱自利性,网民和社会公众也有私人利益,且力量分散,观点多元。国家(政府)作为公共权力机关,其本职就在于提供公共服务,维护公共利益,监督企业及社会公众在不损害公共利益前提下追求自身利益。当然,政府权力来源于公众授权,作为受托一方,政府治理理应接受公众监督。当前,我国国家—社会关系总体上还是强国家—弱社会,加强对地方政府治理行为的监督至关重要。

---

① 张志安:《互联网与国家治理年度报告(2016)》,商务印书馆 2016 年版,第 30 页。

结合当代中国社会权力结构来看,推广国家主导与社会自律相结合的治理模式,重点是要推动政府转型,由全能政府转型为有限政府,在各级官员中普及治理理念,促使地方政府适当放权,赋权网络企业、社会组织、媒体和网民等社会主体,建构多元主体协同治理体系。同时,要赋予各类社会组织一定的独立性,保障网民权利,增加公众参与渠道,提升各类社会主体的参与素质,充分发挥各类社会主体的长处,由政府治理转向社会治理。

四、不同性质、类型的网络公共事件的差异化治理

从以往教训来看,一些地方政府在应对网络公共事件时往往对事件的性质和类型不加区分,采取一刀切的办法,动辄封锁消息或打压舆论,甚至出动警力来对付围观群众,容易激化矛盾。一些群体性事件发生后,一些地方政府部门常常在未加调查核实情况下,匆忙将事件定性为"不明真相的群众"受"国内外敌对势力"操纵闹事,从而将本来容易解决的冲突上纲上线,加大了事件处置的难度。本书认为,每一种性质、类型的事件都各有特点,每一件网络公共事件有自身特点,每件事件的不同发展阶段也各有其特点。因此,治理必须结合事件本身特点进行,尽管也有一些可资借鉴的原则、经验,但在实际治理过程中应具体事件具体分析。

从性质上看,网络公共事件大致可以分为敌我矛盾和人民内部矛盾,前者如涉及"藏独""疆独""台独"势力的网络暴恐事件、少数受境内外敌对势力挑唆的民族主义事件和群体性暴力事件,这类事件的处置没有协商对话的余地,必须采取危机管理甚至治安管理思路,依靠政府有关部门采取果断手段予以应对。但多数网络公共事件(包括大部分群体性事件)属于人民内部矛盾,是完全可以通过协商对话等和平手段予以处置的。对于网民正常的情绪宣泄或批评,政府理应宽容对待,主动接受网络舆论监督,不宜简单将负面舆论定性为敌对势力有意破坏社会稳定。据中国社会科学院等部门发布的《中国新媒体发展报告2011》对中国210起重大舆论事件的研究表明,网络舆论在近

七成(67%)的突发公共事件中起到了推动政府解决问题的正面积极作用。①
而对于一部分由网络推手、网络炒家、网络水军制造、操纵的网络公共事件
(如一些道德隐私事件),则需依法治理,划定事件营销与恶意炒作的界限。
2014年以来,随着实名认证等技术手段的应用,类似"疯客"②等网络水军组
织已经趋于没落,微博时代呼风唤雨的局面已不复存在。

　　本书第一章曾讨论过网络公共事件的不同类型,各种类型的事件在产生
根源、传播机制和社会影响等方面都存在较大差异,其治理对策也应有所不
同。比如,按照事件发生模式,有研究者将网络公共事件分为四种:由网络舆
论引发的、由网络谣言恶化或失控引发的、由利益受损群体网络发动的、由境
内外敌对分子发起的。③ 针对网络舆论引发的事件,政府需保障民意表达,正
确回应网络舆论,防止因压制舆论激怒网民;对于网络谣言引发的事件,重点
在于政府、媒体发布权威信息,网民积极辟谣,使谣言不攻自破;对于利益受损
群体发动的事件,关键在于通过对话协商达成利益补偿;而对于境内外敌对分
子发起的事件,政府应采取果断措施予以应对,防止事态恶化。

　　根据参与者的诉求目标,可以将网络公共事件分为权益型事件(如厦门
PX事件)、泄愤型事件(如瓮安事件)和真相型事件(如周老虎事件)。权益型
事件的参与者目的在于维权,治理关键在于权益维护和补偿,解决了实际问
题,网络舆论自然会消退;泄愤型事件参与者往往没有明确利益诉求,主要为
了宣泄不满情绪,治理关键要靠情感沟通和情绪安抚,最忌封锁和打压;真相
型事件参与者最关心的是事件真相。因此,要尽快调查并公布事实真相,防止
谣言走在权威信息前面。也有些事件是兼有多种诉求目标的,治理也应多管

---

　　① 　中国社会科学院:《中国新媒体发展报告2011》,人民网,2011年7月7日,http://media.
people.com.cn/GB/40606/15099671.html。

　　② 　2009年成立的一个网络水军组织,其成员大部分兼职,主要分布在北上广等大城市,微
博时代一度发展到鼎盛状态,2014年以后开始整顿,主要活动转向娱乐炒作和企业宣传。

　　③ 　杨久华:《关于当前我国网络群体事件的研究》,《北京青年政治学院学报》2009年第
3期。

齐下,信息公开、利益协调、情感抚慰相结合。当然,无论哪一种事件的治理,都离不开各治理主体以及事件参与者之间的对话协商,可以说,对话协商是网络公共事件治理之本。

按照事件的组织性,可以将网络公共事件分为自发的和有组织的。大多数事件是网民自发参与的,互联网扮演了事件组织者的角色,对于这类事件,政府和媒体应加强对网民的组织和引导,防止网民的无序参与发展为暴力行动,同时尽快回应网民诉求,引导网络舆论逐渐消退。对于有组织的事件,则应重视与事件组织者的协商对话,促使其遵守有关法律,及时回应组织者的诉求。

按照网民的抗争对象、诉求目标及国家(政府)与社会(公众)的关系,本书将网络公共事件分为民族主义事件、政民冲突事件、公共安全事件和道德隐私事件。民族主义事件中国家(政府)与网民在维护国家主权和领土完整方面存在高度的价值认同,彼此之间容易达成一致立场,因此政民沟通关键在于阐明国家政策,争取民众支持和配合,同时发挥传媒、社会组织引导作用,防止少数情绪激动的网民采取暴力行动;政民冲突事件中网民与地方政府存在对立,网民对地方政府不信任,地方政府有关部门的信息发布和事件调查往往难以说服网民,此时,有必要引入第三方调查,通过社会组织居间协调,化解政民冲突;公共安全事件包括天灾和人祸,面对天灾,政府、公益组织和网民常能携手合作,共同抗灾,一旦涉及人祸,网民对政府的不信任情绪很容易爆发,此时,依然需要独立的第三方组织参与调查,多方协同治理;道德隐私事件多属社会内部的道德争议和隐私纠纷,政府与网民之间较少利益冲突,但此类事件容易由道德争议演变为网络暴力,因此政府应充分发挥网络服务商、媒体和网民的自律作用,依法治网,共同维护网络秩序。

结　　语

2012 年,党的十八大提出"要加快形成党委领导、政府负责、社会协同、公众参与、法治保障的社会管理体制",2013 年十八届三中全会首次提出"推进国家治理体系和治理能力现代化"的目标,2017 年党的十九大报告进一步提出"建设网络综合治理体系,营造清朗的网络空间"。作为国家治理和社会治理的一部分,网络公共事件的治理也需不断创新,实现治理体系和治理能力现代化。

从社会管理创新和国家治理能力现代化的高度看,网络公共事件的管理亟需转变思路,通过社会管理体制改革,形成多主体协同治理体系。同时,治理本身是一个协商对话的过程,必然要求改变传统的舆论引导范式,建立对话协商制度,通过国家—社会之间的权力重构,形成政民良性互动关系,逐步改良网络公共事件滋生的社会土壤,最终实现网络公共事件的标本兼治。

一、国家—社会关系视角下的网络公共事件治理

本书将网络公共事件的治理置于国家—社会关系的宏观视角下,置于政民关系重构的框架下研究。网络公共事件的频发,本质上是当代中国在向现代化转型过程中产生的种种矛盾冲突在互联网上的映射,是社会转型期和互联网技术条件下国家—社会关系变化导致的结果。

当代中国改革开放的成就举世瞩目,不过,市场化改革带来的经济成就虽然惠及全民,但社会底层乃至中等收入群体的幸福感仍有待提升,弱势感、相对剥夺感却随之产生。加上经济转型过程中产生的贫富分化、环境污染、食品安全、征地拆迁、官员贪腐、道德滑坡等种种社会问题日益凸显,政府转型、社会转型的步伐又明显落后于经济转型,社会情绪和心理逐渐发生变化,国家—社会出现分离的一面。各社会群体之间缺少底线共识,社会公众对地方政府的认同度也有所下降,导致政民冲突、社会群体冲突事件时有发生。由于传统媒体相对封闭,互联网就成为社会情绪的宣泄口,网络公共事件成为当代中国社会矛盾冲突的集中体现。

网络公共事件具有多重社会意蕴,有着深刻的政治、经济、技术、心理根源,但根本上是源于国家—社会关系的变化,国家、社会由高度一体转向有限分离。公民意识产生的同时又伴随政治权力、传播权力的失衡,社会舆论的矛头逐渐由国外转向国内,国家(政府)与社会(公众)的冲突成为网络公共事件的主体。因此,网络公共事件研究必须具备国家—社会关系的宏大视角,国家(政府)—社会(公众)之间的冲突根本上要依靠重构国家—社会关系来解决,通过国家、社会之间的权力重构和价值重塑,重建社会认同和互信,弥合国家与社会之间的分歧。

"国家与社会关系均衡既是网络社会失范的症结,也是网络社会治理的关键。"[①]当前,我国总体上仍属于"强国家—弱社会"的关系格局,互联网虽有赋权作用,但现实社会的权力结构并未发生根本变化。互联网被认为最具有推动公众参与的潜能,但也存在一定的限制,而且主要是形式上更为平等,事实上仍存在话语权的不平等,引发广泛关注的依然是少数"意见领袖",广大网民处于众声喧哗状态。

因此,网络公共事件的治理事关政府权力重构与公民社会建构的大局,需

---

① 曾润喜、王国华、陈强:《国家与社会关系视角下的网络社会治理》,《北京理工大学学报》2010 年第 5 期。

要执政者的顶层设计和政治智慧。目前,执政党已经认识到当前社会形势的复杂性,也逐渐摆脱 GDP 至上的观念。要重构国家(政府)—社会(公众)关系,地方政府应继续推动政府转型和职能转变,实现政企分开和政社分开,建设有限政府、责任政府和回应政府。同时,真正重视民间智慧,保障公民参政议政的权利,建设公民社会和公共领域,逐步形成"强国家—强社会"的国家—社会关系。此外,应赋予社会组织更多的自主权,使其能有效参与、引导网络公共事件,减轻事件的无序性和破坏性。

网络公共事件尤其是政民冲突事件的频发,反映出当前我国一些地方政府公信力下降的事实。重塑地方政府权威和形象,增强公信力,关键是要增强政府执政的合法性。政府执政的合法性来自于社会公众授权,为增强合法性,决策和行动应充分征询民意。政府处置网络公共事件的决策和行动,也需征得民意支持,才具备合法性并有可能生效。一旦公众的知情权、表达权、参与权和监督权被剥夺,政府单向度的行动非常可能将自身置于公众的对立面,从而产生合法性危机,影响事件的处置效果。

合法性危机本质上就是认同危机,即社会公众与执政者缺乏共识和认同。改革开放前,共产主义、社会主义是凝聚全社会共识的意识形态,改革开放以后,多元社会思潮泛滥,国家的合法性主要来源于经济建设成就。一旦经济停滞或社会矛盾凸显,这种基于经济成就的合法性就面临考验。互联网的开放性和多元性加剧了政府执政的合法性危机,也为重建合法性提供了契机。[①]只有重构全社会认同的核心价值体系,在国家—社会之间形成底线共识和价值认同,才能从根本上化解社会冲突和矛盾。

国家—社会关系重构的方向,是经由"强国家—强社会"的社会权力结构调整,最终形成国家—社会良性互动关系。本书强调要先形成"强国家—强社会"的社会权力结构,是因为唯有公民社会力量壮大,才有能力制衡过度膨

---

① 胡百精:《说服与认同》,中国传媒大学出版社 2014 年版,第 282—283 页。

胀的公权力,才能使地方政府权力运作时能真切感受到来自社会(公众)的压力,并借此与社会开展平等协商和对话,为最终形成国家—社会良性互动关系创造条件。

二、社会管理创新与网络公共事件管理范式的转换

作为风险社会和现代性危机的表征,网络公共事件的管理必然是一个长期的过程。针对单个事件,采取适当的应对策略,可以在较短时间内消除事件影响,但作为一种现象,网络公共事件将在较长时期内存在,这是由当前中国的政治经济和社会结构决定的。作为社会冲突的一种,网络公共事件的产生,并不一定就会影响社会稳定,很多时候也可以发挥解压阀作用,释放社会情绪和社会压力,成为政治参与的契机,舆论监督的场域。因此,客观看待网络公共事件的多重社会意蕴和影响,是科学管理的前提。

网络公共事件的管理,首先应明确目标。科学治理网络公共事件,必须将治理目标由维稳转向维权,通过维权实现维稳。过去,管理者追求的是尽快平息事件,强调的是维护社会稳定和政府形象,这种只强调维稳忽视维权,只在乎短期效应不在乎长期效果的应对模式,只能平息单个事件却无法减少事件发生的概率,更无法保障社会长治久安。须知网络公共事件的产生,根本上源于国家—社会之间政治权力、传播权力不平衡,目前这种基于维稳的管理模式,强调信息控制和舆论引导,忽视公众知情权、表达权、参与权和监督权的保障,有时甚至采用删帖、封堵和压制舆论的做法,加剧了政民之间的信息不对称和权力不平衡,进而加大事件处置难度。"稳定并非指社会上不存在暴力冲突或者公共事件,而是指国家有能力将其体制化"。[1] 网络公共事件的存在有其客观社会根源,管理者不必、也无法消除事件,只能尽可能防止事件失控,减轻其负面影响。而且,不同性质、类型的事件采取的治理策略也应有所不

---

[1] 赵鼎新:《西方社会运动与革命理论发展之述评:站在中国的角度思考》,《社会学研究》2005 年第 1 期。

同,并非所有事件均需政府介入,有些事件(比如一些文化娱乐事件)并不冲击社会稳定,经历短暂网络舆论聚集后,可自行消退。

当前,我国的网络公共事件对策研究具有较为明显的工具理性色彩,通常将事件视为一种风险或危机,主要从危机管理和舆论引导的理论视角切入,重视技术和技巧的应用,忽视社会和政治结构的转型,提出的对策治标不治本。有效的管理,应由工具理性转向价值理性,通过社会主义核心价值观的建构,重建社会认同与政民互信,增强政府执政的合法性,为实现社会长治久安创造条件。

应对当前日益凸显的社会矛盾冲突,呼唤地方政府推进社会管理创新。由政府管理走向社会治理是当前中国国家与社会关系的基本特征,"共建共享"的社会治理便成为这一变迁的内在逻辑和现实路径。① 转型期社会冲突的极端复杂性与不确定性决定治理必须多管齐下,调动全社会的集体智慧。近年来,国家(政府)逐渐改变了管理社会的手段和方式,之前由国家大包大揽社会事务的管理方式难以为继,国家逐渐下放了部分社会管理权限,国家管理逐渐向社会治理转变。

网络公共事件的社会管理创新,首先是理念创新,由单向的控制、引导转向双向沟通、对话,由单纯的政府管理转向全社会协同治理。其次是管理规则的创新,包括推进网络立法进程,保障管理者和网民的权利与义务平衡,合理界定政府、网络服务商、媒体、网民、社会组织等治理主体的职责和权限,形成多元治理主体既相互协同又相互监督的关系。最后是管理方式的转换,强调由硬控制转向软约束,由行政手段转向法治手段,由他律为主转向自律为主。

网络公共事件是虚拟与现实、理性与情感、话语与行动、危机与契机、文化与心理等多对矛盾的统一体,其治理必然是一个复杂的系统工程,需采用多学科结合的思路,从管理学、政治学、社会学、传播学、心理学等多学科寻求理论

---

① 李忠汉、刘普:《"国家—社会"关系理论视野下社会治理的建构逻辑》,《中国社会科学院研究生院学报》2017 年第 3 期。

支持,从宏观与微观、政治与技术、预防与应对等多个维度去寻求对策。从宏观层面,网络公共事件的治理涉及社会转型和国家—社会关系重构,从微观层面,涉及舆情预警、信息公开、舆论引导、政府回应、政民互动等一系列体制、机制的创新;从政治高度,网络公共事件涉及政府转型、公民参与、政民关系,从技术层面,涉及网络舆情的大数据分析、事件信息的发布技巧、不良信息的技术过滤及政民沟通的技巧等;网络公共事件的应对,关键在于利益调整、情感调适和真相发布,网络公共事件的预防,重点在于转变政府执政方式、扩大公民政治参与、落实信息公开政策等,最终实现政民互信和社会和谐,改良网络公共事件滋生的社会土壤。

总之,网络公共事件的管理范式亟需转换,单向度的危机管理、舆论引导、强力维稳范式正面临挑战,亟需转换为双向及多向的协商对话、理性沟通范式。危机管理本质上是一种公关行为,带有较强的功利目的。"舆论引导就其实质而言,其实是一种宣传研究,其概念及提法本身即蕴含着一种对'宣传效果'的迷信成分在里边。"①治理本质上则是一个协商对话的过程,通过多元主体之间的对话沟通达成理解和互信,寻求利益妥协、情感共鸣和价值认同,从而化解冲突,重建关系,变危机为契机。

三、对话精神与网络公共空间秩序的构建

通过对话协商实现网络公共事件的有效治理,面临的最大挑战则是国人对话精神的欠缺。从古至今,国人都缺乏对话精神。春秋战国时期曾经有过短暂的百家争鸣景象,然好景不长,秦始皇焚书坑儒,西汉董仲舒提出"罢黜百家,独尊儒术"。历朝历代,文字狱时有发生,尤以清初最为严酷。延至民国,虽曾兴起新文化运动,出现多元思想兼容并包的局面,然社会戾气犹存,党争、政争乃至文争不断,持不同政见、观点者相互攻讦,进而发展为人身攻击之

---

① 宁家治、孙卫华:《从工具理性到价值理性》,《中国广播电视学刊》2017 年第 5 期。

现象并不鲜见。

改革开放以后,各行各业开始拨乱反正,社会发展步入正轨。1987 年,中共首次提出推进政治体制改革,建设社会协商对话制度;2012 年,正式提出推进协商民主的设想。但总体而言,社会协商对话的渠道并不顺畅,政治协商制度有待完善,传统媒体高度集中,上访等民意表达渠道常常遭遇围堵。21 世纪以来,具有赋权功能,具备互动性、去中心化等技术优势的互联网日益普及,为不同社会群体打开了协商对话的大门,同时也为网络公共事件的参与和组织动员提供了便利。网络论坛、博客、微博、微信等成为公共事务论坛,互联网空间出现众声喧哗局面。但由于缺乏对话传统,互联网空间的讨论和对话并不乐观,极端化、群体极化、民粹主义等现象极为严重。网民之间的对话与争论不断,但政府与公众之间的对话仍有待加强,政府网站、政务微博、微信公众号等政务新媒体仍以信息传播为主,对话协商功能尚未得到充分开发。

从网络公共事件处置过程来看,地方政府与公众均缺乏对话的意愿与素质。当政民双方严重不信任时,任何私人纠纷、局部矛盾都有可能瞬间引爆网络,发展为影响全国的网络公共事件。事件发生后,一些地方政府首先想到的是尽快封锁消息,压制网络舆论,防止事态扩大,网民则采取围观、传谣等方式予以抗争,双方均缺乏对话的意愿和诚意。对立双方的刻板成见不除,对话就难以开展。而要消除成见,建立互信,日常的政民互动沟通渠道和机制建设至关重要。可见,网络公共事件的应对,单纯依靠事后公关难以奏效,需要在平时下足功夫。另一方面,近年来虽有一些开明的地方政府试图通过对话化解分歧,但政民双方对话素质不高又常常使对话陷入窘境。

网络公共事件主要依靠互联网作为联络和动员手段,大部分网民都是自发参与的,情感和情绪在事件的组织动员中发挥了关键作用。网民的情感和情绪主要通过话语来表达,话语是网络公共事件的外在形式和核心,话语的分歧只有通过对话才能解决。针对目前社会各社会群体缺乏互信和共识的现状,首先要达成底线共识,才能开展有效对话。比如,针对网络公共事件的处置,冲突各方必须达成"法律面前人人平等""解决冲突的办法唯有对话而非对抗"等底线共识,才能促成对话。"对话与沟通首先要有底线共识,只有为了公共利益才能达成底线共识。"①唯有对话各方都认识到公共利益的存在,并且愿意为了公共利益而超越狭隘的私人利益,对话沟通才能得以进行。"对话交流需要超越各方主体立场和利益,围绕公共利益达成妥协,建立起各方有效合作的机制等。"②这样的对话交流必须在公共空间进行,尤其是互联网公共空间,是冲突各方开展平等对话的主要场域。

自从互联网诞生并成为一种重要的沟通媒介,有人就将其与公共领域相联系,迫不及待提出"网络公共领域"的概念。所谓公共领域,一般是指居于国家权力与市民社会之间的一个场域,公众在此就公共事务展开讨论和对话,形成公共舆论,制约国家权力。在现代社会,大众媒体是公共领域的主要建制,但由于媒体日益操纵在私人手中,导致公共领域的批判功能日益削弱。③哈贝马斯早期的资产阶级公共领域模式过于理想化,遭致广泛批评,后期哈贝马斯也承认公共领域具有多元模式,但不同模式的公共领域均应遵循公开开放、平等协商、理性辩论、达成共识等价值规范。

基于大众媒体距离哈贝马斯理想的公共领域("对话的公共性")越来越远,许多人将互联网的兴起视为公共领域"复兴""重构"的希望,有关网络公共领域的讨论热火朝天。不过,从有关文献来看,中西方的研究者对于网络是否、能否成为公共领域都存在争议。乐观者主要强调网络的开放性、互动性、去中心等技术优势,与哈贝马斯对于平等、开放、对话的理想公共领域的描述颇为接近,悲观者看到网络公共空间存在种种不尽如人意的现实,如数码沟的存在、讨论者的非理性、对私人隐私的侵犯等。事实上,乐观者和悲观者都可以从网络公共事件中发现支持自己观点的论据,这使得研究者更加各执一词。

---

① 师曾志:《沟通与对话:公民社会与媒体公共空间》,《国际新闻界》2009 年第 12 期。
② 师曾志、金锦萍:《新媒介赋权》,社会科学文献出版社 2013 年版,第 6 页。
③ 哈贝马斯:《公共领域的结构转型》,曹卫东译,学林出版社 1999 年版。

　　公共领域的核心是国家—社会关系,公共领域就是国家—社会的缓冲地带,只要存在这样一个中间地带,中国式公共领域就有讨论的空间。当代中国的网络公共空间虽然距离哈贝马斯的理想公共领域相去甚远,但也初步具备了公共领域的某些质素。网民围绕网络公共事件展开的议题讨论,就是中国式网络公共领域的集中体现。这种基于互联网技术优势的、以"事件公众"①为主体的网络公共领域,还存在诸多局限。网络公共事件的本质属性是公共性,广大网民围绕公共事务开展的讨论,目的是要维护公共利益。由于网民的参与素质较低,公共理性缺乏,加上缺少组织、信息等社会资源的支持,中国的网络公共事件讨论容易演变为情绪宣泄和语言暴力。总体来看,尽管拥有突出的技术优势,但网络公共空间的对话还远未达到公开、平等、理性的理想状态,主要呈现为众声喧哗的无序状态。网民对话精神的欠缺和参与素质的低下,使网络公共空间难以实现理想言说和有效对话,遑论达成共识。

　　要使网络公共空间转变成较为理想的公共领域,建构网络社会公共讨论的良好秩序,需要大力倡导对话精神和规则意识。由独白走向沟通,用对话取代对抗,用和平方式解决争端。遵循自由、平等、真实、坦诚、开放和倾听等对话原则,接受和尊重不同社会群体之间观点、立场的差异,寻求理解和互信,开展求同存异的对话。显然,这是一个循序渐进的过程,需要在实践中不断总结经验教训。

　　尽管并非所有事件均需通过对话协商方式解决,但只有通过国家、社会双方面的调整及作为对话中介的公共领域的建构,才能从根本上实现网络公共事件的有效治理。通过对话建构国家—社会良性互动关系,在全社会形成通过对话解决冲突的共识,并辅之以必要的制度和机制,才能实现网络公共事件的标本兼治。

---

　　①　徐贲:《传媒公众和公共事件参与》,《领导文萃》2005 年第 6 期。

四、本研究的不足及学术反思

本书主要从国家—社会关系视角,结合政治学、社会学、管理学和传播学等多学科理论探讨网络公共事件的预防和治理问题,重点探讨如何通过国家、社会双方面的调整及各方在公共领域的协商对话,从根本上实现网络公共事件的有效治理。由于研究条件所限,作者缺乏多学科学术背景和舆情工作实践经验,本书的研究仍存在一些不足。

第一,由于本书作者缺乏多学科背景,本书在应用多学科理论分析网络公共事件时仍不够深入全面,在分析中国问题时仍常感力不从心。网络公共事件是一种极其复杂的社会现象,具有多重社会意蕴,必须综合应用多学科理论加以分析才能得出较为全面的结论。网络公共事件与西方社会科学的社会运动、集体行动、社会冲突、社会风险等概念存在相近之处,与国内的突发事件、群体性事件、危机事件等概念也存在交叉,但又不完全等同。网络公共事件产生于当代中国社会转型和技术革新的特殊环境,在应用多学科理论分析时仍存在适用性问题。

第二,不同性质、类型和规模的网络公共事件既存在某些相似规律,也各有其特点,本书立足于探讨共性,但对各类事件的差异性及其应对策略的变化分析不够深入。本书重点讨论影响重大的网络公共事件,对小事件没有进行专门分析。限于研究条件所限,本书也没有对过去与现在、国内与国外的同类事件进行纵横比较。本书是从国家—社会关系视角切入的,重点讨论政民冲突事件,对于社会群体内部冲突、劳资纠纷、文化娱乐热点事件等分析不够,有待后续研究。

第三,本书强调学理性,主要从国家—社会关系视角,从对话协商的高度寻求网络公共事件的治理之道,最终的落脚点仍是对策研究。由于本书作者缺乏舆情一线工作经验,提出的对策建议较为宽泛,研究总体上不够精细,实证研究较为粗浅。

今后的研究,需要扎根舆情工作一线,开展更多的调查研究和深度访谈,并将多学科理论与一线舆情工作人员的经验教训相结合,将学理性与现实针对性相结合。其次,要加强对不同性质、类型、规模的网络公共事件的比较研究,将不同时空环境下的网络公共事件进行纵横比较。再次,要开展更大规模的学科对话,将人文学科、社会科学和理工科知识融会贯通,从更多学科角度深入解读网络公共事件,得出更为系统全面的结论。最后,采用大数据等新技术手段,对大量网络公共事件案例展开实证分析,获得更为科学、客观的数据支持。

网络公共事件是近十多年来随着互联网日益普及而出现的新的社会现象,政界、学界对其的认识也逐渐趋于客观和理性。总体而言,对网络公共事件的认识还有待深入,相关学术研究也有待加强。社会变迁和技术变迁的步伐不会停止,网络公共事件自身也在不断变化之中。可以断定,在相当长时期内,网络公共事件都将是中国互联网空间一种独特的现象,对其的预防和治理也将是中国各级政府官员的必修课。对策研究成果可为政府治理提供智力支持,但要实现网络公共事件的有效治理,根本上取决于政府自身的转变,不仅仅是网络公共事件治理理念和治理方式的转变,还包括政府转型和社会权力结构的调整。

主要参考文献

一、中文著作

1. 赵鼎新：《社会与政治运动讲义》,社会科学文献出版社 2012 年版。

2. 邱林川、陈韬文：《新媒体事件研究》,中国人民大学出版社 2011 年版。

3. 杜骏飞：《沸腾的冰点:2009 年中国网络舆情报告》,浙江大学出版社 2010 年版。

4. 许敏：《基于协商民主的网络群体性事件治理研究》,上海交通大学出版社 2015 年版。

5. 肖唐镖：《群体性事件研究》,学林出版社 2011 年版。

6. 王国勤：《社会网络与集体行动:林镇案例》,中国社会科学出版社 2013 年版。

7. 李彪：《舆情:山雨欲来——网络热点事件传播的空间结构和时间结构》,人民日报出版社 2011 年版。

8. 丁俊杰、张树庭：《网络舆情及突发公共事件危机管理经典案例》,中共中央党校出版社 2010 年版。

9. 丁俊杰、张树庭：《网络舆情及突发公共事件》,中共中央党校出版社 2011 年版。

10. 谢新洲：《舆论引擎:网络事件透视》,北京大学出版社 2013 年版。

11. 陆学艺：《当代中国社会流动》,社会科学文献出版社 2004 年版。

12. 陆学艺：《当代中国社会结构》,社会科学文献出版社 2010 年版。

13. 董天策：《网络新闻传播学》,福建人民出版社 2009 年版。

14. 周海晏：《新社会运动视域下的中国网络环保行动研究》,华东理工大学出版社 2014 年版。

15. 吴世文:《新媒体事件的框架建构和话语分析》,山东教育出版社 2014 年版。

16. 邹建华:《突发事件舆论引导策略》,中共中央党校出版社 2009 年版。

17. 胡百精:《危机传播管理》,中国人民大学出版社 2014 年版。

18. 胡百精:《说服与认同》,中国传媒大学出版社 2014 年版。

19. 俞可平:《推进国家治理与社会治理现代化》,当代中国出版社 2014 年版。

20. 俞可平:《敬畏民意》,中央编译出版社 2012 年版。

21. 俞可平、贾西津:《中国公民参与——案例与模式》,社会科学文献出版社 2008 年版。

22. 俞可平:《治理与善治》,社会科学文献出版社 2000 年版。

23. 俞可平:《论国家治理现代化》,社会科学文献出版社 2014 年版。

24. 邓正来:《国家与市民社会》,中央编译出版社 1999 年版。

25. 王汉生、杨善华:《农村基层政权运行与村民自治》,中国社会科学出版社 2001 年版。

26. 郑杭生:《转型中的中国社会和中国社会的转型》,首都师范大学出版社 1996 年版。

27. 孙立平:《断裂:20 世纪 90 年代以来的中国社会》,社会科学文献出版社 2003 年版。

28. 林郁沁:《施剑翘复仇案》,江苏人民出版社 2011 年版。

29. 王怡红:《人与人的相遇》,人民出版社 2003 年版。

30. 张志安:《互联网与国家治理年度报告(2016)》,商务印书馆 2016 年版。

31. 师曾志、金锦萍:《新媒介赋权》,社会科学文献出版社 2013 年版。

32. 郭惠民:《危机管理的公关之道》,复旦大学出版社 2006 年版。

33. 薛澜:《危机管理——转型期中国面临的挑战》,清华大学出版社 2003 年版。

34. 秦启文:《突发事件的预防与应对》,新华出版社 2008 年版。

35. 刘毅:《网络舆情研究概论》,天津人民出版社 2007 年版。

36. 任贤良:《舆论引导艺术:领导干部如何面对媒体》,新华出版社 2010 年版。

37. 叶皓:《正确应对网络事件》,江苏人民出版社 2009 年版。

38. 彭兰:《中国新媒体传播学研究前沿》,中国人民大学出版社 2010 年版。

39. 徐顽强:《社会管理创新》,科学出版社 2012 年版。

40. 王名等:《社会组织与社会治理》,社会科学文献出版社 2014 年版。

41. 武和平:《公开,才有力量》,人民出版社 2016 年版。

42. 胡泳:《众声喧哗》,广西师范大学出版社 2008 年版。

43.麻宝斌:《中国社会转型期的群体性政治参与》,中国社会科学出版社 2009 年版。

44.唐凌:《全球化背景下的对话》,文化艺术出版社 2012 年版。

45.常锐:《群体性事件的网络舆情及其治理研究》,中国社会科学出版社 2015 年版。

46.杜骏飞、黄煜:《中国网络传播研究》,复旦大学出版社 2007 年版。

47.李红:《网络公共事件:符号、对话与社会认同》,中国社会科学出版社 2015 年版。

48.谢岳:《社会抗争与民主转型》,上海人民出版社 2008 年版。

49.许鑫:《网络时代的媒介公共性研究》,人民出版社 2015 年版。

二、中文译著

1.[美]托马斯·库恩:《科学革命的结构》,金吾伦、胡新和译,北京大学出版社 2003 年版。

2.杨国斌:《连线力:中国网民在行动》,邓燕华译,广西师范大学出版社 2013 年版。

3.郑永年:《技术赋权:中国的互联网、国家与社会》,邱道隆译,东方出版社 2014 年版。

4.[美]科塞:《社会冲突的功能》,孙立平译,华夏出版社 1989 年版。

5.[美]T.帕森斯:《现代社会的结构与过程》,梁向阳译,光明日报出版社 1988 年版。

6.[德]哈贝马斯:《公共领域的结构转型》,曹卫东译,学林出版社 1999 年版。

7.[美]约·埃尔斯特主编:《协商民主:挑战与反思》,周艳辉译,中央编译出版社 2009 年版。

8.[法]勒庞:《乌合之众》,冯克利译,广西师范大学出版社 2007 年版。

9.[英]洛克:《政府论》,瞿菊农、叶启芳译,商务印书馆 1982 年版。

10.[德]黑格尔:《法哲学原理》,范扬、张企泰译,商务印书馆 1961 年版。

11.[美]西德尼·塔罗:《运动中的力量:社会运动与斗争政治》,吴庆宏译,译林出版社 2005 年版。

12.[美]查尔斯·蒂利、西德尼·塔罗:《抗争政治》,李义中译,译林出版社 2010

年版。

13.［美］戴维·波普诺:《社会学》,李强等译,中国人民大学出版社 1998 年版。

14.［加］文森特·莫斯可:《传播政治经济学》,胡正荣等译,华夏出版社 2000 年版。

15.［英］安东尼·吉登斯:《现代性的后果》,田禾译,译林出版社 2000 年版。

16.［德］乌尔里希·贝克:《风险社会》,何博闻译,译林出版社 2004 年版。

17.［美］塞缪尔·P.亨廷顿:《变化社会中的政治秩序》,王冠华等译,上海人民出版社 2008 年版。

18.［英］拉尔夫·达仁道夫:《现代社会冲突》,林荣远译,中国社会科学出版社 2000 年版。

19.［美］兰德尔·柯林斯:《互动仪式链》,林聚任、王鹏、宋丽君译,商务印书馆 2012 年版。

20.［古希腊］亚里士多德:《政治学》,颜一、秦典华译,中国人民大学出版社 2003 年版。

21.［美］奥尔森:《集体行动的逻辑》,陈郁等译,上海人民出版社 1995 年版。

22.［美］格罗弗·斯塔林:《公共部门管理》,陈宪等译,译文出版社 2003 年版。

23.［美］戴维·H.罗森布鲁姆、罗伯特·S.克拉夫:《公共行政学:管理、政治和法律的途径》,张成福等校译,中国人民大学出版社 2002 年版。

24.［美］米尔斯:《社会学的想象力》,陈强、张永强译,三联书店 2005 年版。

25.［法］让-诺埃尔·卡普费雷:《谣言——世界最古老的传媒》,郑若麟译,上海人民出版社 2008 年版。

26.［俄］巴赫金:《陀思妥耶夫斯基诗学问题》,白春仁、顾亚铃译,三联书店 1988 年版。

27.［俄］巴赫金:《诗学与访谈》,白春仁、顾亚玲译,河北教育出版社 1998 年版。

28.［德］布伯:《我与你》,陈维纲译,商务印书馆 2015 年版。

29.［德］哈贝马斯:《交往行为理论》,曹卫东译,上海人民出版社 2004 年版。

30.［德］哈贝马斯:《认识与兴趣》,郭官义、李黎译,学林出版社 1999 年版。

31.［美］彼得斯:《交流的无奈》,何道宽译,华夏出版社 2003 年版。

32.［美］保罗·莱文森:《新新媒介》,何道宽译,复旦大学出版社 2014 年版。

33.［英］安德鲁·查德威克:《互联网政治学:国家、公民与新传播技术》,任孟山译,华夏出版社 2010 年版。

34.［美］约·埃尔斯特:《协商民主:挑战与反思》,周艳辉译,中央编译出版社

2009 年版。

35.［加］卜正民、傅尧乐:《国家与社会》,张晓涵译,中央编译出版社 2014 年版。

36.［美］西德尼·塔罗:《社会运动论》,张等文、孔兆政译,吉林人民出版社 2011 年版。

三、中文论文

1. 董天策、王君玲:《网络群体性事件研究的进路、议题与视角》,《现代传播》2011 年第 8 期。

2. 李红、董天策:《符号学视域下的网络公共事件及其主体分析》,《现代传播》 2012 年第 9 期。

3. 许敏:《网络群体性事件研究:路径、视角与方法》,《甘肃社会科学》2013 年第 7 期。

4. 许敏:《网络群体性事件的演进逻辑与生成机理》,《宁夏社会科学》2015 年第 2 期。

5. 丹尼尔·戴扬、邱林川、陈韬文:《"媒介事件"概念的演变》,《传播与社会学刊》 2009 年(总)第 9 期。

6. 兰斯·班尼特、亚历山德拉·塞格博格:《连接性行动的逻辑:数字媒体和个人 化的抗争性政治》,《传播与社会学刊》2013 年(总)第 26 期。

7. 杨国斌:《悲情与戏谑:网络事件的情感动员》,《传播与社会学刊》2009 年(总) 第 9 期。

8. 张杨:《社会运动研究的国家——社会关系视角》,《学海》2007 年第 5 期。

9. 苗伟山、隋岩:《中国网络群体事件研究的全球学术地图》,《国际新闻界》2015 年第 1 期。

10. 隋岩、苗伟山:《全球理论、本土实践与现实情怀》,《新闻大学》2015 年第 1 期。

11. 隋岩、苗伟山:《中国网络群体事件的主要特征和研究框架》,《现代传播》2014 年第 11 期。

12. 苗伟山:《中国网络群体性事件:基于媒体多元互动的分析路径》,《新闻与传播 研究》2014 年第 7 期。

13. 苗伟山:《网络事件:学术取向与现状趋势》,《新闻记者》2015 年第 8 期。

14. 邱林川、苗伟山:《反思新媒体事件研究:邱林川教授访谈录》,《国际新闻界》

2016 年第 7 期。

15. 黄冬娅：《国家如何塑造抗争政治》，《社会学研究》2011 年第 2 期。

16. 曾庆香：《话语事件：话语表征及其社会巫术的争夺》，《新闻与传播研究》2011 年第 1 期。

17. 郭光华：《论网络舆论主体的"群体极化"倾向》，《湖南师范大学社会科学学报》2004 年第 12 期。

18. 周裕琼：《真实的谎言：抵制家乐福事件中的新媒体谣言分析》，《传播与社会学刊》2009 年（总）第 9 期。

19. 胡泳：《谣言作为一种社会抗议》，《传播与社会学刊》2009 年（总）第 9 期。

20. 钟瑛、余秀才：《1998—2009 重大网络舆论事件及其传播特征探析》，《新闻与传播研究》2010 年第 4 期。

21. 刘燕舞：《集体行动的研究传统、类型及其争论》，《周口师范学院学报》2009 年第 4 期。

22. 高恩新：《互联网公共事件的议题建构与共意动员——以几起网络公共事件为例》，《公共管理学报》2009 年第 10 期。

23. 郑大兵、封海东、封飞虎：《网络群体性事件的政府应对策略》，《信息化建设》2006 年第 11 期。

24. 揭萍、熊美保：《网络群体性事件及其防范》，《江西社会科学》2007 年第 9 期。

25. 邱建新：《为"网络公众舆论"正名》，《江苏社会科学》2009 年第 6 期。

26. 冯建华、周林刚：《西方集体行动理论的四种取向》，《国外社会科学》2008 年第 4 期。

27. 谢立中：《结构——制度分析，还是过程——事件分析?》，《中国农业大学学报》（社会科学版）2007 年第 4 期。

28. 李强：《"丁字型"的社会结构与"结构紧张"》，《社会学研究》2005 年第 2 期。

29. 师曾志：《沟通与对话：公民社会与媒体公共空间》，《国际新闻界》2009 年第 12 期。

30. 朱力、卢亚楠：《现代集体行为中的新结构要素》，《江苏社会科学》2009 年第 6 期。

31. 毛湛文：《新媒体事件研究的理论想象与路径方法》，《新闻记者》2014 年第 11 期。

32. 孙立平等：《改革以来中国社会结构的变迁》，《中国社会科学》1994 年第 2 期。

33. 师曾志、杨伯溆：《近年来我国网络媒介事件中公民性的体现与意义》，《2007

北京论坛会议论文集》。

34. 曾繁旭、钟智锦、刘黎明：《中国网络事件的行动剧目》，《新闻记者》2014 年第 8 期。

35. 钟智锦、曾繁旭：《十年来网络事件的趋势研究：诱因、表现与结局》，《新闻与传播研究》2014 年第 4 期。

36. 胡泳：《后真相与政治的未来》，《新闻与传播研究》2017 年第 4 期。

37. 王扩建：《网络群体性事件：特性、成因及对策》，《中共南京市委党校学报》2009 年第 5 期。

38. 韩敏：《商议民主视野下的新媒体事件》，《新闻与传播研究》2010 年第 6 期。

39. 郭小安、王国华：《网络群体性事件的概念辨析及指标设定》，《情报杂志》2012 年第 2 期

40. 陈浩、吴世文：《新媒体事件中网络社群的自我赋权》，《新闻前哨》2008 年 12 期。

41. 许鑫：《传媒公共性：概念的解析与应用》，《国际新闻界》2011 年第 5 期。

42. 周可达：《试论"新意见阶层"》，《学术论坛》2011 年第 8 期。

43. 王喆：《公民意识构建路径探析》，《人民论坛》2013 年第 5 期。

44. 孙玮：《我们是谁：大众媒介对于新社会运动的集体认同感建构》，《新闻大学》2007 年第 3 期。

45. 潘忠党：《互联网使用和公民参与：地域和群体之间的差异以及其中的普遍性》，《新闻大学》2012 年第 6 期。

46. 李亚妤：《互联网使用、网络社会交往与网络政治参与》，《新闻大学》2011 年第 1 期。

47. 熊光清：《网络政治的兴起对中国政治发展的促进作用》，《山东科技大学学报》（社会科学版）2008 年第 3 期。

48. 熊光清：《中国网络公共事件的演变逻辑》，《社会科学》2013 年第 4 期。

49. 郁彩虹：《网络公共事件的发展态势和应对策略》，《唯实》2011 年第 8 期。

50. 薛澜、钟开斌：《突发公共事件分类、分级与分期：应急体制的管理基础》，《中国行政管理》2005 年第 2 期。

51. 杜骏飞：《网络群体性事件类型辨析》，《国际新闻界》2009 年第 7 期。

52. 童世骏：《大问题和小细节之间的"反思平衡"——从"行动"和"行为"的概念区分谈起》，《华东师范大学学报》2005 年第 4 期。

53. 肖唐镖：《当代中国的群体性事件：概念、类型与性质辨析》，《人文杂志》2012

年第 4 期。

54. 罗锋、王权：《风险、制度化："网络群体性事件"症候表征与治理分析》，《重庆邮电大学学报》2010 年第 7 期。

55. 黄荣贵：《互联网与抗争行动：理论模型、中国经验及研究进展》，《社会》2010 年第 2 期。

56. 何国平：《网络群体性事件的动员模式及其舆论引导》，《思想政治工作研究》2009 年第 9 期。

57. 杨银娟：《社会化媒体、框架整合与集体行动动员：广东茂名 PX 事件研究》，《国际新闻界》2015 年第 2 期。

58. 陈世华、邵满春：《传媒"道德审判"新探》，《中国出版》2012 年第 18 期。

59. 彭辉、姚颉靖：《网络舆情传播规律与治理策略》，《河南社会科学》2014 年第 2 期。

60. 崔以琳：《"快报事实，慎报原因"：突发事件报道的良策》，《新闻记者》2010 年第 5 期。

61. 方付建、汪娟：《突发网络舆情危机事件政府回应研究》，《北京理工大学学报》（社会科学版）2012 年第 3 期。

62. 张一文：《网络舆情与非常规突发事件作用机制》，《情报杂志》2010 年第 9 期。

63. 李放、韩志明：《政府回应中的紧张性及其解析》，《东北师大学报》（哲学社会科学版）2014 年第 1 期。

64. 李严昌：《政府回应：中国的理解和实践》，《行政与法》2011 年第 11 期。

65. 翁士洪、叶笑云：《网络参与下地方政府决策回应的逻辑分析》，《公共管理学报》2013 年第 4 期。

66. 文宏、黄之：《网络反腐事件中的政府回应及其影响因素》，《公共管理学报》2016 年第 1 期。

67. 李忱：对话：《传播的本质回归》，《现代传播》2004 年第 3 期。

68. 李智：《论网络传播中的对话精神》，《人文杂志》2007 年第 2 期。

69. 胡春阳：《西方人际传播研究的问题系及其由来》，《新闻大学》2007 年第 2 期。

70. 彭朝丞：《对话新闻编写探要》，《新疆新闻界》1988 年第 4 期。

71. 史安斌、钱晶晶：《从"客观新闻学"到"对话新闻学"》，《国际新闻界》2011 年第 12 期。

72. 吴宜蓁、叶玫萱：《对话理论与网络危机沟通：一个探索性的研究》，《传播与社会学刊》2012 年（总）第 22 期。

73. 吴宜蓁：《运用网络社交媒体以风险沟通》，《传播与社会学刊》2011 年（总）第 15 期。

74. 吴维忠：《网络公共事件中的对话与限度》，《学术界》2014 年第 12 期。

75. 陈先红、陈欧阳：《政府微博中的对话传播研究——以中国 10 个政务机构微博为例》，《武汉理工大学学报》2012 年第 6 期。

76. 唐乐：《从"传者—受者"到"对话者"》，《新闻大学》2011 年第 2 期。

77. 戴佳、曾繁旭、黄硕：《核恐慌阴影下的风险传播——基于信任建设视角的分析》，《新闻记者》2015 年第 4 期。

78. 巢乃鹏：《从"对抗"到"协商"——以"躲猫猫事件"为例探讨政府网络舆论引导新模式》，《编辑学刊》2009 年第 5 期。

79. 钟杨、王奎明：《关于民众对中央政府信任度的多维度分析》，《政治学研究》2015 年第 6 期。

80. 刁桐：《当代中国社会抗争与政治稳定》，《云南行政学院学报》2012 年第 2 期。

81. 赵志宇：《当代中国社会协商对话：要素、特征与功能》，《中央社会主义学院学报》2013 年第 1 期。

82. 丁汉青：《制约微博空间中公开言论协商性的因素》，《国际新闻界》2014 年第 3 期。

83. 郑杭生、张建明：《试论社会协商对话制度》，《中国社会科学》1988 年第 2 期。

84. 武志勇、赵蓓红：《二十年来的中国互联网新闻政策变迁》，《现代传播》2016 年第 2 期。

85. 李卓钧、朱智红：《从 2007 年网络公共事件看网络舆论的新变化》，《东南传播》2008 年第 7 期。

86. 刘毅：《网络舆情与政府治理范式的转变》，《前沿》2006 年第 10 期。

87. 彭兰：《自组织与网络治理理论视角下的互联网治理》，《社会科学战线》2017 年第 4 期。

88. 万克文：《网络舆情影响因素与政府干预效果的研究与分析》，《情报杂志》2015 年第 5 期。

89. 刘伟忠：《协同治理的价值及其挑战》，《江苏行政学院学报》2012 年第 5 期。

90. 杨久华：《关于当前我国网络群体事件的研究》，《北京青年政治学院学报》2009 年第 3 期。

91. 曾润喜、王国华、陈强：《国家与社会关系视角下的网络社会治理》，《北京理工大学学报》2010 年第 5 期。

92. 赵鼎新：《西方社会运动与革命理论发展之述评:站在中国的角度思考》，《社会学研究》2005 年第 1 期。

93. 李忠汉、刘普：《"国家—社会"关系理论视野下社会治理的建构逻辑》，《中国社会科学院研究生院学报》2017 年第 3 期。

94. 宁家治、孙卫华：《从工具理性到价值理性》，《中国广播电视学刊》2017 年第 5 期。

95. 蒋袁姗、朱水成：《近十年来重大网络公共事件的分布特征》，《情报杂志》2016 年第 4 期。

96. 臧雷振：《变迁中的政治机会结构与政治参与》，北京大学中外政治制度专业博士论文，2014 年。

97. 李华俊：《网络集体行动组织结构与核心机制研究》，上海大学社会学专业博士论文，2012 年。

98. 朱海龙：《场域、动员和行动:网络社会政治参与研究》，上海大学社会学专业博士论文，2011 年。

99. 周松青：《群体性事件社会动员的动力机制探析》，《"中国视角的风险分析和危机反应"国际学术研讨会论文集》2010 年 8 月。

100. 曾凡斌：《互联网使用在"群体性事件"政治参与的影响研究》，第七届全国新闻学与传播学博士生学术研讨会论文，2013 年 12 月。

四、报刊、网络文章

1.《"何以人人都有弱势心理"?》，《新京报》2010 年 12 月 11 日。

2. 李强：《我国正在形成土字形社会结构》，《北京日报》2015 年 5 月 25 日。

3.《瓮安事件是近年来我国群体性事件的"标本性事件"》，《瞭望》新闻周刊 2008 年 9 月 8 日。

4. 覃爱玲：《"散步"是为了避免暴力——中国社会科学院社会学所研究员单光鼐专访》，《南方周末》2009 年 1 月 14 日。

5. 谢新洲、安静、田丽：《社会动员的新力量》，《光明日报》2013 年 1 月 29 日。

6. 贺信、赵何娟、王箐丰：《反思"9·15"》，财新《新世纪》2012 年第 38 期。

7.《"钓鱼岛与反日游行"成 2012 年最热网络事件》，《京华时报》2012 年 12 月 19 日。

8. 尹晒平、林寿、陈安琪:《盘点"钓鱼岛事件"引发的反日游行示威活动》,《大公报》2012 年 9 月 26 日。

9.《茂名 PX 事件前的 31 天》,《新京报》2014 年 4 月 5 日。

10.《以更细致工作化解 PX 焦虑》,《人民日报》2014 年 4 月 2 日。

11.《天津爆炸事故舆情全方位分析》,《大象舆情研究院》2015 年 10 月 9 日发布,http://www.hnr.cn/news/yuqing/yqjj/201510/t20151009_2121665.html。

12.《传播涉天津港爆炸事故谣言 逾 300 微博微信账号被查处》,《中国青年报》2015 年 8 月 15 日。

13. 笑蜀:《祝愿厦门 PX 事件成为里程碑》,《南方周末》2007 年 12 月 19 日。

14.《"特殊网友"绝非"五毛"》,《羊城晚报》2012 年 3 月 23 日。

15.《"互联网+"下的网络治理路径》,《财经国家周刊》2016 年 2 月 13 日,http://m.sohu.com/a/58655279_115880。

16.《中国互联网络信息中心(CNNIC):中国互联网络发展状况统计报告》,http://www.cnnic.cn/。

17. 祝华新、刘鹏飞、单学刚:《中国互联网舆情分析报告》,人民网舆情监测室,http://yuqing.people.com.cn/。

18.《北师大发布 2016 年中国网民的政府信任度报告》,腾讯传媒,2016 年 9 月 26 日,http://news.qq.com/a/20160926/029928.htm。

19. 中国社会科学院:《中国新媒体发展报告 2011》,人民网,2011 年 7 月 7 日,http://media.people.com.cn/GB/40606/15099671.html。

20.《2016 年社会治理舆情报告》在京发布,人民网,2017 年 1 月 19 日,http://yuqing.people.com.cn/n1/2017/0119/c408627-29036654.html。

21. 喻国明:《我对当前网络舆情治理问题的两个基本观点》,搜狐网,2016 年 7 月 4 日,http://m.sohu.com/a/101103228_242292。

22. 徐贲:《传媒公众和公共事件参与》,《领导文萃》2005 年第 6 期。

23. 董天策:《网络群体性事件研究的学理反思》,http://news.21cn.com/domestic/yaowen/2011/07/14/8615271.shtml。

24. 陶东风:《"艳照门"事件显示公共领域和私人领域的双重危机》,http://www.aisixiang.com/data/17555.html。

25. 李希光:《对话新闻与新闻自由,清华大学国际传播研究中心》,http://www.media.tsinghua.edu.cn:1081/2010/1111/502.html。

26. 邵道生:《"网络民主"十三论:"网络民意冲击波"》,http://guancha.gmw.cn/

content/2009-06/09/content_931662.htm。

27. 袁国宝:《新媒体时代的舆情管理痛点与升维之道》,http://m.sohu.com/a/114137216_101032。

28.《网络舆情处置中的十大错误思维,搜狐网》,2016 年 12 月 6 日,http://m.sohu.com/n/475089608。

五、英文文献

1. Tai,Zixue.2006.*The Internet in China:Cyberspace and Civil Society*.New York:Routledge.

2. Tarrow.*Power in Movement*(2nd*ed.*).New York:Cambridge University Press,1998.

3. Garrett,R.Kelly.2006."Protest in an Information Society:A Review of Literature on Social Movement s and New ICTs."*Information*,Communication Society 9(2).

4. Zheng,Yongnian and Guoguang Wu.2005."Information Technology,Public Space,and Collective Action in China."*Comparative Political Studies* 38(5).

5. Smelser,Neil,J.1962.*Theory of Collective Behavior*.New York:Free Press.

6. Zheng,Y. N.*Technological Empowerment:The Internet,State,and Society in China*.Stanford University Press,2008.

7. Boehm,A.&Boehm,E."Community Theaters as A Means of Empowerment in Social Work",*Journal of Social Work*,2003,3(3).

8. J·Thompson:"Social theory,Mass communication and Public life",see *The Polity Reader in Cultural Studies*,Polity Press,1994.

9. Doug McAdam,Sidney Tarrow,Charles Tilly.*Dynamics of Contention*.Cambridge:Cambridge University Press,2001.

10. Cohen,Jean L:"Strategy or Identity:New Theoretical Paradigms and Contemporary Social Movements."*Social Research*,1985,52(4).

11. Tajfel H.*Differentiation Between Social Groups:Studies in the Social Psychology of inter-group Relations*.chapters1~3.London:Academic Press,1978.

12. Raymond Williams,*Television:Technology and Cultural Form*,London:Routledge,2005.

13. Hampton,Keith N.2003."Grieving for a Lost Network:Collective Action in a Wired

Suburb."Information Society 19(5).

14. Gladwell,M.(2010).*Small change:Why the revolution will not be tweeted.*Retrieved from http://www.newyorker.com/reporting/2010/10/04/101004fa_fact_gladwell

15. Garrett,R.K(2006)."Protest in an information society:A review of literature on social movements and new ICTs".*Information,Communication and Society,*9(2).

16. Neumayer,C.& Raffl, C. (2008). "Facebook for global protese:The potential and limits of social software for grassroots activism".*CIRN Community Informatics Conference: ICTs for social Inclusion:What is the Reality?* Prato,Italy.

17. McAdam, Doug, Sidney, Tarrow, CharlesTilly. *Dynamics of Contention.* Cambridge: Cambridge University Press,2001.

18. Klandermans,B.& Oegema,D.(1987)."Potentials,network,motivations and barriers".*American Sociological Review,*52 (4).

19. Stanley Deetz,"Reclaiming the Subject Matter as a Guide to Mutual Understanding: Effectiveness and Ethics in Interpersonal Interaction,"*Communication Quarterly* 38 (1990).

20. Oren,Soffer."The Competing Ideals of Objectivity and Dialogue in American Journalism".*Journalism,*2009(10)

21. Kent M L&Taylor M."Building dialogic relations through the World Wide Web". *Public Relations Review,*1998(3).

22. Esarey,A.(2015)."Winning hearts and minds? Cadres as microbloggers in china". *Journal of Current Chinese Affairs,*44 (2).

23. Cherry S."The Net Effect:As China's Internet Gets a Much-needed Makeover,Will the New Network Promote Freedom or Curtail it?".*Spectrum(IEEE),*2005,42(6).

24. Wilson III E J."What is Internet Governance and Where Does it Come From?".*International Public Policy,*2005,25(1).

25. U.S.Department of State Diplomacy inaction,Remarks on the Releaseof President Obama Administration's International Strategy for Cyberspace, http://www. state. gov/ secretary/20092013clinton/rm/2011/05/163523.htm.

后　记

　　本书是在我主持的国家社科基金项目"国家—社会关系视角下网络公共事件的舆论引导与治理研究"的最终成果基础上修改而成的,尽管成书过程中付出了大量心血,研究成果仍难令自己满意。部分原因是研究条件所限,一些事件背后的真相和内情难以得知,更主要原因乃是作者缺乏多学科学术背景,在应用多学科理论分析网络公共事件时颇感吃力,也未能对事件开展大数据分析,导致案例研究不够精细。遗憾之处,只能在以后的研究中去弥补了。无论如何,本书的出版,希望能为研究同行带来一些启发和思考,为推动该领域研究略尽绵薄之力。

　　关于网络公共事件的社会影响,学术界一直存在积极和消极两种看法。积极看法认为,网络公共事件是扩大公众参与的契机,是一种新型的舆论监督和协商民主实践;消极的看法则认为,网络公共事件损害政府及涉事机构的公信力和形象,阻碍社会共识的达成,甚至造成社会冲突。事实上,两种看法都可以从相关案例中找到依据。因此,网络公共事件的社会影响是双重的,网络公共事件是成为社会公平正义的助推器,还是成为社会冲突的源泉,很大程度上取决于政府或涉事方的态度和应对策略。从这一角度而言,网络公共事件的对策研究,其意义不可限量。

　　从现有文献来看,新闻传播学的网络公共事件研究,主要从舆情分析入手,探讨网络公共事件的舆情传播规律及其机制,进而主要从舆情预警、监控和舆论引导角度寻求治理对策。这类研究强调信息管控、舆论引导在网络公共事件应对中的重要性,忽视社会结构、社会心理、社会认同等宏观社会因素在事件处置中的重要意义,视野较为狭窄。网络公共事件的处置不是一个简单的技术问题,也不是一个单纯的传播问题,必须从社会转型、政民关系调整的高度去关照,缓解"结构性紧张",才能做到标本兼治。网络公共事件的对策研究,必然要求采取多学科结合的学术路径,从国家—社会关系重构的角度寻求对策,才能得出相对全面的结论。

本书的出版,得到国家社科基金和"惠州学院出版基金"的资助。研究过程中,参阅了不少前辈的相关论著,汲取了不少研究者的真知灼见,尤其是导师董天策教授的学术见解,对本研究颇有启发,在此表示致谢。感谢我的家人在研究期间给予的支持和理解,感谢各位亲朋好友的鼓励和帮助,感谢人民出版社洪琼编审严谨细致的工作。

技术在不断更新,社会在持续变化,融媒体、后真相、多元化时代,网络公共事件也不断呈现新的特点、新的趋势。作为一个学术热点,网络公共事件仍有很大的研究空间,我将在今后的研究生涯中持续关注和跟进。

责任编辑：洪　琼
封面设计：石笑梦
版式设计：胡欣欣

图书在版编目(CIP)数据

网络公共事件研究/许鑫 著. —北京：人民出版社,2021.10
ISBN 978－7－01－023476－2

Ⅰ.①网… Ⅱ.①许… Ⅲ.①互联网络-舆论-研究-中国 Ⅳ.①G219.2

中国版本图书馆 CIP 数据核字(2021)第 107501 号

网络公共事件研究

WANGLUO GONGGONG SHIJIAN YANJIU

许　鑫　著

人民出版社 出版发行
(100706　北京市东城区隆福寺街 99 号)

北京中科印刷有限公司印刷　新华书店经销

2021 年 10 月第 1 版　2021 年 10 月北京第 1 次印刷
开本:710 毫米×1000 毫米 1/16　印张:17.25
字数:270 千字

ISBN 978－7－01－023476－2　定价:69.00 元

邮购地址 100706　北京市东城区隆福寺街 99 号
人民东方图书销售中心　电话 (010)65250042　65289539